北海道遺産 完全ガイド

佐藤圭樹

HOKKAIDO HERITAGE

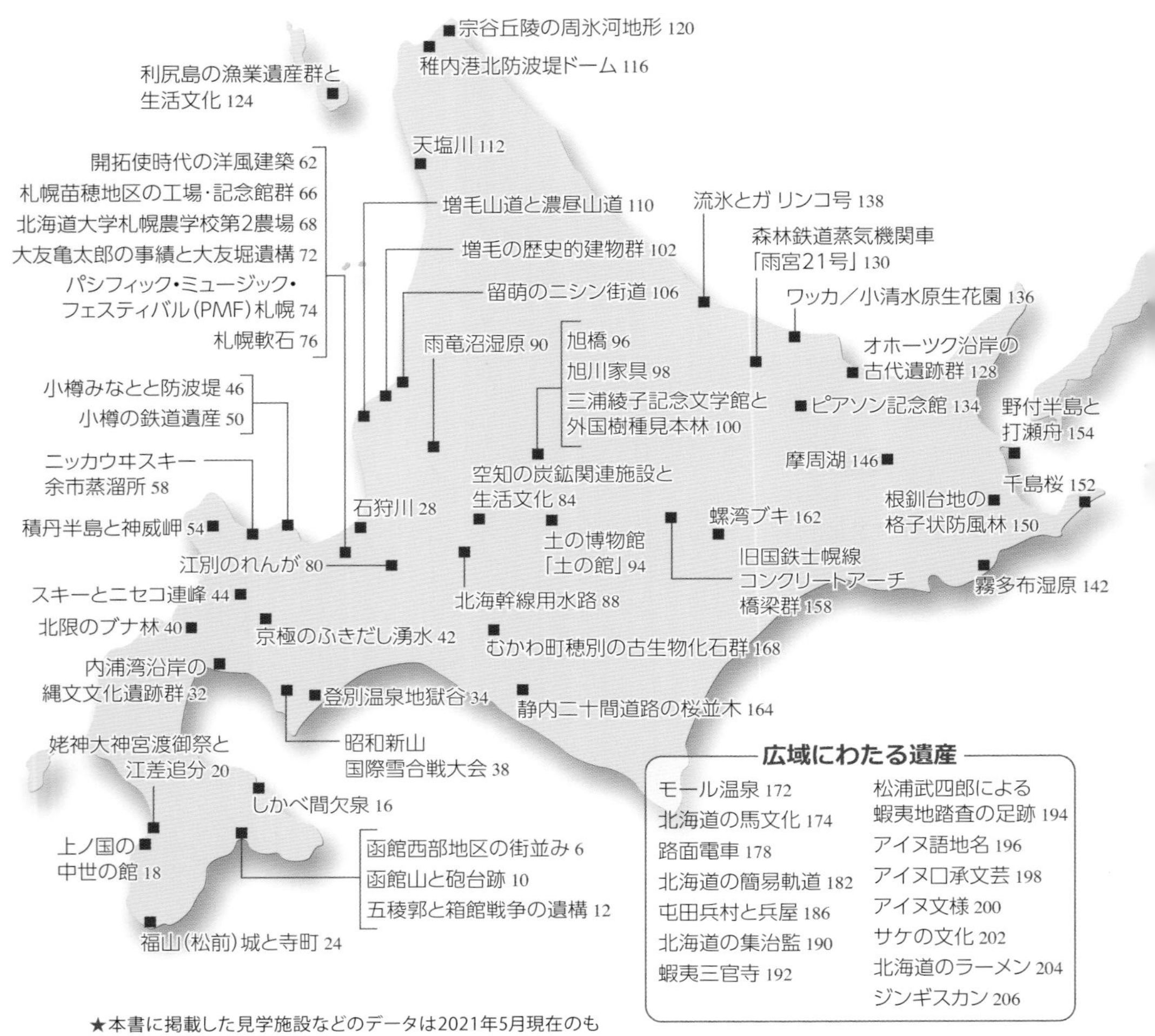

★本書に掲載した見学施設などのデータは2021年5月現在のものです。なおデータ（休館日・営業時間・料金など）は概要の掲載に留めています。詳細はお出掛け前にご確認ください。

北海道遺産 完全ガイド もくじ

● 第1回（2001年）選定　● 第2回（2004年）選定　● 第3回（2018年）選定

※上記7つの地域分類は、本書が編集上の理由により独自に設定したもの。

北海道遺産のあらまし

北海道遺産とは

次の世代へ引き継ぎたい有形・無形の財産のなかから、北海道民全体の宝物として選定されたのが「北海道遺産」です。北海道の豊かな自然、北海道に生きてきた人々の歴史や文化、生活、産業など、各分野から道民参加によって選ばれました。

２００１（平成13）年10月22日に第１回選定分25件、２００４（平成16）年10月22日に第２回選定分27件、そして２０１８（平成30）年11月１日に第３回選定分15件が決定・公表され、北海道遺産は現在67件となっています。

北海道遺産構想とは

掘り起こされた宝物を地域で守り、育て、活用していくなかから、新しい魅力を持った北海道を創造していく道民運動が「北海道遺産構想」です。

多くの北海道遺産には、遺産に深く関わりながら活動する「担い手」の市民が存在しています。まさに官主導ではない、北海道遺産構想の象徴となっています。

北海道遺産は、手を触れずに眺めるだけのものではありません。地域のなかで活用しながら人づくりや地域づくり、観光促進をはじめとする経済の活性化につなげていく。これが構想の最大の狙いです。

選定基準は

選定の基準は、学術的な価値や美的な価値など「客観的な評価基準」だけではありません。地域が保全・活用に取り組んでいるものや、今後の取り組みに期待できるものなどの「思い入れ価値」が大きなウェイトを占めています。この思い入れこそが、これからの北海道づくりにとって大切なものだと考えるからです。そして、この二つに「北海道らしさ」を加味して選定されています。

一般的に遺産という言葉からは「過去のもの」というイメージが広がりがちですが、「北海道遺産」は地域の未来を創造していく資産なのです。

北海道遺産
Hokkaido Heritage

道南

エリア

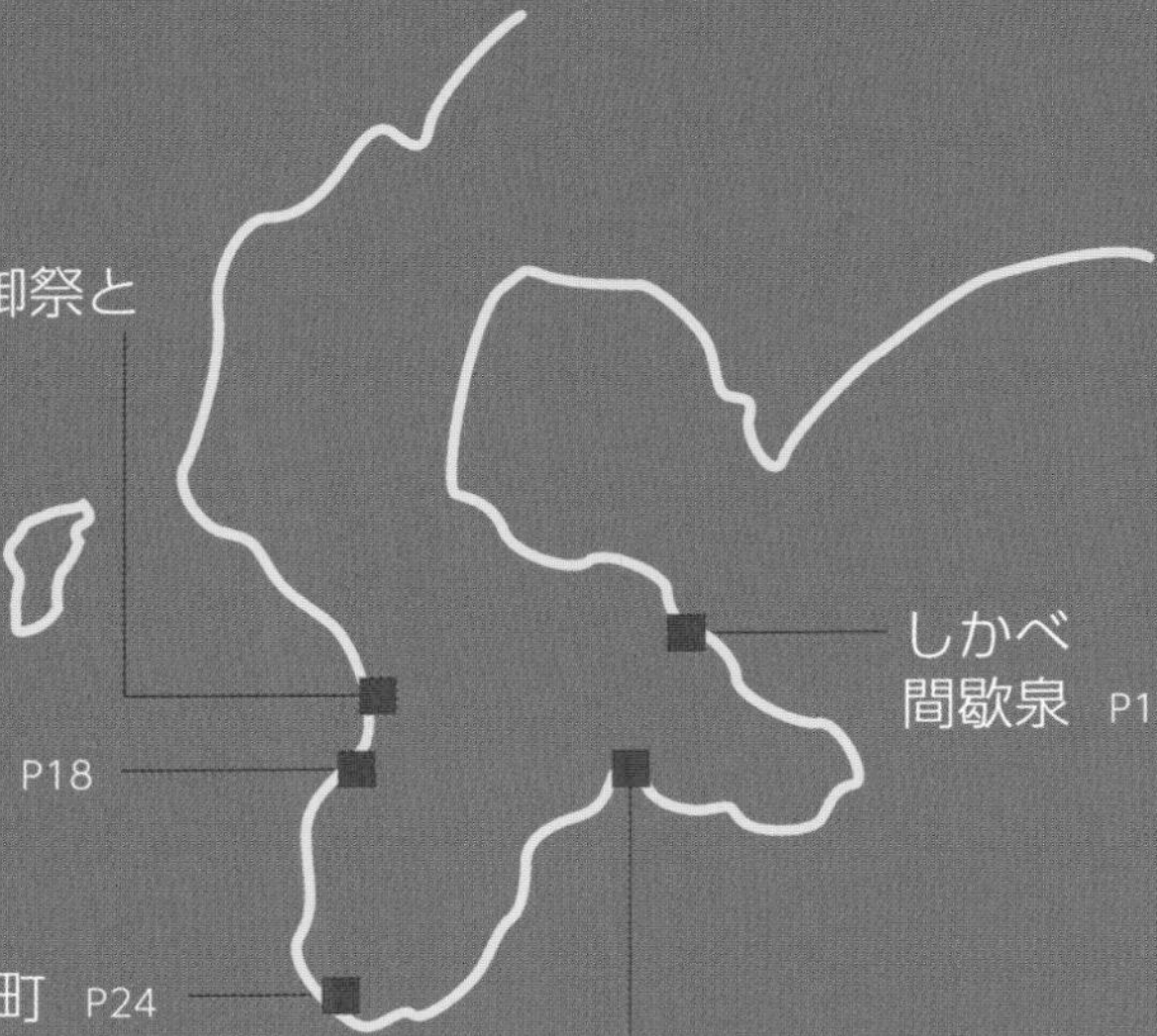
姥神大神宮渡御祭と
江差追分 P20
しかべ
間歇泉 P16
上ノ国の中世の館 P18
福山(松前)城と寺町 P24
函館西部地区の街並み P6
函館山と砲台跡 P10
五稜郭と箱館戦争の遺構 P12

坂道とクラシカルな建物群が醸し出す歴史情緒

函館西部地区の街並み

幕末に国際貿易港となった「箱館」の歴史を色濃くとどめるエリア。広い坂道の街並みには歴史ある洋風建築や教会が建ち、そこから見下ろす港の風景は異国情緒を感じさせて魅力的だ。内部を見学できる建物も多い。

見どころ 西部地区にある歴史的建造物などの見どころは元町、末広町を中心としたエリアに集まっている。徒歩で回るのがおすすめ。
函館国際観光コンベンション協会
☎0138-27-3535

幕末に国際貿易港として開港

港町函館でも、函館山の麓に近い西部地区はとりわけ坂の多いエリアだ。坂道を下った先に港が望まれ、街並みのそこここにクラシカルな趣ある建物が見られる。洋風、和風、あるいは和洋の折衷も。異国情緒という言葉がぴたりと似合うそんな街並みは、函館の代表的景観として多くの旅行者を魅了している。そしてこの街には単にイメージだけではない、奥深い歴史が刻まれている。

アメリカ海軍の軍人**マシュー・ペリー**の来航を機に、日米和親条約が結ばれた

西部地区の高台から港を望む。尖塔は函館ハリストス正教会

のは嘉永7（1854）年3月。この条約締結により日本は長年の鎖国体制を解き、2つの港を開くこととなった。1つは下田、そしてもう1つが箱館だ（注・「箱館」の表記は明治2年「函館」となる）。

日本を開国させたアメリカ側の狙いは、アメリカの捕鯨船団が薪水や食料の補給を行えるようにすることにあった。条約締結から2ヶ月足らず後にはペリー自身が早くも箱館を訪れ、港の測量を行っている。

その後の安政6（1859）年には国際貿易港として開港され、アメリカ、オランダ、ロシア、イギリス、フランスとのあいだで貿易が始まった。〝ハイカラで異国的〟と表現される函館の街の雰囲気は、ここから生まれる。

坂の街並みに点在する歴史的建造物

現在の函館で西部地区と呼ばれるのは港西側のウォーターフロントから北西方向、函館山の麓に向かう緩やかな傾斜地一帯だ。埠頭に並ぶ煉瓦造りの建物は現在、商業施設**金森赤レンガ倉庫**となって観光客に人気が高い。

開港後に函館を訪れたペリーが作成した海図には、箱館の地名がHakodadiと表記された。これは地元民の訛った発音をそのまま記したためとみられる。

港付近からは山側に向かって**基坂**《もといざか》、**八幡坂**、**二十間坂**などいくつかの坂道が平行している。基坂は明治時代に道路の距離を測る基点となる「里程元標」が立てられたのが名の由来。八幡坂は昔、八幡神社があったことにちなむ。二十間坂は名前のとおりおよそ20間（36m）の道幅、と坂の名のいわれにも街の歴史が映し出されていて興味深い。

　これらの坂の道幅が広いのは明治初頭以来、幾度も街を襲った大火への教訓から、防火帯とする目的があったため。広い坂道から見渡す港の眺めは、函館の代表的な景観として雑誌やポスターに数多く用いられている。

▲港に面した金森赤レンガ倉庫の周辺には旅行者の姿が絶えない

▲カトリック元町教会の前を通る石畳の大三坂

　界隈には著名な歴史的建造物も数多い。代表的な坂のひとつである基坂の上、元町公園近くに建つ**旧函館区公会堂**（明治43［1910］年竣工）はその大きさ、壮麗さにおいて際だった存在だ。外壁は創建以来のブルーグレーと黄色で鮮やかに塗られ、建物の華やかさを引き立てている。

函館ならでは、和洋折衷の建物も

　その下側、元町公園内では**旧北海道庁函館支庁庁舎**（明治42［1909］年竣工）がきっちりと左右対称の整った姿を見せる。この地には幕末に箱館奉行所——のちに五稜郭へ移転。→P12——が置かれ、明治時代に入ってから開拓使函館支庁、函館県庁、そしてこの道庁支庁と名称を変えながらも行政機関が存続した。

　そして公園から基坂をわずかに下ったところにあるのが**旧イギリス領事館**（大正2［1913］年竣工）。函館では安政6年の開港直後、アメリカ、ロシアが相次いで領事館を開設、イギリスもそれに続いた。イギリス領事館の建物は度重なる大火で焼失していて、現在の建物は初代の仮領事館から数えて5代目にあたる。

　館内には開港初期の歴史にまつわる展示のほか、英国雑貨を扱うショップ、英国風ティータイムを楽しめる喫茶室もあり、観光スポットとして人気が高い。

◀八幡坂から港を望む景色は、函館の代表的景観のひとつとして観光ガイドブックなどでもお馴染み

　キリスト教の教会が多いのも、古くから外国との交流があったこの街らしい特色だ。カトリック元町教会、函館ハリストス正教会、函館聖ヨハネ教会などが元町の高台に並び、それらの瀟洒《しょうしゃ》な建築群が異国情緒を醸し出す。

　こうした西洋の建築様式を採り入れた建物が並ぶ一方で、伝統的な和風建築、あるいは**和洋折衷の建物**も西部地区には数多い。とりわけ建物の1階部分が格子窓や引き戸の出入り口をもつ和風、2階には洋風な装飾を施した縦長の窓、ペンキ塗装で仕上げた上下和洋折衷（擬洋風）と呼ばれる住宅や商家は、函館ならではのユニークな建築様式だ。

　開港以来、外国人が街に暮らすようになった函館では、地元の大工が外国人の指導を受けながら洋風の建築様式を習得していく。その成果が地元住人の住まい造りにも生かされ、明治後期から大正時代にかけて、こうした和洋折衷の建物が多く造られるようになったのだという。これらの建物の多くはおよそ100年を経て今も健在。独特のクラシカルな風合いを生かしながら店舗や飲食店として利用するケースも多く、歴史の街・函館に相応しい魅力をつくり出している。

▲旧函館区公会堂は国の重要文化財に指定

▲旧イギリス領事館。屋根は和風の瓦葺き

▲街では和洋折衷の趣ある建物が見られる

八幡坂から港を望んだ写真で、中央に見えるのは青函連絡船として昭和63(1988)年まで運航した〈摩周丸〉。現在は内部が記念館として公開されている。

展望名所の山に秘められた、軍事要塞の歴史

函館山と砲台跡

展望地として知られる函館山は、長らく軍事要塞として使われてきた。山頂部一帯には砲台などの跡が今も見られる。半世紀近くものあいだ立ち入りが制限されてきた山では豊かな自然が保たれ、訪れる人々を楽しませてくれる。

見どころ 山頂部の砲台を見学するには、立待岬などを起点とする登山道を歩いて行く。手軽に訪ねるならロープウェイで山頂に上がり、そこからスタート。

ロシアの脅威に備え重要な防衛拠点に

函館山といえば市街一円を広く見渡す展望地、とりわけ夜景の名所としてつとに有名だ。山頂まではロープウェイのほか自動車道路が通じ、多くの旅行者で賑わっている。今では人気の観光ポイントだが、かつては軍事上、重要な要塞として一般人の立ち入りが厳しく規制された時期も長らく続いていた。

　函館山が軍事拠点として着目されるのは明治28（１８９５）年に日清戦争が終結した後。南下するロシアの脅威が高まるなか津軽海峡、函館港の防衛を強化する必要性がにわかに高まったのだ。明治31年から4年をかけて5カ所の**砲台**をはじめとする要塞が築造された。工事にあたって山頂部を大きく削り取った結果、函館山の標高は３４８ｍから３３４ｍへと10ｍ以上も低くなっている。

　それとともに函館山は重要な軍事機密に関わることとなり、一般人の立ち入りはもちろん市街地からの写真撮影、スケッチさえも禁止され、地図上でも山の周辺は空白となった。要塞の存在により敵国の攻撃を牽制する効果はあったが、実際に砲弾が発射されることは一度もないまま日露戦争は終結を迎えた。

要塞時代が守った、手つかずの自然

　ロシアの脅威が当面収まった後も、アメリカを仮想敵国とする国防政策のなかで、函館山は津軽海峡の防衛拠点として機能を強化していく。太平洋戦争中には高射砲が装備され、実際に発射されたこともあった。そうした要塞としての任を解かれ、山一帯が一般に開放されるのは戦後、昭和21（１９４６）年10月のことだ。

　半世紀近くにわたって人の立ち入りが規制されたことにより、山の自然がほと

んど手つかずのまま保たれたのは〝要塞の時代〟の意外な効果といえた。山一帯に生育する植物はおよそ600種。野鳥も豊富だ。海峡に突き出た地形であることから渡り鳥の休息の場となるほか、樹林に生息する留鳥も多く、合わせて150種ほどが観察される。

函館山を訪れる観光客の大多数は、眺望を目当てに山頂に上がり、砲台の存在に気付くこともないようだ。しかし山域内には要塞であった時代に連絡通路として造られたいくつもの道が残り、それらを利用して散策を楽しむことができる。砲台跡などの遺構を訪ね、植物や野鳥の姿を探す――。函館山にはそんな奥深い魅力がある。

▲千畳敷砲台。函館山要塞全体の指令所もここに置かれた

函館山 山頂へのルート

市街地から山頂部に登る道はいくつかあるが、おすすめは地蔵山を経て千畳敷砲台跡に至るコース。前半は七曲りと呼ばれる急な登りがあるが、眺めは良い。広い駐車場のある立待岬をスタートにできるのも好都合だ。このほか手軽に砲台跡を訪ねるにはロープウェイの山頂駅から歩くのがいい。御殿山砲台跡までは起伏もほとんどなく、10分足らずで着く。

▲▶さまざまな施設の跡が残る千畳敷。戦争という目的のために使われた労力の大きさを、目の当たりにする

▲函館山山頂付近に残る御殿山の砲台跡
（写真提供／北海道新聞社）

函館山はそのむかし「臥牛山（がぎゅうさん）」の名で呼ばれた。「牛が寝そべった姿」を意味するその名の由来は、市街を遠く離れて見ると納得できる。

国内で数少ない〝星形要塞〟。期せずして内戦の舞台に

五稜郭と箱館戦争の遺構

五稜郭は西洋の要塞築造技術に倣って造られた希少な史蹟。明治維新後の内戦・箱館戦争の舞台となったことで知られる。2010年には、敷地内に箱館奉行所の建物が復元され、新たな見どころとなっている。

見どころ 五稜郭の敷地内は公園となり、日中は自由に散策できる。敷地内に建つ箱館奉行所もぜひ見学したい。五稜郭の全容を見渡すには五稜郭タワー、高さ90mの展望台へ。

箱館開港。外交のために奉行所を設置

函館市街の北部に位置する**五稜郭**は、西洋で生まれた要塞の様式に倣って幕末に造られた、日本では希少な建造物だ。名前が示すとおり5つの頂点をもつ星形の敷地の「土塁」で、その頂点間の直線距離は約300m。幕府直轄の機関である**箱館奉行所**の建物を守るのが五稜郭を築いた目的であり、外部から侵入を試みる者に対して死角をつくることなく攻撃できるよう、星形の形状が考えられた。

嘉永7（1854）年、**日米和親条約**が締結され、箱館は下田と並んで国際貿易港となることが決まる。開港によって外国との関わりが深まることを見越した幕府は、一度廃止した箱館奉行所を34年ぶりに再設置する。建物が置かれたのは箱館山の麓、現在の元町公園の場所で、その機能は蝦夷地の統治のほか外交交渉、沿岸の防衛など広範かつ重要なものだった。

奉行所を守る「西洋土塁」の築造

しかし奉行所の立地には大きな問題があった。高台に位置する建物は港に入る船舶からの見通しがよく、軍艦から砲撃されればひとたまりもない。また開港に

ともなって、港から5里（20㎞）四方は外国人の遊歩地域と決められたため、箱館山に登る者がいれば奉行所は背後からも丸見えだ。

こうしたことから幕府は、港からの大砲の射程距離外となる内陸への奉行所移転を決定する。建物の周囲には防御性能の高い土塁を巡らせることとなった。

設計にあたったのは奉行所付きで機械・弾薬製造にあたった技術者・蘭学者の**武田斐三郎**《あやさぶろう》。武田はフランスから献上された築城術の文献を見て西洋式要塞の築造を着想する。要塞の正式名称は**亀田御役所土塁**。5つの〝稜〟をもつ星形であることからやがて「五稜郭」の名が生まれ、通称として定着するのにさほどの時間はかからなかった。

五稜郭の着工は安政4（1857）年で、3年後に土塁、堀割、石垣が完成。文久元（1861）年には土塁内で奉行所の建築が始まり、元治元（1864）年にほぼ完成をみる。この年の6月に箱館奉

▲五稜郭タワーの展望台から五稜郭の全景を望む。タワー館内には箱館戦争の歴史に関する展示も豊富

◆**五稜郭タワー ☎0138-51-4785**

上の写真で画面手前、堀の中に見える三角形の部分は「半月堡」（はんげつほ）と呼ばれ、五稜郭の入口を防御するもの。当初設計では5ヶ所に設けられるはずだったが、工事段階で計画が縮小された。

▲五稜郭の敷地内は大正3年から〈五稜郭公園〉として一般開放されている。昭和27年には〈五稜郭跡〉の名で国の特別史跡となっている

行が新たな〈箱館御役所〉に移転して業務を開始した。

幕府の崩壊、箱館戦争の勃発

それからわずか3年。慶応3（1867）年に江戸幕府は崩壊し、翌年に新政権が生まれて明治という新時代を迎える。箱館奉行所は新政府の機関となって引き継がれることとなった。

しかしこの年の8月、旧幕府軍の海軍副総裁・**榎本武揚**は江戸幕府がオランダに発注し、日本に回航されてまもない軍艦「開陽」を新政府に引き渡すことを拒否、ほか7隻を加えた艦隊を率いて江戸湾を出航。仙台で土方歳三、大鳥圭介らと合流して鷲ノ木（現在の森町）で10月、蝦夷地に上陸する。これが旧幕府軍が新政府軍に対して起こした戊辰戦争最後の戦い、**箱館戦争**の始まりだ。

旧幕府軍は当初こそ優位に戦いを進め上陸5日後に五稜郭を占拠する。その後、蝦夷地を平定し、12月には榎本を総裁とする箱館政権の樹立を宣言した。

その後、積雪に埋もれる冬のあいだは両軍とも攻撃の勢いを緩めていたが、翌年春になって新政府軍は猛烈な反撃を開始する。5月には市街での激しい戦闘が始まり、このなかで土方歳三は銃弾を受けて落命した。その後も激戦が続いたが榎本軍の劣勢は明らかで、5月16日、榎本はついに降伏、五稜郭の明け渡しを決意した。

箱館戦争の舞台、五稜郭のその後

およそ7ヶ月間におよんだ箱館戦争は、新政府軍と旧幕府軍とのあいだの最後の戦闘、市街地での激戦、そして新選組の土方歳三の戦死といったできごとから広く知られている。そして箱館戦争といえば五稜郭、との印象もまた強く植え付けられることとなった。

そもそも五稜郭は、開港にともなって外国の勢力から奉行所を守る目的で造られた防衛施設。しかし幕末から明治維新の時代、箱館の街が実際に外国からの攻撃を受けたことは一度もなく、内戦の舞台として知られるようになったのは皮肉なことだった。

◀〈土方歳三最期の地〉。函館市総合福祉センター前の緑地にあり、歴史ファンからの献花が絶えない。ただし実際に土方が落命した場所は正確に特定されていなく、この地が真の〝最期の地〟とは言い切れない

箱館戦争のあいだ、五稜郭内での戦闘は起きなかったが、新政府軍の軍艦が発射した大砲の砲弾が奉行所の太鼓櫓《やぐら》に命中し、死傷者を出したことがあった。

箱館戦争終結後、五稜郭は政府の管理下に置かれる。しかし具体的な用途はな

いまま奉行所の建物は明治４（１８７１）年に解体された。完成からわずか７年の短命だった。

❶復元された箱館奉行所。大きな建物だが、これでも復元されたのは元の奉行所の建築面積の約3分の1（1000㎡）にとどまる　❷中庭から太鼓櫓を見る。櫓の高さは約16.5m　❸4つに区切られた大広間。欄間や障子など細部にも、伝統技法をもつ職人の技術が活かされている

◆箱館奉行所 ☎0138-51-2864

忠実に復元された箱館奉行所

対外交渉の拠点、蝦夷地を治める行政の中心として建てられながら、悲運をたどった箱館奉行所。この建物を復元しようとの構想は１９８０年代に起こる。幸いにして建物を写した鮮明な写真、建物の平面図など重要な資料が残っていたため、これらをもとにして正確な復元を行うための調査が進められていった。

特別史跡である五稜郭の敷地内に建てるうえでは、元の建物に忠実であることが求められる。工事にあたっては可能な限り同じ工法で建てることを目指し、宮大工をはじめ瓦、襖、畳、左官など伝統技法をもつ全国各地の名工たち多数が、復元に携わった。建築の材料も、梁の材木は東北地方の松、敷居や鴨居は青森のヒバ、瓦は越前産など、当時の記録を元に調達されている。

４年間にわたった復元工事は２０１０年に完了。内部は見学施設として公開され、往時そのものの建築を間近に見ることができる。幕末から明治維新にかけての箱館の歴史や、建物の復元の様子を伝える展示など、じっくり見たい内容だ。

函館市内・五稜郭の北方約3kmに〈四稜郭〉と呼ばれる土塁がある。箱館戦争中に旧幕府軍が築いたが、実戦ではほとんど役に立たなかった。長辺約100m、蝶が羽根を広げたような形。

大正時代から続く自然の恵みを活かし、地域振興も

しかべ間歇泉《かんけつせん》

鹿部町のシンボルとして古くから知られてきた間歇泉。2016年には〈道の駅しかべ間歇泉公園〉がオープンした。これを核として、温泉と海の幸という地域の魅力を発信する拠点施設が、旅行者の人気を集めている。

見どころ 道の駅を兼ねた〈しかべ間歇泉公園〉内に見どころがコンパクトにまとまっている。間歇泉の見学は有料。最新の営業時間・料金などは公式ウェブサイトなどで確認を。

300年の歴史をもつ温泉

駒ヶ岳の山麓に位置する**鹿部町**は、内浦湾（噴火湾）に面した小さな町だ。基幹産業は漁業および水産加工業で、町内の漁港で水揚げされるスケソウダラから作られるタラコが名物のひとつとなっている。

町内には大手不動産会社が分譲する別荘地もあり、定年後のセカンドライフを過ごす移住者が多いという。北海道内では比較的積雪量が少なく温暖、函館市にほど近いといった環境に加え、別荘地としての魅力を高めているのが、この地に湧き出す豊かな温泉だ。

鹿部町内には30ヶ所以上もの泉源があり、入浴施設はもとより温水プールやロードヒーティング、花卉《かき》栽培や鮭・鱒の孵化場など、さまざまな用途に活用されている。

温泉の歴史は古く、江戸時代初期の寛文6（1666）年には津軽からの入植者によって温泉が発見され、漁民たちに利用されていたことが伝えられている。大正13（1924）年には温泉の試掘中に熱湯の噴出が発生。これが現在、観光名所として知られる間歇泉の始まりだ。

間歇泉が噴き出す仕組み

しかべ間歇泉では、10分あまりの間隔で噴出が見られる。その仕組みは次のように説明される。

①間歇泉の地下では26mの深さで温泉が湧き出ている。熱水は113度の高温だが、この深さでは2・6気圧の水圧がかかり沸騰はしない。②温水が温泉管の中を少しずつ上昇し、水圧が下がると沸騰を始める。③沸騰により生じた気泡は温泉管内の水圧を下げるため、さらに沸騰が進む。沸き出す熱水の量はどんどん増え、激しい沸騰を始めた熱水は勢いを増

して激しく噴き上がる。④噴出がしばらく続くと熱水の水位は下がり、管の外に噴き出せなくなって沸騰も終わる……という過程が繰り返される。

地元で古くから存在が知られてきた間歇泉だが、周辺の整備を行って2016年3月、**道の駅しかべ間歇泉公園**としてオープンした。地元の名産品を活かした食堂や物産館を備え、地域の魅力を発信する拠点となることを目指す。運営には若手スタッフがアイデアを絞り、来場者数の伸びも好調だという。

◀本来は高さ15mほどまで噴き上がるというが、道路などへの飛散を防ぐために半分程度の位置にカバーを設けて噴出を抑えている

◀施設内には足湯もあり、間歇泉を見ながら入れる
▼道道43号沿い、目の前は海というロケーション

◆道の駅しかべ間歇泉公園 ☎01372-7-5655

道の駅の施設内には温泉の蒸気を用いる「蒸し釜」がある。売店で買った牡蠣、饅頭、肉、卵などの食材を、自分で蒸して味わえるのが楽しい。

道内で希少な「中世」の歴史を伝える町

上ノ国の中世の館《たて》

上ノ国町にある勝山館跡は15～16世紀にかけて存在した山城の史蹟。夷王山の高台に拓かれた〝都市〟が政治や交易の中心として栄えていた。この時代の北海道における歴史を明確に示す史蹟はほかになく、貴重な存在だ。

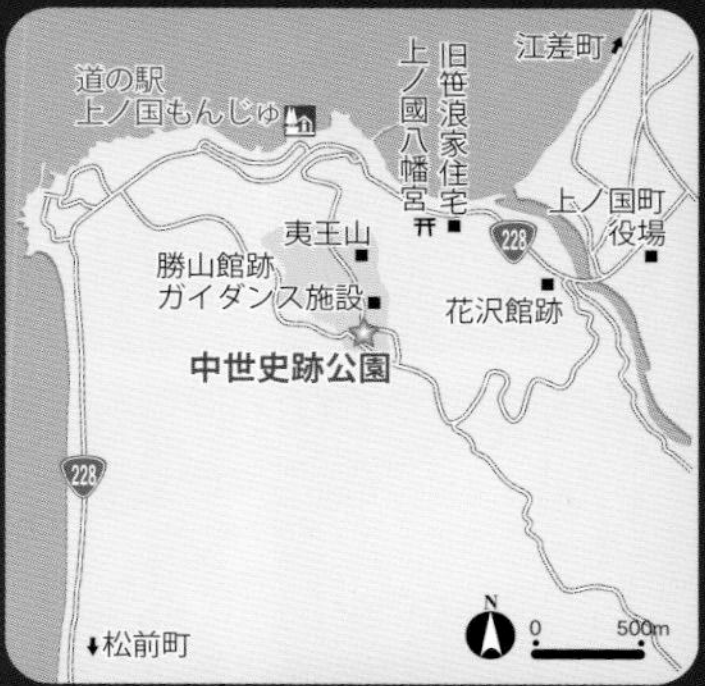

見どころ 勝山館跡は上ノ国町市街中心部から車で約10分。勝山館跡にはガイダンス施設（公開は4月下旬～11月上旬・月曜休館）が建つ。もうひとつの「館」の跡である〈花沢館跡〉は場所を示す標識が立つ程度で、展示施設などはない

15世紀に造られた〝中世都市〟勝山館

一般に歴史が浅いといわれる北海道にあって、ここ**上ノ国**は日本の中世、戦国時代の15世紀に和人が築いた史跡が残る希有な場所だ。上ノ国という地名そのものが、この地の古い歴史を映している。

鎌倉時代、東北地方に領地をもった安東家のうち、秋田に本拠を置いた家系の領地を上之国、津軽下北を治めた家系の領地を下之国と呼んだ。のちに安東家が南部氏との戦いに敗れて蝦夷ヶ島に渡ると、そこでの領地も同様に呼び分けたという。ここから現在の上ノ国の地名が生まれた（蝦夷ヶ島の下之国があったのは現在の北斗市上磯周辺）。

現在の函館から上ノ国にかけての沿岸には本州からの**渡党**《わたりとう》と呼ばれる人々が築いた12の**館**《たて》（山城）があった。それぞれの館は交易の場であり、また領域を支配する拠点でもあった。この時代はアイヌ民族と和人との抗争が頻発しており、やがて勃発したコシャマインの戦いにおいて多くの館が襲われ、12の館のうち残るのは上之国の花沢館《はなさわたて》（上ノ国町）と、下之国の茂別館《もべつたて》（北斗市）だけとなった。

花沢館の主であった**蠣崎**《かきざき》**氏**はこの地で交易を行いながら勢力をつけ、１４７０年頃には花沢館からほど近い場所に、それに替わる大きな館を築造する。これが**勝山館**《かつやまたて》だ。

豊かな交易の痕跡を示す出土品が多数

勝山館が位置するのは、現在の上ノ国市街の南側、**夷王山**《いおうざん》と呼ばれる小高い丘の中腹。山頂の標高は１５９ｍとさほど高くはないが、港の一帯と海岸線を広く見渡すことができる。館の跡の発掘調査は昭和52（１９７７）年に始まり、それによりこの地にあった〝中世都市〟の姿

勝山館は海岸を見下ろす高台の斜面にあった。ここで約120年間、豊かな都市文明が栄えた

が明らかになってきた。

館は山腹の幅100m、長さ270mの土地に3段の平坦面を造成して造られ、敷地内に多数の住居が建ち並んだ。敷地の周囲には柵や空堀をめぐらせて外部からの防御としている。

出土品は量、種類とも驚くほど多く、武器・武具、鍛冶職の道具、漁具、陶磁器は国内各地や中国製と見られるものも含め5万点に及び、この地で行われた交易の豊かさをはっきりと示している。また出土品のなかにはアイヌ民族が用いた骨格器があったほか、館付近でアイヌの墓も見つかっている。こうしたことから館には、アイヌと和人がともに住んでいた可能性が高いという。

1590年代に入ると蠣崎氏は安東氏から独立、やがて姓を松前と改め、松前藩として明治維新までのおよそ250年あまりの長きにわたり蝦夷地を治めていく。藩の拠点として慶長元（1596）年、上ノ国に〈檜山番所〉が設けられ、勝山館はその役割を終えた。

現在、館の跡地では柵や空堀の一部が復元されているほか、**勝山館跡ガイダンス施設**が設けられてこの地の歴史を詳しく伝えている。

▼勝山館の敷地内にある勝山館跡ガイダンス施設（公開は4月下旬～11月上旬・月曜休館）

◆勝山館跡ガイダンス施設
☎0139-55-2400

◀ガイダンス施設内のジオラマは勝山館の全容をわかりやすく伝えている

上ノ国町内にある**旧笹浪家住宅**は、鰊漁などを営んできた旧家の住まい。19世紀前期に建てられたとされ、道内に現存する民家として最古で、重要文化財に指定されている。

歴史ある街に伝わる2つの伝統文化

姥神《うばがみ》大神宮渡御祭と江差追分

古くから鰊漁と北前船交易によって栄えた江差では、関西地方の影響を受けながら独自の文化が育まれた。壮麗な山車が練り歩く渡御祭と、独特な哀感を漂わせる江差追分の2つが地域の人々によって受け継がれている。

見どころ 姥神大神宮渡御祭は毎年8月9・10・11日の開催。1日目は宵宮祭、2・3日目が本祭で、山車が市内を回る。一方の江差追分は、毎年9月の第3金・土・日曜に全国大会が開催される。

姥神神社の起こりにまつわる伝説

函館から松前、江差にかけての一帯は北海道のなかでも和人が築いた歴史の古い地域だ。この地の鰊漁は、江戸時代中頃にはすでに盛んに行われていた。締め粕と呼ばれた魚肥、身欠きや数の子など加工食品は**北前船**によって関西方面に運ばれ、貴重な産品として取引された。鰊漁の活況に沸いたこの地の様子を謳った「江差の五月は江戸にもない」との一節は、よく知られている。

そんな江差にある**姥神神社**の創建は、500年以上の昔、文安4（1447）

祭り最終日の午後9時過ぎ、上町巡行を終えた山車が市街中心の商店街に集結。3日間続いた祭りのクライマックスだ

年にさかのぼるとされる。伝説によればその頃、江差の津花《つばな》に草庵を結んだ老婆(=姥)がおり、鰊の群来《くき》は彼女によってもたらされた。のちに老婆が残した神像を祀ったのが神社の始まりで、そこから「姥神」の名が付いたという。

その後、鰊の豊漁によって江差の街は大いに発展し、姥神神社もまた地域の信仰の拠り所として栄えていく。正保元(1664)年、海沿いの津花から現在地に遷宮し、渡御祭はその頃に始まったようだ。道内神社の祭りのなかで、最も古いものとされる。

伝統ある山車13台が町内を巡る

姥神大神宮渡御祭の開催は毎年8月9~11日の3日間。初日の宵宮祭のあと2日目からが本祭で、祭りの〝華〟である**山車**《やま》の行列が行われる。

街を練り歩く山車は13台。それぞれが江差町内の町会が所有・運営するもので各山車ともシンボルとなる歴史上の人物の人形を載せた華麗な造りだ。明治・大正期に作られたものもあるが、船を象った**松寶丸**《まつほうまる》は弘化2(1845)年建造と

榎本武揚が旧幕府の有志を率いて蝦夷地に向かった際に乗った軍艦〈開陽〉はここ江差で沈没した。この船を復元した記念館が江差港近くにあり、多数の遺物などが展示されている。

きわだって古く、〈北海道有形民俗文化財〉に指定されている。

山車の巡行は1日目が海岸沿いを中心とした下町、2日目が高台の上町とコースを変える。両日とも午前中に各町からの山車が姥神神社前に揃い、正午頃に所定の巡行コースをゆっくりと、途中に休憩をはさみながら夜まで時間を掛けて進んで行く。山車が進む間は常にお囃子が奏でられ、町中のあちこちから笛と太鼓の風雅な響きが聞こえてくる。

山車に先立って町内を渡御する**神輿《みこし》**は、神事として大事な意味をもつ。猿田彦に先導される3基の神輿が、山車とは違うルートを通って町中を巡る。

夜になって神社に戻る際の勇壮な**宿入れ**も見ものだ。白装束に身を固めた若者たちに担がれた神輿は、たいまつの炎で清められた参道を勢いよく拝殿へと向かうのだが、すぐには中に入ることができない。神輿に乗った神様は、まだ神社に帰りたくないと言っているのだ。参道を駆け上がっては戻り、また駆け上がり……を何度も繰り返した末、ようやく3基が拝殿に収まると、沿道の見物人から

❶下町巡行の前に行われる「お囃子コンクール」。楽器を奏でるのは小学生から高校生までの若者が中心だ　❷街なかを巡った神輿が神社に帰る「宿入れ」は勇壮な光景が見もの　❸姥神神社前から下町巡行へと出発する山車の行列

は大きな拍手が起こる。

越後から伝わった（？）江差追分

この渡御祭と並ぶ、江差のもうひとつの文化遺産であるのが**江差追分**。独特の哀調を帯びたこの歌の起源は、信州小諸《こもろ》付近の馬子唄が越後に伝わり、越後追分となって北前船を介して蝦夷地に渡る一方、越後松坂くずしがケンリョ（謙良）節として唄われたものと結合し江差追分になった、との説が有力だ。

江差追分にはさまざまな流派があったが、統一が図られたのは明治の末。〈江差追分正調研究会〉が発足し、独自に考案された曲譜もつくられて定型化が行われた。愛好者は全国各地から海外にも拡がり、149支部（うち海外が5ヶ所）3千人以上が唄を学んでいる。

毎年9月には地元江差町で〈江差追分全国大会〉が開催され、全国から選び抜かれた唄い手が日本一の美声を競い合う。また町の中心部に建つ**江差追分会館**では4～10月の毎日、江差追分の実演が行われ、一流の唄い手による本場の歌声に触れることができる。

江差で受け継がれる十三の山車

名称	読み	人形
新栄山	しんえいざん	武田信玄
神功山	じんこうざん・じんぐうやま	神功天皇
豊栄山	ほうえいざん	瓊瓊杵尊《ににぎのみこと》
蛭子山	えびすやま	蛭子様
豊年山	ほうねんやま	神武天皇
楠公山	なんこうやま	楠木正成
誉山	ほまれやま	大石内蔵助
松寶丸	まつほうまる	------------
義公山	ぎこうざん	徳川光圀
聖武山	しょうむさん	日本武尊《やまとたけるのみこと》
源氏山	げんじやま	武蔵坊弁慶
清正山	せいしょうざん	加藤清正
政宗山	まさむねやま	伊達政宗

▲松寶丸は唯一、船の形をした山車。北前船として使われた弁財型の和船に倣った造り。弘化2（1845）年に大阪で造られた。巡行出発前には松の木を染め抜いた帆を上げる。シンボルとなる人形を載せるのではなく、船頭に扮した少年が乗る点でも、ほかの山車とは異なる

❶ 江差追分会館では本格的な追分の実演を体験することができる
❷ 会館2階は資料室で、江差追分の歴史などに関わる広範な展示が見られる

◆**江差追分会館**　☎0139-52-0920

江差追分会館には隣接して〈江差山車会館〉が建つ。館内では常時2基の山車が展示されるほか映像上映もあり、渡御祭の期間外に訪れた場合でも祭りの雰囲気にふれることができる。

江戸情緒の感じられる、道内では希少な街並み

福山（松前）城と寺町

福山（松前）城は幕末、ロシアなど外国船に対する警備を目的に完成した城。純和風の城郭建築として北海道内では唯一の存在だ。城の北側に位置する寺町とともに、幕末の歴史にふれられる貴重な見どころとなっている。

三層の天守は火災で焼失した後、昭和35年に再建されたもの。左側に写る本丸御門は城の創建当初から残る、唯一の遺構として重要文化財の指定を受けている

見どころ 現在の福山城の建物は戦後に再建されたもので、内部は歴史に関する展示施設となっている。城の北側は古刹の集まる寺町で、幕末の歴史を感じながらの散策が楽しめる。

築城の目的は外国からの防衛

福山城（松前城）は北海道に唯一存在する**和式城郭**だ。三層からなる本丸は小ぶりながら白亜の壁と黒瓦の屋根、その頂にはシャチホコが輝き、風格あるたたずまいを見せる。

松前は江戸時代の蝦夷地に置かれた唯一の「藩」だ。城といえば藩のシンボルと考えられがちだが、この城は幕末の安政元（1854）年になって、北海道沿岸に出没するロシアなどの外国船に対する警備を目的とし、幕府の命によって造られた。

設計には兵学者・**市川一学**《いちがく》があたり、着工から5年をかけ、日本最後であり最北となる日本式の城の完成をみた。

しかしながら軍艦が威力ある大砲を備えることが常識となって久しい19世紀も半ば、みすみす標的を示すように高々と天守を掲げた建築は――敵艦隊に対する砲台を城内に備えていたとはいえ――時流を逸していた。

この新たな城は、それまであった松前藩の福山館《たて》に代わるものだったことから、**福山城**を公式名とする。しかし備後福山城（広島県福山市）との混同を避けるためもあって創建当初から**松前城**の呼称があった。現在でも「松前」が地名として馴染み深いこともあり、その名で呼ばれることが多い。

箱館戦争では土方歳三の軍が攻略

完成した城が外国船からの砲撃を受けることは、結果としてなかった。しかし城は代わって内戦に巻き込まれる。明治元（１８６８）年の**箱館戦争**だ。外国に対する防衛を本来の目的とした建物が内戦の舞台となるという点では、五稜郭（→P12）と同じ経緯を辿ったのだ。

榎本武揚の率いる旧幕府軍は蝦夷地の独立を目指して箱館に入り、10月26日に五稜郭を占拠。直ちに**土方歳三**を隊長とする７００人の部隊が松前攻略に向かい、守りが手薄になっていた城の攻略に成功した。しかし翌明治2年4月には松前藩兵を先鋒とする新政府軍が反撃に向かい激戦の末に城を奪還。5月、箱館での市街戦で劣勢となった榎本が降伏を宣言し、箱館戦争は終結した。

その後、明治維新によって藩が消滅すると城は開拓使の管理下に置かれ、明治8（１８７５）年までに天守、本丸表御殿の一部と本丸御門を残し多くの建物、石垣が解体された。

石垣に用いられた石材は後年、**福山波止場**の築造に再利用される。地元の豪商**栖原**《すはら》**小右衛門**が私財に政府からの借入金を加えて着工、明治8年、2本の波止場が完成し、北前船を含む大型船の停泊が可能となった。この波止場は昭和の戦

松前町市街の北側にある〈松前藩屋敷〉は、江戸時代の街並みを再現したテーマパーク。奉行所、武家屋敷、鰊番屋など14の建物が並ぶ(冬期間は閉園)　☎0139-42-2726(松前観光協会)

後、西側に松前港ができるまでの長年にわたって使われた。

一方で福山城天守は昭和16（1941）年、国宝に指定されるが24年には火災により焼失。現在見られる天守は35年に再建されたコンクリート建築で、**松前城資料館**として公開されている。しかしこの建物も竣工から60年あまりを経て老朽化が進み、耐震性が危ぶまれていることから町では、城を原初の姿に近い木造で復元する方針を打ち出している。

◆**松前城・松前城資料館** ☎0139・42・2216
開館は4月上旬～12月上旬

▲〈道の駅 北前船松前〉裏手にある福山波止場跡。小松前川の河口を挟む形で2本がある。元はそれぞれ100mを超える長さがあったが、近年の国道工事で一部が埋め立てられ、長さは半分程度になっている

古刹が集まる道内唯一の「寺町」

城の北側には、道内で唯一の**寺町**が広がっている。かつては15の寺が集まることで城の山側を守るとともに、鬼門（北東）に神の加護を求めるものでもあった。箱館戦争の戦乱により焼失したり、その後移転したため現在残るのは5寺のみだが、歴史的に貴重な建造物もある。

そのひとつ**法幢寺**《ほうどうじ》は松前家の菩提寺だった寺で、境内の北側には歴代藩主やその一族の墓所がある。墓は全部で55基あり、そのうち藩主や重臣のものは建物を象った**石廟**《せきびょう》と呼ばれる大きな造りをしている。そこからほど近い**龍雲院**の本堂は天保13（1842）年に建てられたもので、松前に現存する寺院本堂のなかで最も古い。

松の大木の下に石垣、石畳が連なる道には京都や鎌倉に通じるような風情が感じられ、ゆっくりと散策を楽しみたい一帯だ。

◀寺町に建つ寺院のひとつである曹洞宗大洞山法幢寺。山門は天保5（1834）年の立派な建築

▼松前家墓所。23基の石廟をはじめ、さまざまな形の墓碑が並ぶ。多くの石廟には藩主の名が記されている

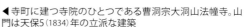

道央

エリア

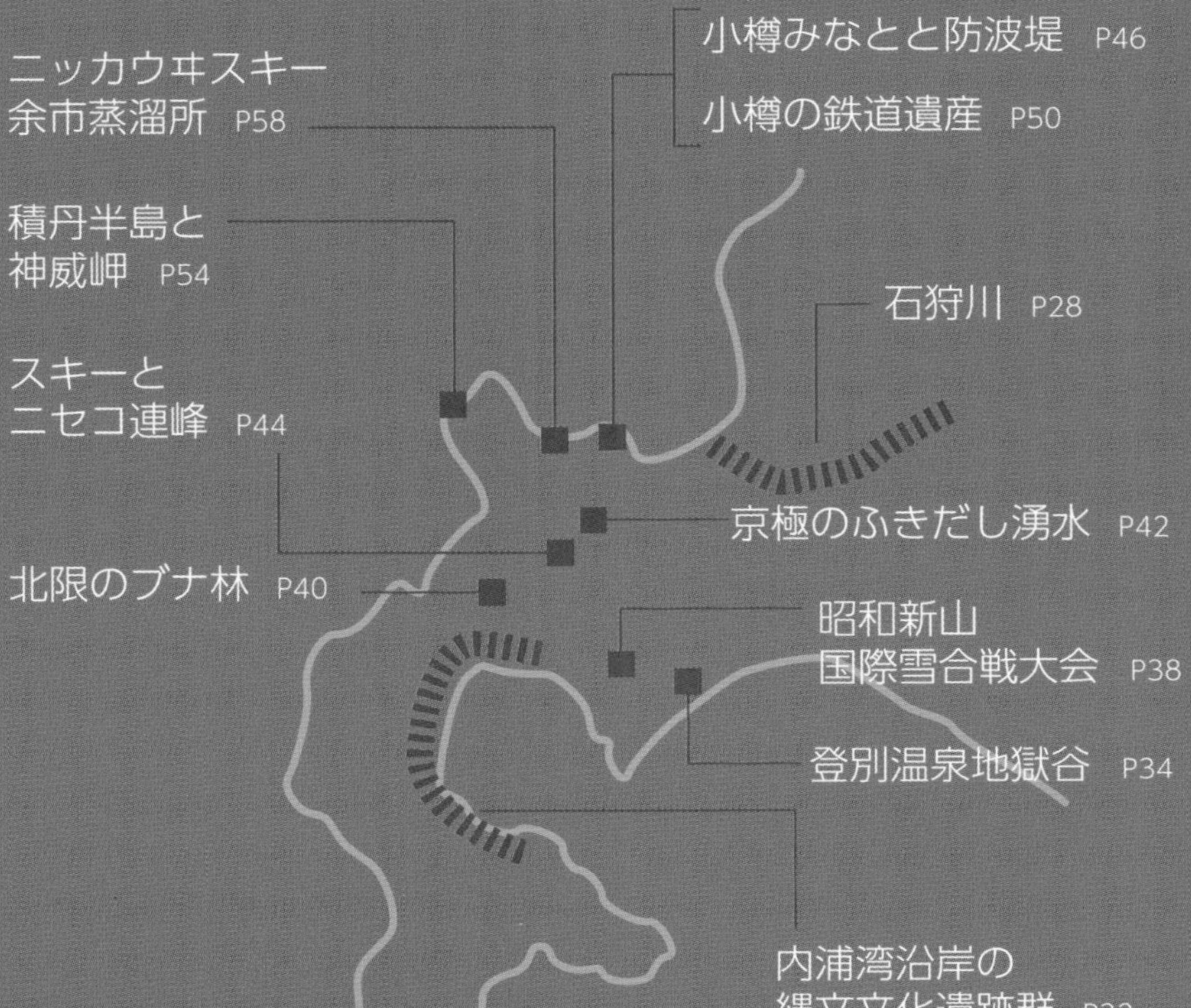

小樽みなとと防波堤 P46
小樽の鉄道遺産 P50
ニッカウヰスキー余市蒸溜所 P58
積丹半島と神威岬 P54
石狩川 P28
スキーとニセコ連峰 P44
京極のふきだし湧水 P42
北限のブナ林 P40
昭和新山国際雪合戦大会 P38
登別温泉地獄谷 P34
内浦湾沿岸の縄文文化遺跡群 P32

北海道一の大河。流域各地の水運、治水の歴史をたどる

石狩川

大雪山系に源流を発する石狩川は景勝地・層雲峡を抜け、石狩平野の田園地帯を潤し、河口では幅数百メートルにもなって多様な景観を見せる。古くは水運ルート、幾多の洪水と治水工事など、さまざまな歴史を築いてきた。

見どころ 流域で景勝地として知られる場所としては層雲峡、旭川市郊外の神居古潭がある。川の歴史を知るには江別市の〈河川防災ステーション〉の展示がおすすめ。

大雪山のふところから日本海の浜へ

石狩川は北海道一の大河だ。長さでは信濃川、利根川に次いで国内第3位、流域面積は１万４３３０㎢で利根川に次いで2位となる。

流域には札幌、旭川の道内2大都市をはじめ深川、滝川、岩見沢、江別、石狩など人口の多い市を連ね、それらの合計は３００万人を超える。流域人口が北海道の総人口の半数を上回る計算だ。

石狩川の源は大雪山系・**石狩岳**の北西側山腹。そこから山塊の間を下る川は、険しい峡谷地形をつくり出す。名勝として名高い**層雲峡**だ。やがて地形は開け、上川盆地に流れ下る。〝川の街〟旭川の市街では美瑛川、忠別川、牛朱別《うしゅべつ》川、オサラッペ川などの支川が合流。流量、川幅が大きくなり〝大河〟の姿が見え始めるのはここからだ。

上川盆地の出口、山地の切れ目は**神居**《かむい》**古潭**《こたん》と呼ばれる峡谷。ここを過ぎれば石狩平野が開け、川は高低差の少ない大地を緩やかに蛇行しながら流れ下る。大きく蛇行していた川が自然短絡した名残である**三日月湖**が点在するのもこの中流域以下の特徴だ。途中では雨竜川、空知川、夕張川、千歳川、豊平川と大きな川を集め、最後は石狩市の広い砂浜で日本海に注ぐ。これが長さおよそ２６８㎞、石狩川が辿る道筋だ。

古くは水上交通の大事なルート

豊かな流量をもつ石狩川は、古くから

水上交通のルートとして利用されてきた川だ。明治初期、内陸の交通路が未発達だった開拓時代に、川は奥地への重要な移動手段となった。

しかし当時の石狩川は手つかずの原始河川であり、明治17（1884）年に**樺戸集治監**（→P190）の囚人を動員し、およそ2ヶ月をかけて川底の土砂や流木を取り除き、江別～月形で汽船の運行を可能にした。初めて就航した船は、両脇に大きな〝水車〟をもつ外輪船だった。明治22（1889）年には北海道庁も江別～雨竜で同様の作業を実施。その後は民間会社による汽船運航も始まり、多くの穀物や乗客が運ばれるようになった。

明治35（1902）年の汽船運航時刻では江別から月形まで、上りの船は9時間を要している。対して同じ区間の下りは4時間。上りの船が遅いのは流れに逆らうことに加え、何艘かの舟を曳いて行

▲河口に近い石狩川（画面手前）を上空から見る。当別町の上空から西側を向くアングルで、画面右が石狩川の河口側となる。左端の鉄橋が札沼線、その右は国道337号の札幌大橋。画面奥で蛇行するのは茨戸川。もともとは石狩川の一部だったが、大正7年から昭和6年まで13年間におよぶ大工事により本流から切り離された（写真提供／北海道新聞社）

昔は石狩川にチョウザメがいたらしい。「江別」の地名はアイヌ語の“ユペ・オツ”＝「チョウザメが多い」が語源と考えられる。滝川市「江部乙」町も同じ語に由来する。

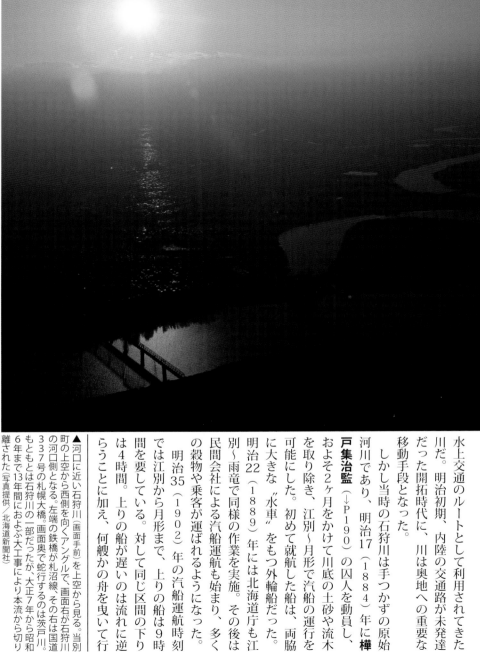

▲江別市〈河川防災ステーション〉に展示される外輪船〈上川丸〉の原寸大模型。船は明治22年建造で、石狩～浦臼間を運航した

き、途中の船着き場で1つずつ置いていくため。置かれた舟はそれぞれの場所で荷を積み、江別まで流れを下って運ぶ仕組みだ。

「川の港町」として栄えた江別

　早くから鉄道が通じていた江別は、海運と陸運の接点として賑わった街だ。雨竜など石狩川上流域から運ばれた貨物は、江別で鉄道に移し替えられて札幌や小樽へと運ばれた。そのため江別の川沿いには荷を保管するための倉庫が並んだほか、造船所もあった。そんな舟運の活況は昭和10（1935）年、国有鉄道**札沼線**（桑園～石狩沼田）の開通によって下火となるが、川を使った人や荷物の輸送は昭和30年代まで続いていた。

　橋が少なかった時代には**渡し舟**もあった。戦後まもない頃には流域で150近くもの渡船場があったとされるが、道路の架橋が進むにつれて姿を消し、最後となったのは美唄市中村地区と浦臼町晩生内《おそきない》地区を結んだ**美浦渡船**。晩年には観光を主目的として運航されていたが2011年9月をもって廃止された。

水害と戦う河川改修、直線化の歴史

　水上交通のルートとして利用された石狩川だが、その一方では幾多の**水害**の元凶となった歴史もある。流域でも高低差の少ない石狩平野に入る深川市より下流側では、川は大きく蛇行しながらゆったり進んでいた。雪解け水や豪雨で水量が増せば川はたちまち氾濫して、一帯を泥水の海にしてしまう。

　石狩川の水害の歴史は古く、なかでも明治31（1898）年9月の台風による洪水は112人の死者を出す最悪のものとなった。治水の必要性が強く認識されるのは、ここからだ。

　しかしながら対象となる流域が非常に広いうえ、川沿いに軟弱な地盤が多く、工事は容易に進まない。大正時代に入ると蛇行する川を直線化する改修が中・下流域の各地で行われた。

　その結果、昭和の末までに石狩川の長さは100km近くも短くなった。蛇行区間を減らしたことで洪水の危険が減り、石狩平野一円で大規模な農地開発が進むこととなる（しかしながら洪水被害が根絶されたわけではなく、昭和後期に入っても36・37・56年と、被害家屋が数万戸に及ぶ大きな水害は起きている）。

改修事業のなかでも河口に近い生振《おやふる》地区での工事は最も大きなもので、工期は大正7（1918）年から昭和6（1931）年まで13年間におよんだ。この直線化事業によって本流から切り離された区間が、現在の**茨戸川**となっている。

▲川と海が出会う、真冬の石狩川河口。川を運ばれてきた氷が漂う

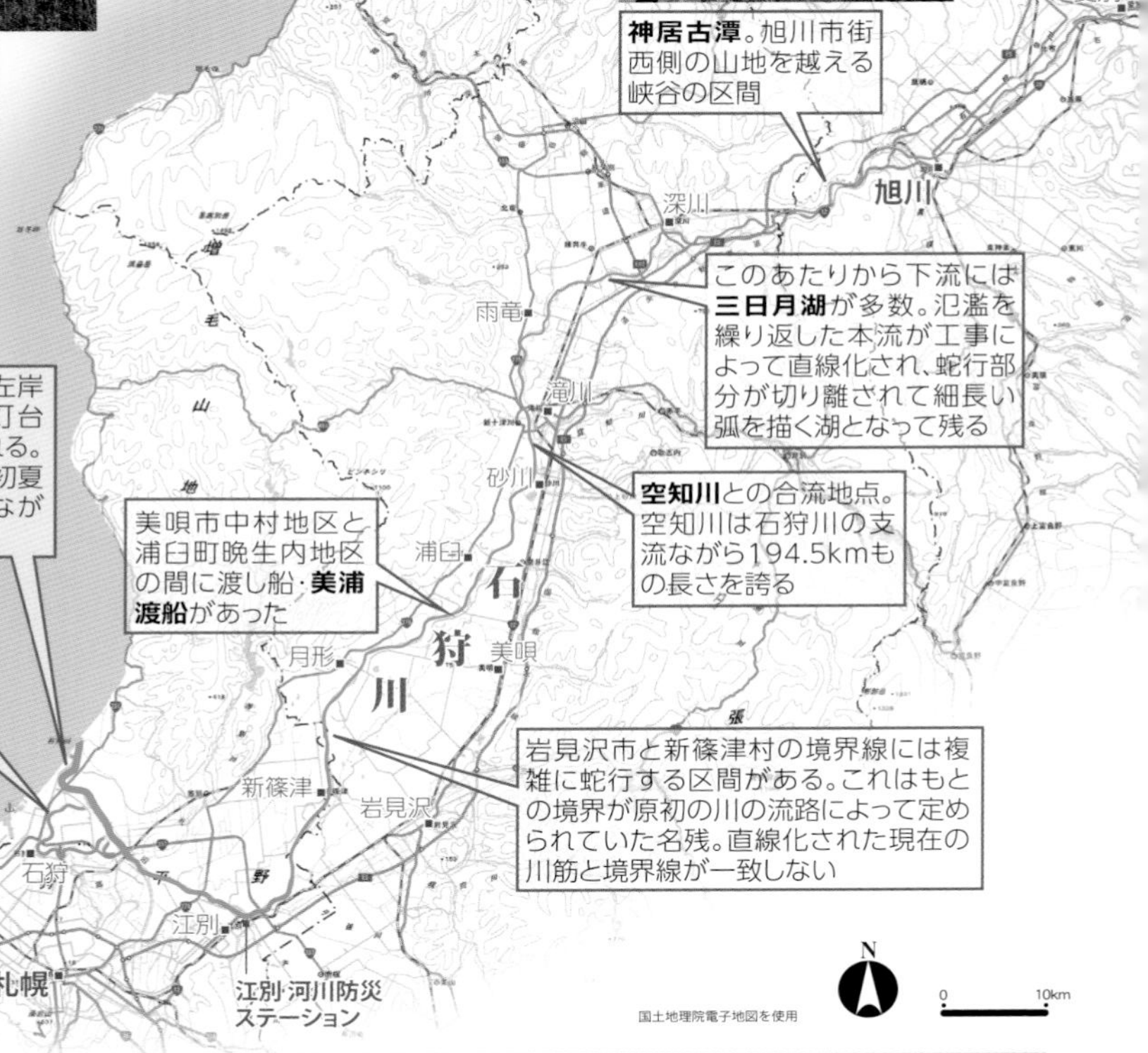
愛別
神居古潭。旭川市街西側の山地を越える峡谷の区間
旭川
深川
このあたりから下流には三日月湖が多数。氾濫を繰り返した本流が工事によって直線化され、蛇行部分が切り離されて細長い弧を描く湖となって残る
雨竜
増
毛
山
地
滝川
砂川
空知川との合流地点。空知川は石狩川の支流ながら194.5kmもの長さを誇る
石狩川河口付近の左岸に広がる石狩浜。灯台の建つ風景で知られる。遊歩道が設けられ、初夏にはハマナスを見ながらの散策が楽しめる
美唄市中村地区と浦臼町晩生内地区の間に渡し船・美浦渡船があった
浦臼
石
狩
川
美唄
月形
茨戸川は本流の直線化工事により切り離された区間。名前は「川」だが流れはわずかで、三日月湖に近い
張
岩見沢市と新篠津村の境界線には複雑に蛇行する区間がある。これはもとの境界が原初の川の流路によって定められていた名残。直線化された現在の川筋と境界線が一致しない
新篠津
岩見沢
石狩
石
野
江別
札幌
江別 河川防災ステーション
N
0
10km
国土地理院電子地図を使用

江別 河川防災ステーションは災害対策の拠点施設だが、建物内に地域の産品の販売所、レストランなどがあり、道の駅に似た雰囲気。石狩川の歴史などに関する展示も充実している。

1万年前に始まった高度な生活文化の痕跡を示す

内浦湾沿岸の縄文文化遺跡群

内浦湾沿岸ではこれまでに、縄文時代の遺跡が数多く見つかっている。海での漁労などにより食料を得やすいこの地では、祭礼や儀式を含む豊かな文化が育まれていたことが、発掘された遺物などからわかってきた。

見どころ 南茅部地区〈函館市縄文文化交流センター〉に展示される国宝の中空土偶が見もの。その近隣、大船遺跡のほか伊達市北黄金、洞爺湖町入江・高砂と、貝塚や集落跡などの史跡がある。

温暖化とともに発達した「縄文文化」

今からおよそ1万5千年前、氷河期の終わりとともに急速な温暖化が進むなかで始まったのが**縄文時代**だ。

1万年以上にわたって続いたこの時代を特徴付けるできごとは、それまでの石器に替わって土器が作られるようになったこと。それにより煮炊きなどの調理、食物の貯蔵が可能となる。弓や石槍を使った狩猟、釣針や銛を用いる漁労のほか、気候変化によって落葉樹が増えたことで木の実の採集も容易になり、食生活が豊かになった。

それにともなって食料を求めながらの移動生活から〝ムラ〟を築いての定住生活へと、生活様式全体が大きく変化していく。祭礼や儀式が行われ、高度な技術を用いた装飾品、装身具が作られるなど**縄文文化**が発達した。

国宝となる「中空土偶」の発見

そうした縄文時代に生きた人々の暮らしぶりを伝える遺跡が、北海道では内浦湾（噴火湾）沿岸などにいくつか残っている。とりわけ函館市**南茅部**《みなみかやべ》地区ではこれまでに多数の遺跡・遺物が発見されている。なかでも南茅部の名を有名にしたのは昭和50（１９７５）年、この地の畑で偶然見つかった**中空土偶**だ。およそ３３００年前の縄文時代後期末のものと推定される土偶は高さ42cmの大きさで全体が肉の薄い中空。２００７年には北海道初の**国宝**に指定された。

同じ南茅部地区の**大船遺跡**には、縄文時代前期後半から中期後半（紀元前３２００年～紀元前２０００年）まで１０００年あまりにわたって続いた集落の跡が残っている。地面を掘り下げた上に柱を立てて屋根を架ける**竪穴建物**の跡は１００

中空土偶「カックウ」

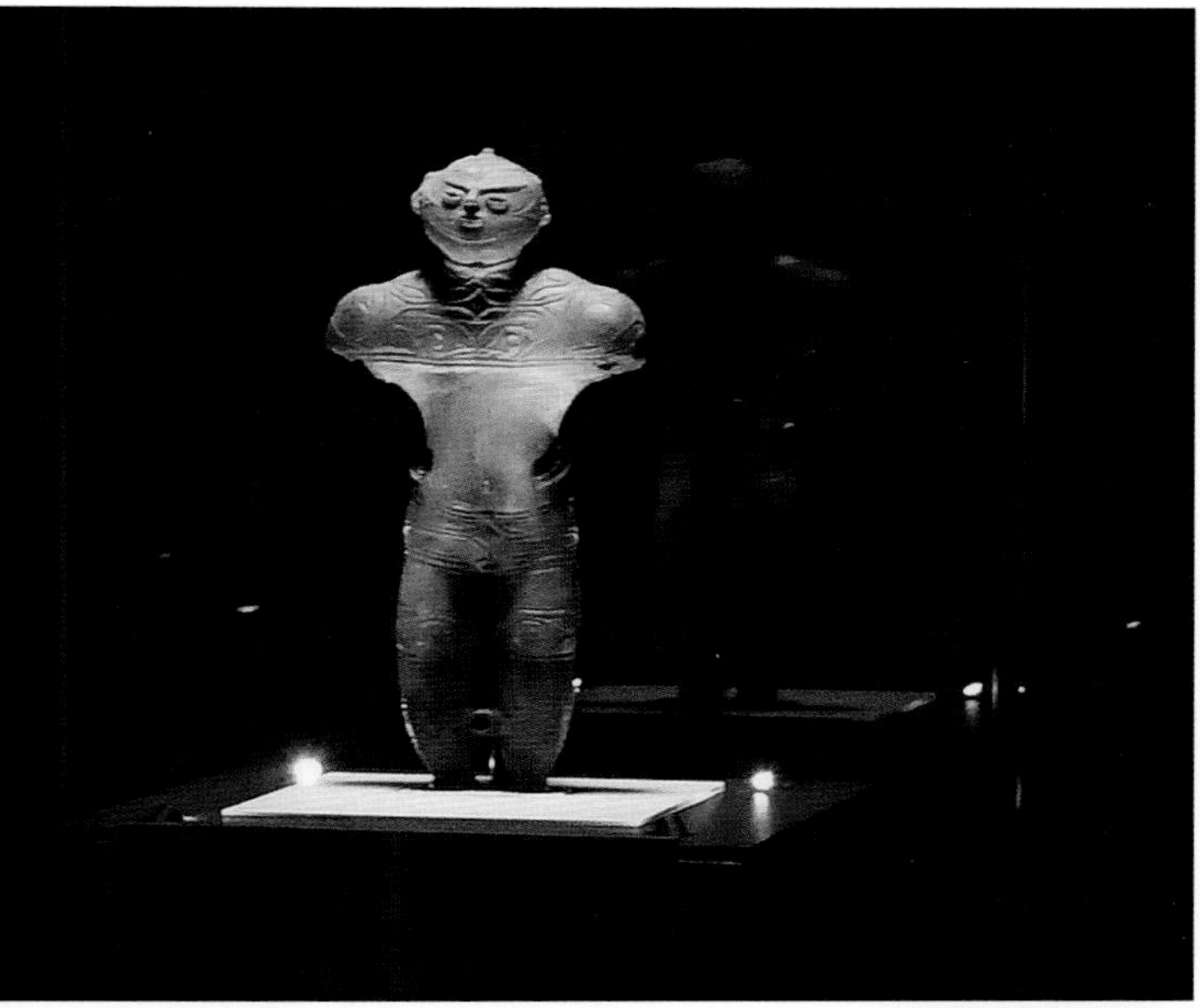

昭和50年、南茅部・著保内野（ちょぼないの）地区で畑の中から偶然に発見された。「南茅部」と「中空」を合わせた「カックウ」の愛称で呼ばれる。およそ3300年前に作られ、葬送の儀式として死者とともに埋葬されたと考えられている。
丸みを帯びた体つきは女性的だが、顔には太い眉や髭のようなものも加えられていて性別は判然としない。体中に刻まれた幾何学的な文様は、何らかの意味が込められたものか、とも想像される。
神秘的でありながら、どこか愛嬌もある顔かたち。一体どんな人が、どんな思いを込め、どうやって作ったのか……などなど興味は尽きない

▲伊達市にある北黄金貝塚公園。広い敷地内に住居が復元されるほか、出土品などを展示する施設がある
◆**北黄金貝塚公園** ☎0142-24-2122

▲"カックウ"が展示される〈函館市縄文文化交流センター〉。道の駅〈縄文ロマン南かやべ〉に隣接している
◆**函館市 縄文文化交流センター**
☎0138-25-2030

▲竪穴住居跡が多数発掘された史跡大船遺跡。遠くに海を見渡す高台に大きなムラが築かれ、たくさんの人が暮らしていた

棟以上が確認されており、1つの建物跡がきわめて大きく、また集落内に密集していることも特徴だ。

東北の遺跡群とともに世界遺産登録へ

このほか内浦湾沿岸では洞爺湖町で縄文時代前期末から晩期中葉（紀元前3500年〜紀元前800年頃）の遺跡である**入江・高砂貝塚**が、伊達市では縄文時代前期（紀元前5000年〜紀元前3500年頃）の**北黄金《こがね》貝塚**が、それぞれ見つかっている。両貝塚からは貝殻や魚の骨、クジラやオットセイなど海獣の骨が出土したほか、人が暮らした集落の跡も確認でき、海での漁労と繋がりの深い生活の痕跡がうかがえる。

内浦湾沿岸を中心としたこれらは、津軽海峡を隔てた東北地方北部（青森・秋田・岩手の3県）に点在する遺跡群との繋がりがある。これらの地域を包括した縄文遺跡群は2021年5月、世界文化遺産への登録が確実となった。

ここで紹介した内浦湾沿岸の縄文文化遺跡群は、いずれも世界遺産の構成資産に含まれる。ただし世界遺産の対象は「有形の不動産」であるため、カックウは除外されている。

全国有数の名湯を支える大自然の恵み

登別温泉 地獄谷

道内屈指の温泉地として知られる登別の、お湯の源がこの地獄谷。1万年前の火山活動の跡で、今もあちこちから噴気を上げ荒々しい景観が広がる。ここから湧き出す膨大な量のお湯が、温泉街にお湯の恵みをもたらしている。

見どころ 地獄谷は登別温泉の中心部から歩いて10分足らずと近い。ここからは大湯沼などを巡る自然探勝路が整備されている。

登別国際観光コンベンション協会
☎0143-84-3311

荒々しい景観を見せる源泉地帯

登別温泉といえば道内はもとより、日本国内でも有数の温泉地として広く知られている。今では温泉街に大型のホテルが多数建ち並ぶことから華やかな印象があるが、登別のいちばんの魅力は、温泉の本質というべき「お湯」の豊かさだ。湧き出すお湯の泉質は9種類、湧出量は1日1万トン。これこそが「温泉のデパート」と評される由縁であり、登別温泉の〝実力〟の現れでもある。

この豊かな温泉の源となるのが**地獄谷**だ。温泉街の北東数百メートルの距離に位置するおよそ1万年前の爆裂火口の跡で、長径およそ450m、面積11ヘクタール。草木も生えず、赤茶けた岩肌が剥き出しになった谷底のあちこちから火山ガスや熱湯が噴き出し、周囲には強い硫黄臭が立ちこめる。

この一帯に連なる湯壺や噴気孔が15ヶ所あり、昭和地獄、鉛地獄、剣山地獄、龍巻地獄などと名付けられている。湧き出すお湯の成分もそれぞれに異なり、総量は毎分3000リットルに及ぶ。その豊富なお湯が温泉街の各ホテル・旅館に

荒々しい景観を見せる地獄谷。遊歩道を歩きながら湯壺や噴気孔が間近に見られる

供給され、訪れる人に心地よい湯浴みを楽しませてくれるというわけだ。

地獄谷には遊歩道となる木道が整備され、一周およそ15分をかけて散策しながら、源泉の様子をまぢかに見ることができる。

松浦武四郎も見た温泉の様子

登別温泉の起源は古い。その名の語源はアイヌ語の「ヌプル・ペッ」（〝濁った川〟といった意味）。温泉が川となって流れる様子を表したものと考えられ、先住民にも温泉の存在が意識されていたことをうかがわせる。

幕末に蝦夷地を探検した**松浦武四郎**は弘化２（１８４５）年に当地を訪れ、その後に著した旅行記『蝦夷日誌』に温泉の様子を詳しく記した。そこには硫黄を煮た釜があり、常に噴煙が立ちのぼり百千の雷鳴が轟き、巌石の間から温泉が噴き上がるなどと、この地の温泉の様子が描写されている。おそらくは武四郎も地獄谷の荒々しい光景を間近に見て、強い印象を受けたのだろう。

その後、明治の初め頃、**滝本金蔵**（現

温泉の匂いとして「硫黄臭」との表現がよく用いられる。しかし実際には硫黄は無臭で、硫黄臭の正体は硫化水素の匂い。ただし通例にしたがい、本書でも硫黄臭の表現を用いる。

在ある温泉ホテル〈第一滝本館〉の創業者）が小さな湯宿を設けたのが、温泉街の起こりとなる。

豊かなお湯に恵まれた温泉の評判が広がり、湯治に訪れる人の数も年々増加していたが、山あいに開けた温泉場までの交通の不便さが大きな難点だった。そこで金蔵は私費を投じて登別市街から温泉に至る道路の開削に着手し、明治24（1891）年には完成した道路で馬車の運行が始まった。

大正時代、鉄道開通で利用客は大幅増

馬車が運行を始めたことで交通の利便性はある程度向上したものの、急な山道を進む馬車では輸送力がもの足りない。そこで大正4（1915）年、国有鉄道の登別駅から温泉まで8・5kmの区間に線路を敷き、**登別温泉軌道**が開業する。当初は馬車鉄道だったが3年後に蒸気機関車を導入、さらに大正14（1925）年には電化が完成。北海道内での電車の

▲ヘリコプターから見た地獄谷。温泉街のすぐ背後に位置する様子がよくわかる（写真提供／北海道新聞社）

◀日和山が噴火した火口跡に熱水が貯まってできた大湯沼。かつては硫黄の採取が行われていた

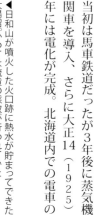

運行は函館、札幌での市内電車に次ぐものだった。

　昭和の時代になると道路が整備され、バスが輸送の主役となったことにより、昭和8（1933）年をもって鉄道は廃止となる。しかし早い時期から交通手段の整備を進めたことは、温泉街の発展に絶大な効果を発揮した。

遊歩道を歩いて自然景観を堪能

　登別温泉では地獄谷以外にも、活発な火山活動の痕跡を示す見どころがある。地獄谷の北東に位置する**大湯沼**もそのひとつ。**日和山**《ひよりやま》と呼ばれる火山の山腹にできた爆裂火口跡で、現在では熱湯が貯まり、周囲約1㎞のひょうたん型の沼となっている。沼の底からは130度もの高温の硫黄泉が噴出し、水面付近でも40～50度と熱い。灰黒色に濁った水面から湯気が立ち上る様子は、岩肌が剥き出しになった日和山の景観と相まって、荒々しい眺めだ。

　地獄谷から大湯沼までは遊歩道が整備され、歩いて20分あまり。噴煙を上げる火山地帯ならではの景観と周囲の山のコントラストが美しく、新緑や紅葉の時期も格別だ。温泉でのくつろぎの時間とともに、こうした独特の自然風景を愛でながらの散策もぜひ楽しみたい。

▲大湯沼から川となって流れ出した温泉水で、天然の足湯を楽しむことができる（写真提供／北海道新聞社）

温泉街の中心部に位置する〈泉源公園〉では間欠泉が見られる。およそ3時間おきに8mの高さの噴出が、約50分間続く。

雪遊びの原点をスポーツ競技として海外にも

昭和新山 国際雪合戦大会

雪合戦といえば、雪の降る地方に住む人なら誰でも、子どもの頃から一度は体験する雪遊びの基本。雪球を作って投げ合う単純な遊びに公式ルールを設けたことにより、雪合戦はスポーツ競技となって海外にも広がる。

見どころ 昭和新山国際雪合戦大会は毎年2月下旬に壮瞥町・昭和新山山麓の特設会場で開催。大会の前には予選となる試合が全道各地で行われる。

冬の閑散期、地域の活性化を目指して

始まりは冬の閑散期対策だった。**昭和新山**という有名観光地をかかえる壮瞥町も、冬になると一気に客足が途絶えてしまう。雪のシーズンにも地域を活性化する手段はないか――。地域の若者グループが検討を始めたのは、昭和62（1987）年のことだった。

さまざまなアイデアが考えられた末に行き着いたのが、雪という身近な素材を使う基本的な遊びである雪合戦だ。単純であるがゆえに「それで人を呼べるのか」と疑問視する意見もあった。しかし、それをスポーツ競技として確立させ、壮瞥独自のイベントとして定着させるために、関係者はさらに知恵を絞っていく。

勝利にはチームワークと戦術も必要

競技は2つのチームどうしの対戦。1つのチームは9人の選手（コートに出るのはうち7人）と監督1人で構成される。相手に雪球を当てられたらその選手はアウトとなり、コート外に退出。3分間のうちに雪球を交わしながら敵陣に立てられたフラッグを奪取するか、あるいは相手チーム全員に雪球を当てればそのチームがセットを制する。3セットを行って2セットを先取した方が勝ち。

コート内には〝防護壁〟となるシェルターが7つ設けられ、選手はそこに身を隠しながら相手を攻撃する。両陣営の中央に置かれたシェルターを占拠すれば試合を優位に運べるため、試合開始直後、そこをめぐっての攻防がまず最初の見どころだ。ときには至近距離で激しい球の投げ合いもあり、観客の歓声もひときわ高くなる。

基本は単純だがコートの大きさ、コート内に設けられるシェルターの大きさと

位置、使える雪球は事前に作った90個とすることなど、規定の内容は細かい。

攻撃は直球で相手を狙うほか、山なりの球を投げ上げてシェルターに身を隠した選手に当てる、といったテクニックがある。フォワードの選手にはバックスから雪球をタイミングよく補給することも必要で、チームワークと戦術がものをいう奥深さも試合のおもしろさだ。

国内各地、さらに海外への広がりも

第1回昭和新山国際雪合戦大会が開催されたのは1989年2月のことだった。70チームの募集に対し全道各地から150の応募があり、順調な滑り出しを切る。

参加チームは全国各地、さらに海外にも広まった。北米・北欧を中心に10カ国ほどで競技が行われるようになり2013年には「国際雪合戦連合」が発足。試合は統一ルールにのっとること、**YUKIGASSEN**の名を用いることが守られる。壮瞥発祥のスポーツが今では国際競技として確実に根付いているのだ。

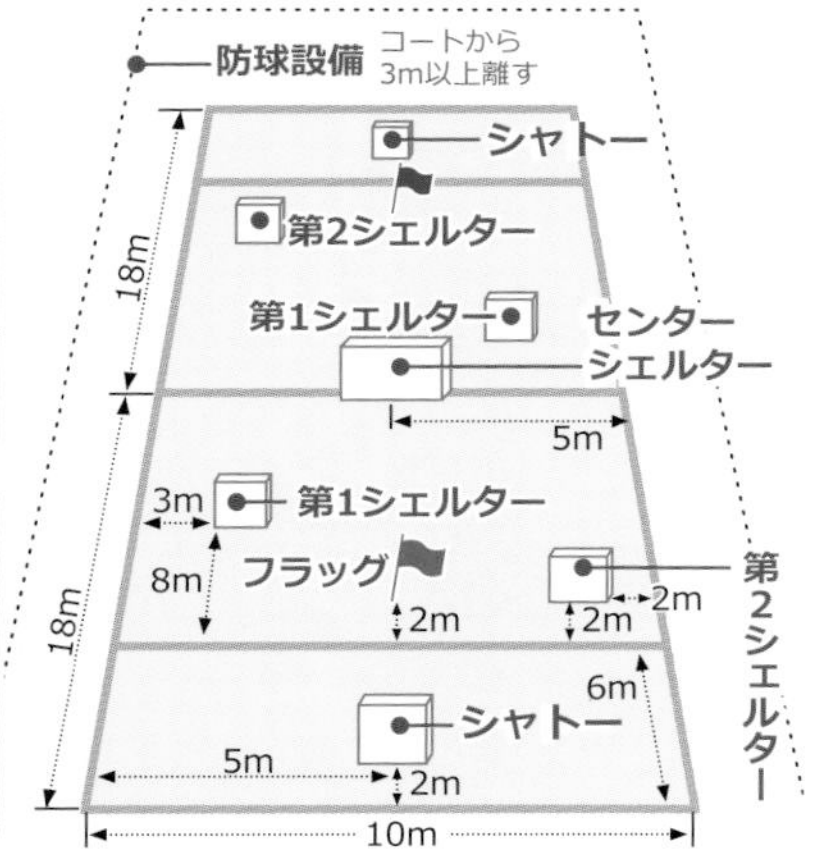

★シャトーおよび第1・2シェルターは高さ90×幅90×厚さ45cm、センターシェルターは高さ90×幅180×厚さ45cm

▼昭和新山を見上げる広場で熱戦が繰り広げられる
◀試合のために開発された雪球製造機。45個の球を一度に作れる
(写真提供／北海道新聞社・2点とも)

大会に関する問合せ先＝壮瞥町役場内・昭和新山国際雪合戦実行委員会
☎0142-66-2244

黒松内で天然記念物として守られてきた貴重な林

北限のブナ林

国内各地に分布するブナは、北海道では黒松内一帯が北限。この地を代表する歌才ブナ林は、昭和初期に天然記念物の指定を受けた。緩やかな起伏のある森の中、大きな木々を見ながら心地よい散策を楽しめる。

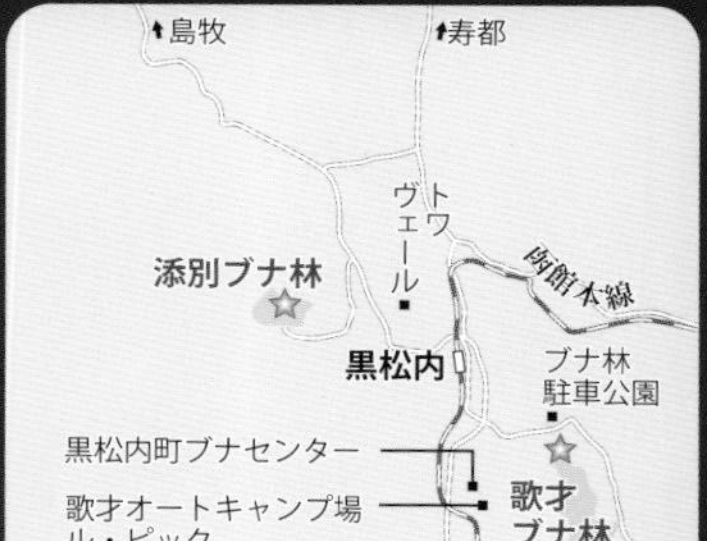

見どころ 黒松内周辺のブナ林で、散策を楽しむのに最もポピュラーな場所は歌才ブナ林。黒松内市街から車で数分の距離に駐車公園があり、そこから片道1時間ほどの道を往復する。

実用価値は低かったブナ。しかし…

ブナは日本の森を代表する樹木のひとつで、鹿児島県の高隈山《たかくまやま》を南限とし、九州から本州・四国にかけて広く分布する。北海道では道南地方に限って生育が確認されており、その北限となっているのが寿都と長万部を結ぶ線上に位置する**黒松内低地帯**だ。

黒松内がブナの北限となる理由には諸説があり、正確には解明されていない。この地のブナは北限にありながら、本州などと比べて遜色ないほど木々の勢いがいい。成長の速度が速く――その反面寿命も短いが――、葉が大きく、幹には下枝がなく、まっすぐに高く伸びる、といった特徴が知られている。

そもそもブナとはどんな木か。漢字ではいくつかの表記があるが「**橅**」の文字がよく知られている。実のところ木材としてのブナは、狂いやすく腐りやすいため建築用材には不向きとされてきた。木偏に「無」の文字は用途の乏しさを表したものとの説もある。しかしながらブナの森は腐葉土を多く蓄えることから保水力が高く、またブナの実を好んで食べる野生動物も多いため、生態系にとって大事な存在だ。大きく枝を広げるブナの木の美しさは格別で、自然の森の景観を楽しむという点からも価値は高い。

〝北のヤシの木〟と評されたブナ

黒松内低地帯にいくつかあるブナ林のなかで、代表的な存在であるのが**歌才ブナ林**。昭和３（１９２８）年にはその学術的価値が認められて国の**天然記念物**に指定されている。

指定に先立ち、この森を調査したのが札幌農学校（北海道大学の前身）教授の林学者・**新島善直**。ブナの森を歩いた新島は、当地のブナの木々を「北のヤシの木のよう」と評した。樹高が20mあまりと一般的なブナに比べて高いものが多く、下枝がなく上の方にだけこんもりと枝葉を広げた木が目立つ、この森の特徴を言い表した言葉だ。新島はまた、すでに開墾が広がる中にこの森が残る様子を「かくのごとき原生林を残留せるは奇跡というべし」と驚きを隠さなかった。

四季を通じて楽しめる森林ウォーク

現在の歌才ブナ林では森の中に散策路が設けられ、軽い山歩きをしながら樹木ウォッチングを楽しむことができる。直径1mを超える大木もあり、その堂々たる姿に目を奪われる。初夏の新緑、秋の黄葉、あるいは冬にスノーシューを履いて雪中ウォークを楽しむのもいい。

同じ黒松内町内でブナが生育するもうひとつの場所、**添別《そいべつ》ブナ林**は、歌才とはやや雰囲気が異なる。こちらは昭和の初め頃に一度伐採された後、自然に再生した林。直径20～40cm程度の若い木が主体で、未だか細い幼木も多い。

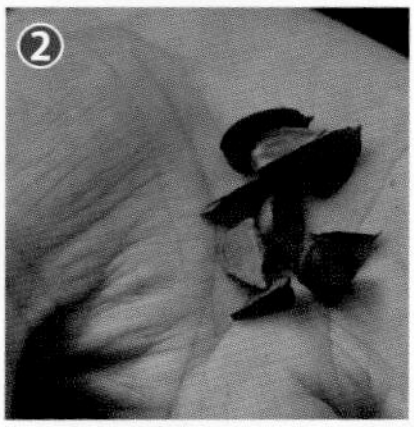

❶直径1mを超える大木も見られる。ブナの樹皮には独特の模様がある　❷地表には三角形をしたブナの実が落ちている。ただし持ち帰りは禁止　❸歌才ブナ林では片道約2㎞の散策路を往復する

◆黒松内町ブナセンター

ブナの木に関する内容だけでなく、森林に生育する動植物、太古の時代に海底だった黒松内の歴史に関する展示が見られる。ブナ林を歩く前に立ち寄るのがおすすめ。ここからブナ林の入口までは約2.5km。

開館9:30～17:00、月・火曜休館（祝日は開館）☎0136-72-4411

国道5号沿いにある〈道の駅くろまつない〉内のレストラン〈トワ・ヴェールII〉ではピザやパンが人気。右ページの地図上の〈トワヴェール〉とは異なるので注意。

羊蹄山から数十年を経て下る伏流水が名水に

京極のふきだし湧水

羊蹄山に降った雨・雪が数十年といわれる長い時間をかけて湧き出すのが、京極町のふきだし公園。ほどよくミネラル分を含んだおいしい水が、1日8万トンも湧き出し、水を汲みに訪れる人の姿が絶えない。

見どころ ふきだし公園は京極町市街地から車で3分ほどと近い。公園内にはレストラン、みやげもの店、パークゴルフ場、キャンプ場など行楽施設や、日帰り入浴の〈京極温泉〉などがある。
●京極町役場企画振興課 ☎0136-42-2111

秀峰・羊蹄山に降った水が伏流水に

全国に「○○富士」と称される山は数多い。北海道で**蝦夷富士**の異名をとるのは羊蹄山（1898m）。整った円錐形の山容、近くに他の山のない独立峰、平地からすくっと立ち上がる姿で、まさに富士の名に相応しい秀峰だ。

羊蹄山の山肌に常時流れる沢は1本もない。火山性の岩石からなる山であるため、降った雨・雪は地表に留まることなくすぐに浸透する。そうして地中に入った水は伏流水となり、山麓の何ヶ所かで湧き水となって流れ出る。その代表的な場所がここ**京極のふきだし湧水**だ。

数十年かけて地中をくぐった水

京極町の市街中心部から1kmあまり離れたところにある**ふきだし公園**。敷地内にある湧水のスポットは、さらさらという水音が絶えることなく響き、清涼感たっぷりの光景だ。

1日の湧水量は8万トン、30万人分の生活用水に相当する、国内でも屈指の規模を誇る湧き水だ。水温は年間を通して6・5度とほとんど変わることがない。水に手を入れると指先の感覚がなくなってくるほどの冷たさだ。この豊かな水は開拓時代から住人に愛用され、現在のふきだし公園一帯は、神聖な場所として崇められてきたのだという。

水は地表に降ってから湧き出すまでに数十年がかかっているといわれ、その間に地中のフィルターでろ過されるとともに程よいミネラル分を含み、「おいしい水」となる。天然の湧き水だから24時間、止まることなく流れ続けていることは言

▲清々しい音とともに水が流れ出る光景は清涼感たっぷり。水源としての安全・衛生にも配慮されている

◀水源周辺は木道が設けられ、心地よい散策の楽しめる公園空間。園内には昭和初期、地元の住職によって建てられた三十三番観音が並ぶ。古くから神聖な場所として崇敬されたことをうかがわせる

うまでもないが、それを好都合として深夜・早朝、水を汲みに訪れる人も少なくない。

ふきだし公園は人気の観光スポット

京極の湧水は昭和60（1985）年、環境庁（当時）の**名水百選**に選ばれた。その後、湧水の周辺一帯を〈ふきだし公園〉として整備する事業が始まる。公園の景観や湧水の安全性に配慮しながら、水を汲んだり飲んだりする人の利便性を向上させ、キャンプ場や遊具広場などのある公園全体の環境が整えられた。現在では年間70万人もの観光客が訪れる人気スポットとなっている。

▲名水は料理やコーヒーの味を引き立ててくれると、たくさんのポリタンクを台車に載せて汲みに来る飲食店関係者など、本格的な人も多い

コンビニチェーン〈セイコーマート〉では、京極で採取した水を原料に使ったナチュラルミネラルウォーターを『京極の名水』の商品名で販売している。

海外スキーヤーをも魅了する極上の〝パウダー〟

スキーとニセコ連峰

ニセコアンヌプリを主峰とするニセコの山々は、極上のパウダースノーに恵まれるスキーエリアだ。近年ではこの上質な雪の存在が海外にも知られて外国人スキーヤーが急増。国際リゾート地の性格を強めている。

見どころ ニセコアンヌプリにはニセコHANAZONO、ニセコグラン・ヒラフ、ニセコビレッジ、ニセコアンヌプリ国際、と4つのスキー場があり、4ヵ所共通のリフト券も販売されている。

〝パウダー〟に恵まれるスキーの聖地

ニセコ連峰は標高１３０８ｍの**ニセコアンヌプリ**を主峰とし、西に向かってイワオヌプリ、チセヌプリ、白樺山…と続く標高おおむね１０００ｍ前後、たおやかな姿をした山の連なりだ。この連峰は、冬には北西の季節風をまともに受ける、道内でも有数の豪雪地帯だ。

ニセコの雪は量の多さもさることながら、その質の良さが特筆される。厳しい寒気に見舞われる地域だけに、湿り気のない乾いた**パウダースノー**が降り積もり、スキーには最高のコンディションが生まれる。これがすなわち古くからスキーの聖地としてのニセコを育んできた、いちばんの要因だ。

始まりは明治末期、レルヒ中佐来訪から

この地におけるスキーの歴史は古い。明治43（１９１０）年、日本に初めてスキーを持ち込んだオーストリアの軍人・**T・E・レルヒ中佐**は、新潟や旭川、札幌でスキー講習を行ったあと、45年4月に倶知安を訪れる。**羊蹄山**へのスキー登山に先立ち、今の旭ケ丘公園でスキー滑降を披露し、これがニセコエリアにおける最初のスキーとされる。

その後、大正時代に入ってスキーは急速な広がりを見せる。小樽高商（現・小樽商科大学）や北海道帝国大学（現・北海道大学）の学生たちは、この新しい冬のスポーツの急先鋒だった。当時のスキーは

▲倶知安の市街地に建つレルヒ中佐の像。ストックとして一本杖を持っている。像の碑文には明治45年4月17日、レルヒは一行10名のほか町内の3名を道案内として羊蹄山登頂に挑み、猛吹雪に見舞われつつも登頂を果たし、全員が無事帰還したことが記されている

雪山登山の手段との性格が強かったが、彼らはニセコをはじめとするあちこちの山で、果敢にシュプールを刻んでいた。

スキーリゾート地としてのニセコへ

長らく山岳スキーの場であったニセコに大きな変化が訪れるのは昭和36（1961）年。**ひらふスキー場**（現ニセコマウンテンリゾート グラン・ヒラフ）に、初めてのリフト2本が開業したのだ。その延長は合計で1070mにおよび、当時の国内では屈指の規模となった。それまで登山の延長にあったスキーが、レジャーとして広まるのはここからだ。山麓の町、狩太《かりふと》町がニセコ町に改称されたのは昭和39（1964）年。この外国風の地名が、リゾート地のイメージを高める効果をもたらしたことは間違いない。

2000年頃からニセコで目立ち始めた新たな傾向といえば、外国人の急増だ。ニセコの良質な粉雪「ディープパウダー」の魅力が広まり、とりわけオーストラリア人スキーヤーの増加がめざましい。それとともに外国人向けのホテルやコンドミニアムの開業が増えるなど、ニセコは国際リゾートとしての新たな時代を迎えている。

山スキーで目国内（めくんない）岳の山頂を目指すスキーヤー。遠くニセコアンヌプリまで、連峰の山並みが一望できる。本来のスキーは自力で山を登り、滑るものだった

昭和36（1961）年12月、ニセコアンヌプリで開業したリフトは実は、もとからスキー用に計画されたのではない。合板の原料にするチシマザサ（根曲がり竹）を伐採し、運搬するためだった。

港町小樽の発展を支えた、国内初の近代防波堤は今も現役

小樽みなとと防波堤

北海道の玄関口として古くから重責を担った小樽港。その守りとなる北防波堤は明治41（1908）年に完成した。国内初の近代防波堤であり、日本海の荒波に耐えながら今なお現役で機能している貴重な存在だ。

見どころ 南北の防波堤はともに、それぞれの基部から間近に見学することができるほか、高台の展望地としては北側に手宮公園、南側には平磯公園があり、港を広く見渡すことができる。

港の近代化に不可欠、堅牢な防波堤

明治時代に入り、近代化の始まった北海道の玄関口として重要な役割を負ったのが**小樽港**だ。開拓本府の置かれた札幌に最も近い港であることから物資や人の流れが急増する。明治15（1882）年には港に近い手宮から内陸の**幌内**《ほろない》（現在の三笠市内）に至る鉄道が開通し、やがては道内鉄道網との接点となったことにより小樽港の重要性はさらに高まった。

小樽の港としての優位性は、深く弧を描く湾の形、湾内の水深の深さに加え、水辺近くに山地が迫って風を遮る地形などによるところが大きい。こうした好条件はしばしば**天然の良港**と表現されるが、そもそも近代的な港湾築造技術が確立される以前の時代、良港は天然でしかあり得なかった。

小樽港が強風を受けにくいとはいっても押し寄せる波浪に対してはまったくの無防備で、特に冬期間は強い季節風が引き起こす日本海の大波が、港の奥に停泊する船舶をも直撃することがしばしばだった。

小樽港が近代的な港湾に発展するうえで切望されたもの――それが堅牢な防波

堤だ。

しかしこの時代、日本での港湾建設は未だ手探りの状態にあった。明治15年、オランダ人技術者の指導のもとで完成した宮城県野蒜《のびる》港の突堤はわずか2年後、台風の波浪で崩壊し、そのまま廃棄を余儀なくされている。

若き工学者・廣井勇による防波堤工事

北海道庁による調査と試験工事を経て、全額国費による築港工事が議決されたのは明治29（1896）年のことだった。国内で初となる**本格的外洋防波堤**の着工だ。第一期工事は小樽港の北側から防波堤を築く計画で、これが現在、北防波堤と呼ばれるものとなる。

この大事業の指揮を執るのが、事前調査の段階から関わっていた**廣井勇**《いさみ》、当時30代半ばの土木工学者だ。工事は明治30（1897）年5月に始まり、まずは防波堤基部の厩町《うまやまち》にコンクリートブロックを作る作業場と船着き場を設けることから始まった。

しかし今でこそ土木工事で当たり前のように使われるコンクリートも、この時代には〝新素材〟であり、砂利や水の配合など製造方法が定まっていなかった。廣井は独自の試験を重ねながら、海水に強いコンクリートの配合を研究する。その過程では**火山灰**を混ぜることによって耐久性が高まることに着目。これにより強度を高めるとともに、費用の削減という点でも効果を上げた。

防波堤は高さが2m近くある巨大なブロックを4段、組み合わせて積み上げる構造とした。ブロックはわずかに傾斜させ、陸側にもたれかかる形にすることで強度を高めたほか、防波堤の沖合側には別なブロックを階段状に並べて、ぶつかる波の力を弱める工夫もされている。

日本海の荒波を受けながらの困難な工事は途中、日露戦争の余波で予算を削減されるという逆風も受ける。それでもほ

▲小樽運河の北端に近い〈運河公園〉に建つ廣井勇の像。廣井は文久2（1862）年、土佐国佐川村（現・高知県佐川町）生まれ、昭和3（1928）年没

赤い灯台が建つのが北副防波堤、その後方が北防波堤。小樽港を出航する新日本海フェリーの船上から撮影

ぼ当初の予定どおり明治41（1908）年6月に全長1289mが完成したのは若き工学者・廣井勇の快挙だった。

ケーソン進水という世界初のアイデア

北防波堤の完工が目前に迫った明治41年4月には第二期工事として、小樽港南側から延びる防波堤の築造が始まった。この南防波堤を設計し、工事の指揮にあたったのは、廣井の弟子にあたる**伊藤長右衛門**。伊藤はまず北防波堤と同様のコンクリートブロックを並べる方法で南防波堤（932m）を完成させる。次いでその延長となる島防波堤（915m）および北防波堤の延長（419m）に着手するが、ここでブロックに替わって採用されたのが**ケーソン**を用いた工法だ。

ケーソンとは内部が中空となったコンクリート製の大きな箱のこと。これを陸上で造ったのち、海上に浮かべて設置場所まで船で曳航し、箱の内部に土石を入れて海中に沈め、それを並べて防波堤の堤体とする。

この方式自体はすでに世界各地で行われていたが、伊藤はケーソンを陸上で製作し、滑り台状の**斜路**を使って海に着水させることを考案する。船の進水式をヒントに考えられたこの方式は世界初のアイデアで、その後各地に広がって

▶北防波堤の先端には築造当初、灯台が建っていた。その台座部分は通常、人の目にふれない場所ながら2つの碑が埋め込まれている。画面左にあるのが南防波堤を造った伊藤長右衛門の偉業を讃える「功績萬年」、右は灯台の光がはるか遠くまでを照らすよう願いを込めた「光波萬里」の碑

▶港の北側、手宮公園からは港の全景を見渡せる。画面左が北防波堤。その先端に当初建っていた灯台は後年、北副防波堤に移設された。クルーズ船〈にっぽん丸〉が港外へと出て行く

南側の高台から港を望む。画面奥、手宮側から伸びるのが北防波堤、その手前、先端に白い灯台が建つのが島防波堤。画面左でわずかに写るのは南防波堤

◀小樽で2005年に行われたケーソン進水の様子。その後こうした作業は行われていない。画面背後に写るケーソン製作用のクレーン（1935年製）も2016年に解体撤去された

多くの港湾工事に採用された。

伊藤の指揮による第二期工事は大正10（1921）年に完了。これにより第一期の北防波堤と合わせ、小樽港は南北両方向から合計3・5km以上にわたる防波堤で守られることとなり、波浪への守りを盤石とした。

明治から大正にかけて、当時の最新技術を駆使して築いた防波堤は、戦前の小樽の大発展を支え、今もなお港の機能を支える重要な存在だ。築造から100年を経た北防波堤は「現在も使われているのは驚異的」と評され2000年11月、**土木遺産**に指定された。

◆みなとの資料コーナー

小樽開発建設部小樽港湾事務所内にある施設で、小樽港の歴史に関する資料などを展示する。廣井勇の時代に始まったコンクリートの耐性試験の機具、ケーソン製作の模型などが見られる。

開館は月～金曜の9:00～16:30（12:00～13:00を除く）☎0134-22-6131

南北防波堤の築造に関する展示は特に興味深い内容

函館本線小樽築港駅は明治43（1910）年11月、小樽港南防波堤建設のため資材運搬などの拠点として開業した駅。駅名がその成り立ちをストレートに表している。

明治初期、北海道初の鉄道が開通。そこから小樽の大発展は始まった

小樽の鉄道遺産

小樽起点に北海道初となる鉄道が開通したのは明治13（1880）年。内陸で発見された石炭を運ぶことが目的だった。その後、道内の鉄道網が拡がり、鉄道と港が結びついた小樽は道内屈指の港町として大いに発展する。

見どころ 明治以来の鉄道施設を受け継ぎ、多数の車両を保存・公開する小樽市総合博物館が貴重な見どころ。北海道初の鉄路の一部である手宮線は現在、線路跡が遊歩道として整備されている。

内陸・幌内炭鉱の石炭を運ぶ鉄道が小樽へ

北海道内陸で石炭の存在が知られたのは、明治初頭にさかのぼる。〝**お雇い外国人**〟として招かれたアメリカ人鉱山技師**B・S・ライマン**は明治6〜8（1873〜75）年に道内各地で地質調査を行った結果、空知地方に大規模な石炭鉱脈があることを確認。新たな産業振興を目指す開拓使にとっては、まさに宝の山の発見だ。明治12（1879）年には**幌内**《ほろない》（現在の三笠市内）で官営炭鉱の開業にこぎつけた。

しかし大きな問題があった。山奥にある炭鉱から掘り出された石炭をどう運ぶか——。比較的容易なのは石狩川の水運だが、冬期には結氷で使えないという大きな難点がある。鉄道建設も検討されたが、

張碓海岸に連なる断崖下を走るJRの列車。明治時代初頭、アメリカ人技師クロフォードが、この険しい地形を克服して建設工事を成功させたことで、小樽は北海道初の鉄道の起点となった。
線路は幌内鉄道の開業当初から改修を受けているが基本的なルートは変わらず、今も海岸線のすぐそばを通る。

小樽で一時期を過ごした歌人・石川啄木は明治40年9月、札幌から乗った汽車でこの区間を通り、車窓風景を次のように日記に綴っている。

『銭函を過ぎて千丈の崖下を走る。海水渺満(※)として一波なく、潮満ちなば車をひたさむかと思わる』

(※)渺満（びょうまん）＝限りなく広い様子

室蘭までは遠い。小樽への距離は短いが途中、**張碓**《はりうす》の海岸には**神威古潭**《かむいこたん》（アイヌ語で「神の住む地」の意）と呼ばれる険しい断崖絶壁が連なり、そこに線路を敷くことは不可能と考えられた。

アメリカ人技師クロフォードの活躍

この難題に向かったのがお雇い外国人のひとりであるアメリカ人技師**ジョセフ・ユーリ・クロフォード**。明治11（1878）年12月に来日した彼は、翌年5月には難所とみられていた張碓海岸で車馬道の建

❶小樽市総合博物館に展示される〈しずか〉。幌内鉄道開業当初に輸入された〈義経〉〈弁慶〉の同型機で、それらの増備として明治18年に日本に到着した。メーカーはアメリカ〈H・K・ポーター〉社。しずかの名は義経の側室、静御前にちなむ　❷同じく博物館敷地内に建つ〈機関車庫三号〉。明治18年築で、現存する機関車庫として国内最古。庫内に見える蒸気機関車は明治28年にここ手宮で製造された〈大勝号〉。国産２番目の機関車で、現存するものとしては最も古い

上の写真で画面左側に見える海上の岩山が恵比須岩。この岩の山側の崖には幌内鉄道開通当初に造られた素掘りのトンネルがあり、列車の車窓からも、かすかに見ることができる。

設に着手、わずか半年ほどで完成させてしまう。

この道の完成が決め手となり、幌内から小樽までの鉄道建設が正式に決まるとクロフォードは明治13年1月、ただちに鉄道建設工事に着手した。急ピッチで作業を進める一方、自らは車両やレールなどの資材買い付けのため、一旦アメリカに帰国する。こうして同年11月28日に小樽港に近い**手宮**～札幌間35・9㎞の路線が開通。これが北海道初の鉄道、**官営幌内鉄道**だ。来日から2年足らず、未知の土地で短期間に成果を挙げたクロフォードの仕事は驚異的といえる。

▶昭和60年に廃止された手宮線は北海道初の鉄路の遺構。線路跡地は遊歩道となり、市民や旅行者に親しまれている。戦前には複線だったため道幅が広い

産炭地から広がる北海道内の鉄道網

手宮～札幌間の鉄道開通から2年後の明治15（1882）年11月、路線は札幌から幌内へと延伸された。手宮からの全線91・2㎞が開業し、この鉄道本来の目的である石炭輸送が始まった。

それに先立つ同年2月、北海道の近代化を司った開拓使は廃止され、以後は民間企業である**北海道炭礦鉄道**が、炭鉱と鉄道事業を引き継ぐこととなる。

石炭の輸送を第一義として始まった北海道内の鉄道建設だが明治も後期になると、主要都市を結ぶ社会基盤としての鉄道網の整備が進められる。明治38（1905）年には函館から小樽に入る**北海道鉄道**が開通して既存の路線と接続された。この路線が本線となったことにともない、幌内鉄道として開通していた手宮～南小樽（2・8㎞）の区間は**手宮線**という名の支線となった。

鉄道がもたらした港町小樽の大発展

開業以来の鉄道の起点である手宮には明治44（1911）年、石炭積み出しのための**高架桟橋**が造られた。海上部分の長さ289ｍ、高さ19ｍという巨大建造物は、驚くべきことに木材を組み上げて造られていた。この施設の完成により、貨車が運んできた石炭を直接、桟橋に横付けされた船に積み替えることが可能となり、荷役の効率は大きく向上した。

明治初頭より、北海道の玄関となる港町として発展を始めた小樽。鉄道網の拡がりにより、石炭のみならず内陸の木材、農産物などが鉄道を介して集められ、倉庫に収められ、船に積まれて国の内外へと運ばれた。そうした経済活動に関わる商社、海運会社、倉庫業者、銀行などが小樽に支店を構え、多くの労働者が集まる街には活気がみなぎった。

長年にわたり、鉄道と港の繋がりによってたらされた小樽の町の繁栄にも戦

▲小樽市総合博物館の敷地内を走る蒸気機関車、愛称〈アイアンホース号〉。開業当初の〈幌内鉄道〉を走った〈義経〉〈弁慶〉などと同じアメリカの車両メーカー〈H.K.ポーター〉社により明治41(1909)年製。転車台も大正時代に造られたものが、今も現役で稼働している
(アイアンホース号の運転は4月下旬〜10月中旬)

◀石炭積み出しで活況を見せる昭和初期の手宮。海上に延びるのが手宮高架桟橋。手前に写る扇形機関庫の一部は現存する
(写真提供／小樽市総合博物館)

後、昭和30年代に入る頃から翳りが見え始める。太平洋側航路が主流になり、石炭から石油へのエネルギー転換が進んだことが主な理由だ。

100年あまりにわたって石炭輸送の役割を担ってきた手宮線は昭和60（1985）年11月で廃止となった。しかし北海道初の鉄道という価値を尊重して線路跡が保存され、近年には遊歩道として整備された。手宮の広大な鉄道用地の大部分は、現在の**小樽市総合博物館**に受け継がれている。敷地内の機関車庫、転車台、給水塔など、この地が鉄道の要衝だった時代の名残を留める一連の施設は、重要文化財に指定されている。

◆小樽市総合博物館

北海道の鉄道発祥の地、手宮に位置する。広大な敷地は明治以来の鉄道用地を受け継ぐもので、明治時代の機関庫や、転車台などが往時のまま保存されている。野外では国鉄時代の車両を中心に約50両を展示。

☎0134-33-2523
（屋外車両の公開は4月下旬〜11月上旬）

〈アイアンホース号〉はもともと日本で走っていた車輌ではなく1996年に輸入されたもの。幌内鉄道開業当初の機関車と同じアメリカ・ポーター社で1909年製。

変化に富んだ海岸の美景に、鰊漁の時代を伝える歴史的遺構も

積丹半島と神威岬

札幌からほど近くにありながら、積丹半島の海岸線には息を呑むような美景が連なる。積丹町美国の黄金岬、島武意海岸、そして半島先端の神威岬の雄大な眺めは白眉だ。〝積丹ブルー〟とも評される水の色の美しさも格別。

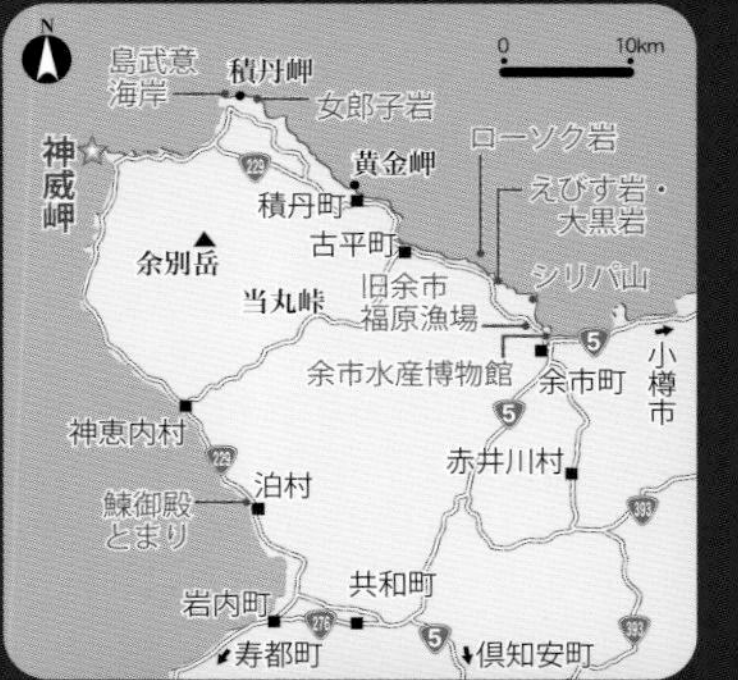

見どころ 絶景ポイントは数多いが、積丹町美国の黄金岬、島武意海岸、半島先端の神威岬などが特に有名。余市町と泊村には鰊漁全盛期の栄華を伝える番屋建築が保存・公開されている。

険しい海岸線に幾多の絶景が

積丹半島東側の入口となる余市町まで、札幌から車を走らせれば1時間ほど。こんな近さにありながら、積丹はどこか秘境的なイメージが残る場所だ。半島の海岸線には険しい地形が連なり、古くから陸上交通の難所でもあった。

近年ではトンネルの改修工事が進んで交通の利便性が大きく向上しているが、それまでは狭く曲がりくねった道路が随所にあり、大型車どうしのすれ違いが困難な区間も少なくなかった。とりわけ地形の険しい半島西海岸では道路の開削がなかなか進まず、半島を一周する国道229号が全線開通したのは1996年と、そう昔のことではない。

険しい地形は陸上交通を妨げる一方で、断崖や奇岩の連なりが、美しい景観を生み出してもいる。まずは半島に入って間もない余市町内で国道から車窓に望まれる高さ40mあまりの奇岩、**ローソク岩**。その先、積丹岬の**島武意《しまむい》海岸**は「日本の渚百選」にも選ばれた場所で、海を見下ろす展望台が絶景ポイントとして知られる。

ハイライトは半島先端の**神威《かむい》岬**。海面

▲余市町白岩海岸に立つ「えびす岩」(左)と大黒岩。2009年、新しいワッカケトンネルの開通により、国道の新ルートから外れた旧道沿いに位置することとなり、やや穴場的な見どころに

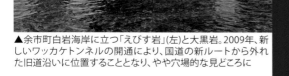

余市町市街の北にあるシリパ山（296m）からは積丹半島の海岸線を広く見渡すことができる。画面上方の海上に小さく見えているのはローソク岩

から40mの高さにある岬先端部からは海上に連なる岩礁と、ひときわ高い**神威岩**と呼ばれる大岩を見下ろせ、積丹半島を代表する景観として有名だ。これらの場所から見る透き通った海の青さは〝積丹ブルー〟と称され、この半島ならではの美しさとして語られる。

こうした海岸風景に加え、海水浴やキャンプといったレジャーが多彩、さらに夏のウニに代表される魚介の味わいも魅力的。積丹半島は道内有数の夏の行楽地として賑わいをみせる。

義経伝説と女人禁制令

こうした美景に彩られた積丹には、いくつかの物語がある。積丹岬に立つ大岩・**女郎子《じょろこ》岩**にまつわる話は、北海道内の何カ所かに伝わる〝義経伝説〟のひとつ。いわく、奥州での戦いに敗れた源義経は蝦夷地に渡り、この地に落ち延びた。そこでアイヌの娘シララと恋仲になるが、義経は彼女を残して船で旅だっていく。跡を追おうとした

▲上空から見た神威岬。岬の先端に建つ灯台は昭和35年まで有人だった（写真提供／北海道新聞社）

▼シーカヤックを漕いで女郎子岩に接近。幼い子を背負った、あるいは前に抱きかかえた女性の姿に見える。女郎子岩は積丹岬の遊歩道を歩いて断崖上から見下ろすのが一般的で、徒歩で近付くことはできない

シララは断崖から身を投げ、その化身となったのが女郎子岩、というものだ。

　これに似た内容の話は神威岬にも伝わり神威岩が娘（チャレンカ）の化身だという。義経に去られたチャレンカは悲しみから「この岬の沖を女人が乗った船が通れば沈める」との言葉を残したと伝えられ、蝦夷地を取り仕切る**松前藩**は17世紀末の元禄年間に、神威岬より先の地を**女人禁制**とする。

　しかし松前藩が伝説にかこつけて女人禁制令をを敷いた背景には奥地への和人の定住を阻止し、漁業やアイヌ民族との交易を独占的に行おうとする思惑があったといわれる。ようやく禁制が解かれるのは、幕府が松前藩による蝦夷地支配を打ち切って直轄地とする安政2（1856）年のことだった。

海岸に残る鰊漁の遺構の数かず

　北海道の日本海岸各地の多くがそうであるように、積丹の沿岸もまた鰊の好漁場だった。漁は江戸時代半ばから本格化し、明治後期から大正時代にかけて全盛を極めたが、昭和初期には大群の来遊が途絶え、大規模な漁は終焉に向かう。

　各地の主な漁場では漁の拠点として、**鰊番屋**と呼ばれる豪壮な建物が建てられた。積丹半島にもいくつかあったそうした建物のうち、現在では余市町の**旧余市福原漁場**、泊村の**鰊御殿とまり**の2つが一般に公開され、鰊漁の歴史を伝える見どころとなっている。

　こうした建物のほか半島各地の海沿いに点在する**袋澗**《ふくろま》も、鰊の時代の遺構として貴重な存在だ。水際に石垣を組み上げて造った生け簀のようなもので、多量に水揚げされた鰊を一時的に保管するのに使われた。

　鰊漁が行われた日本海側各地で見られたが、地形が険しく平地の乏しい積丹半島では、多くの袋澗が造られて水揚げ作業に効果を上げたという。泊村から神恵内村にかけての海岸線に多いとされる。高く石垣を組んだもの、天然の岩場を取り込んだものなど造りにも変化があり、海沿いに探してみるとおもしろい。

①

②

③

❶古平町内には「群来町」の地名がある。群来(くき)とは鰊の大群が産卵のため海岸近くに押し寄せること。このあたりもかつては鰊漁の拠点だったことが想像されるが、現在はバス停の標識が立つのみ　❷泊村の〈鰊御殿とまり〉。左が武井邸の客殿で、右側の旧川村家番屋は移築・復元されたもの　❸海岸に造られた袋澗。半島の西海岸ではこうした石積みがしばしば見られる

鰊漁にまつわるおもな見学施設

◆**旧余市福原漁場**　☎0135-22-5600
余市町浜中町・12月中旬～4月上旬は閉館

◆**余市水産博物館**　☎0135-22-6187
余市町入舟町・12月中旬～4月上旬は閉館

◆**鰊御殿とまり**　☎0135-75-2849
泊村大字泊村・11月上旬～4月中旬は閉館

積丹の地名はアイヌ語の「シャク・コタン」＝「夏の・集落」が語源と考えられる。夏に漁労を行う拠点の場所を指した名が、やがて広く半島全体の名としても使われるようになった。

スコットランド風建物が並ぶ、ニッカのウイスキーづくりの原点

ニッカウヰスキー余市蒸溜所

ニッカウヰスキーの創業者・竹鶴政孝が、独自のウイスキーづくりの場所として選んだのが、本場スコットランドに似た気候風土をもつ余市だ。昭和初期に造られた建物は今も現役で、異国情緒を感じさせるたたずまい。

見どころ 蒸溜所内は9:00〜17:00のあいだ自由に見学が可能。ほかにガイド付きでの見学（所要約50分）もあり、こちらはウェブサイトまたは電話で予約を。
☎0135-23-3131

ウイスキーづくりの好条件がここに

日本におけるウイスキーづくりの先駆者、**竹鶴政孝**。本場スコットランドでウイスキーの製法を学んだ竹鶴が、彼の地で出会った女性**リタ**を伴侶として帰国、国産ウイスキーの製造に情熱を傾ける物語は２０１４年から半年間にわたって放映されたテレビドラマの題材となって広く知られることとなった。

竹鶴が日本におけるウイスキーづくりの拠点として選んだのが、ここ余市だ。しかしこの地での工場開業までには曲折があった。

スコットランドでの修業を終えて帰国後、本格ウイスキーの国産化を目指す**寿屋**（サントリーの前身）に製造責任者として迎えられた竹鶴は、工場を北海道に造ることを進言する。しかし会社側は消費地から遠すぎることなどを理由にこれを認めず、寿屋の蒸溜所は大阪府郊外の山崎に設けられた。

寿屋で10年を過ごした竹鶴は、満を持して自分自身のウイスキーづくりを始めるべく独立。そこでかねてから適地と見込んでいた、北海道余市での工場設立がようやく実現する。本場スコットランドに似た冷涼な気候、良質な水が得られることが決め手となった。さらにウイスキーづくりに欠かせない大麦の栽培が可能な土地柄、燻煙香を付けるためのピート（泥炭）が周辺で採れること、重要港のある小樽や道内の行政の中心地である札幌に近いことも好条件だった。

果汁製造の時代からウイスキー出荷へ

会社の設立は昭和９（１９３４）年。余市駅からほど近く、余市川の流れを背にした敷地にウイスキーの製造設備が順次建てられていく。しかし熟成に長い時

ウイスキー博物館入口では銅製のクラシカルなポットスチルが鈍い光を放ち、来館者を迎える

◀ウイスキー博物館には創業当初の製品、竹鶴が残した書類などの史料が展示されている

間を要するウイスキーは製造開始から出荷までに数年が必要だ。そこで竹鶴はウイスキーを出荷できるようになるまで、リンゴジュースの製造販売を行い、当面の収益源とすることを当初から考えていた。古くから果樹生産が盛んだった余市に醸造所を建てたのは、そうした理由もあったのだ。設立された会社の名は**大日本果汁株式会社**。

しかしながらせっかく作ったリンゴジュースの売上げは芳しくなかった。多量のリンゴを凝縮して作る果汁100％のジュースは当時の人々には馴染みのない味で、しかも高価すぎたのだ。創業した会社は毎年赤字を出し、竹鶴にとっては苦難の日々が続く。

晴れて余市の工場から最初のウイスキーを出荷するのは昭和15（1940）年。やがて本業のウイスキーづくりが軌道にのると、ニッカの名は日本を代表する洋酒メーカーとして広く知られるようになる。ようやく社名を**ニッカウヰスキー株式会社**に変更するのは戦後の昭和27（1952）年のこと。それまでの「大日本果汁」を略した名称だ。

重厚な石造り建築が並ぶ余市蒸溜所

現在のニッカウヰスキー余市蒸溜所。正門をはじめ、敷地内に多数並ぶ建物には重厚な石造りの建築が目立つ。スコットランドで多く見られる建物の様式であり、竹鶴は自らが学んだウイスキーづく

ニッカウヰスキー前の大通りには竹鶴政孝の妻の名に因んで〈リタロード〉の愛称が付けられている。道は地元有志の協力団体によって花が植えられるなど、美しく整備されている。

▲蒸溜釜に付けられた「しめ縄」は竹鶴政孝の生家である日本酒の酒蔵の伝統に倣ったもの

▶釜の燃料に石炭を使用するのは今や世界的にも珍しい

りの本場を、景観からも再現しようとしたのかと想像させられる。

これらの建物は蒸溜所が開業した昭和9（1934）年以降、順次建てられたものだ。石造り建築以外にも木造の研究室（現在はリタハウスと呼ばれる）、竹鶴政孝・リタ夫妻が暮らした竹鶴邸を含め、計9棟が2005年に国の登録有形文化財となっている。

それらの建物のいくつかは今も現役の製造設備として、ウイスキーづくりに大事な役割を果たしている。そのひとつである**蒸溜棟**は昭和10（1935）年頃の建築で、発酵させた麦汁からアルコール分を取り出す**蒸溜釜（ポットスチル）**を収める建物だ。

ここ余市では蒸溜の燃料に、昔ながらの石炭を用いている。火力の強い石炭を用いることで香ばしさと力強い味をもったウイスキーができるとされる。しかし温度の調節には熟練した技術が必要で、今でも石炭を用いる蒸溜所は世界的にも希少だという。

これらの歴史ある建物のほか、敷地内に建つ**ウイスキー博物館**では、竹鶴夫妻とニッカの足跡を記す物語、ウイスキーの歴史や製法などの展示を見ることができる。

蒸溜所見学の最後にはニッカ会館へ。ウイスキー1杯（またはソフトドリンク）の試飲ができるのがうれしい。

▲昭和初期に建てられた1号貯蔵庫は重厚な木骨石造の建築。冷気と適度な湿度が保たれる

▲蒸溜所内の施設の多くはスコットランド風の石造りの重厚な建物。異国情緒を感じさせる景観だ

▼竹鶴夫妻が暮らした邸宅が蒸溜所敷地内に移築されている。夫妻ゆかりの品々を展示する

札幌

エリア

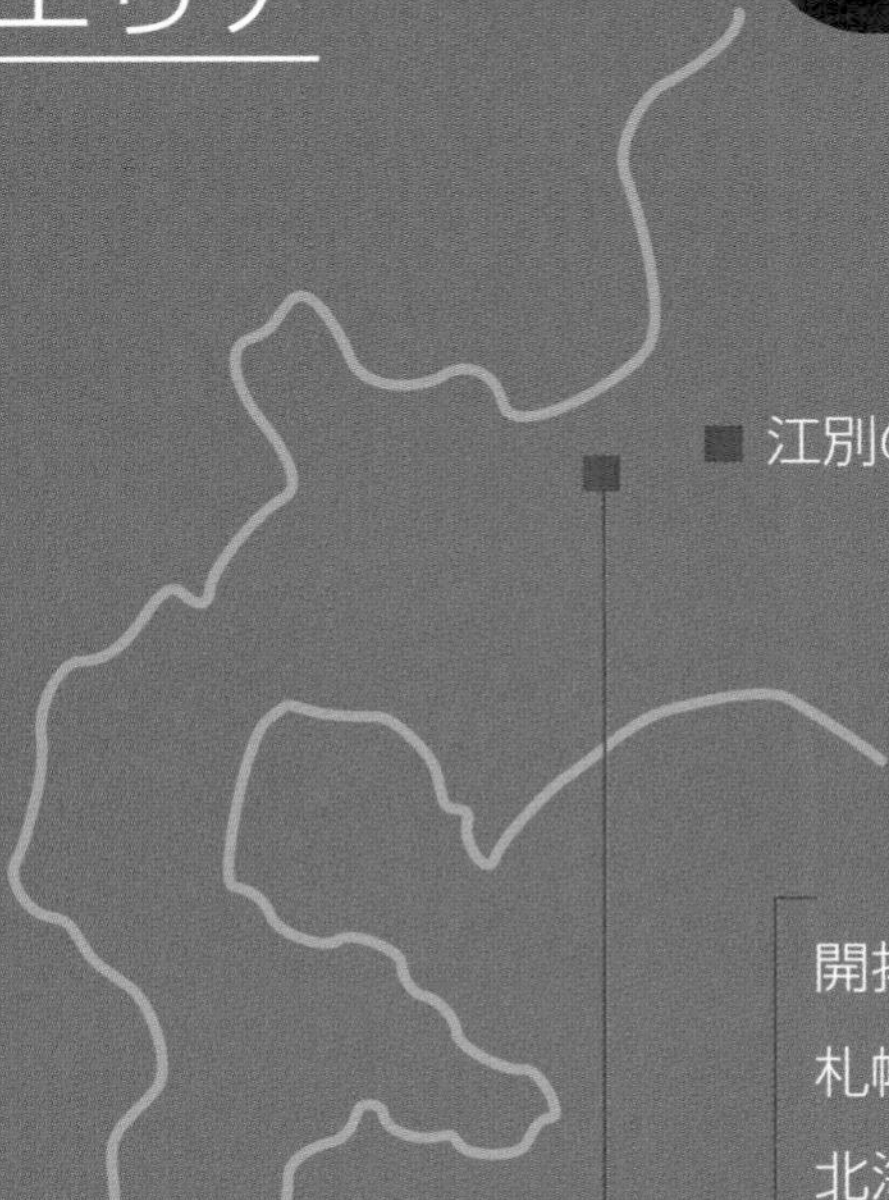

開拓使ゆかりのさまざまな建築群に、北海道近代化の歩みを見る

開拓使時代の洋風建築

明治2(1869)年、北海道の近代化を担う行政機関として設けられた開拓使。13年の事業期間に建てられた建築物のうち6件が今に残る。造りも用途もさまざまなそれらは、北海道近代化の足跡を示す貴重な存在だ。

見どころ 開拓使時代の建築として現存するのは、上の地図上に記す5件のほか、南区簾舞に建つ〈旧黒岩家住宅〉がある。いずれも一般公開され、内部の見学が可能。

短期間にも多くの建物を建てた開拓使

開拓使とは、北海道の近代化を国の直轄事業として進めることを目的として、明治2(1869)年に発足した政府機関だ。本府となる札幌の街づくりを進めるとともに、北海道におけるさまざまな産業の振興を図っていく。事業にともなって開拓使庁舎をはじめ官舎や病院、各種工場など多様な建物が建てられた。

開拓使は明治15(1882)年に廃止となるが、それまでの13年間に建てられた開拓使にゆかりある建築物のうちの6件が100年以上の歳月を経て、札幌市内に今もなお健在だ。

開拓使時代には、多くの分野において欧米の先進技術が積極的に採り入れられ、建築においてもその影響は色濃い。しかし現存する建物は純粋な洋風ばかりでなく、和洋を折衷させたものもあり、伝統様式と新しい外来技術とが混ざり合う明治初頭という時代を映している。

札幌農学校の演武場だった時計台

市街地の中心部に建つ**時計台**は、札幌を代表する観光スポットとしてつとに有名だ。建物は開拓使が所管する**札幌農学校**(北海道大学の前身)の**演武場**として明治11(1878)年に落成した。近代化の担い手となる学生の体力強化のため、兵式訓練を施すのが目的だ。

開校当時の農学校敷地はこの演武場周辺にあり講堂、寄宿舎などが建っていた。現在は周囲を高いビルに囲まれて

中島公園の池に清楚な姿を映す豊平館。もとは市街中心部の大通沿いにあったが昭和33年、現在地に移設された。近年の改修で創建当初の美しさを取り戻した

◀時計台のシンボルである時計塔は竣工当初にはなかった。アメリカから取り寄せた時計の機械を、屋根上にあった鐘楼に納める計画だったが、機械が大きすぎたため時計塔を増築し、明治14年に完成

▼時計台2階のホール。札幌農学校第2農場（→P68）の建築と同様、バルーンフレームと呼ばれる空間を広く取る構造だ

少々窮屈そうな感がある時計台だが、北海道大学の前身がこの地にあったことを示す貴重な証左なのだ。

この校地もやがて手狭になったため明治36（1903）年には市街北側にあった**農黌園**《のうこう》（演習農場）へと移転。これが現

札幌市時計台の北隣、札幌時計台ビル前の北2条通りの歩道には、時計台が元々ここにあったことを示す『札幌農学校　演武場跡』の小さな石碑が置かれている。

在の北海道大学キャンパスとなる。明治39年、演武場は札幌市の所有となり約100m南へ曳き家により移設され、昭和41(1966)年まで市の図書館、公会堂などとして利用された。

開拓使が建てた洋式ホテル、豊平館

時計台の近くにもう一つ、今は違う場所に建つ建物があった。今では中島公園で美しい姿を見せる**豊平館**《ほうへいかん》だ。最初に建

▲明治初期の気品ある姿を見せる清華亭。札幌駅から徒歩わずか数分の場所にある

てられたのは大通沿い、のちに〈札幌市民会館〉が建つ場所で明治14(1881)年8月に竣工している。開拓使によって建てられた洋式のホテルであり、落成直後に明治天皇の宿泊所となった。以後も皇族や要人の宿舎として利用され、のちには公会堂としての機能をもった。

昭和33(1958)年、現在地に移築され、市営結婚式場としての利用が始まった。2016年に建物背後の附属棟新設を含む大規模な改修工事が完了し、一般への公開や貸室利用が行われている。

〝和洋折衷〟の趣ある建物も

開拓使が建てた建物は西洋式のものばかりではない。現在の北大キャンパスのすぐ南側に建つ**清華亭**は、オフィスビル

▲清華亭にある洋室。出窓に上げ下げ式のガラス窓、シャンデリアなど瀟洒な内装

やマンションの建ち並ぶなかで、古風なたたずまいが異彩を放つ。一般的な住宅ほどのさほど大きくない建物は、部分的に和と洋の造りが混在する和洋折衷だ。

この周囲に**偕楽園**と名付けられた公園があった。開拓使創設から間もない明治4(1871)年の開設で、園内には試作農場、仮博物館、鮭・鱒の人工孵化場、工業製品の試験場などが並ぶ産業振興の施設であり、清華亭はその中の休憩所という位置付けだ。現在は清華亭向かいの一角にある小公園が、かつての偕楽園の名残となっている。

清華亭と同じような和洋折衷の建築がもうひとつ。今の大型商業施設〈サッポロファクトリー〉に隣接する**旧永山武四郎邸**だ。永山は開拓使にあって**屯田兵**制度(→P184)の推進に功績を残し、のちには北海道長官となった人物。その私邸は明治10年代前半の築とされる。

南区簾舞《みすまい》に建つ**旧黒岩家住宅**(**旧簾舞通行屋**)は市街中心部から離れた立地、古風な農家のような姿で、開拓使の手による建物としては意外性がある。

簾舞通行屋は明治5(1872)年、定

山渓を経て有珠に至る**本願寺街道**（国道230号の原形）沿いで人馬の休憩・宿泊のため官営施設として設けられた。

明治17（1884）年、街道の交通量減少の理由により通行屋は廃止となるが、明治20年に新たな道路ができると、あるじの黒岩家はその道沿い（現在地）に建物を移し、旅館と農業を営んだ。移設にあたっては農家としての使用のため馬小屋、納屋などを含む棟が増築された。通行屋の建物ではキングポスト・トラスと呼ばれる洋式の小屋組工法が用いられており、建築史の観点から貴重な存在となっている。

明治15（1882）年2月に廃止となる開拓使の、最終期の建物となるのが同年に落成した**北海道大学植物園博物館**（開館時の名称は〈開拓使札幌博物場〉。開設の時点で植物園はできていなかった）。植物園の一角に建つ建物は現役の博物館建築として日本最古で、重要文化財に指定されている。

①

②

③

④

❶旧永山武四郎邸。明治10年代に建てられ、明治41年に三菱合資会社が買収。後方の洋館は昭和12年頃に三菱鉱業が旧邸宅に接続する形で建て、昭和の末頃まで同社の寮などとして使用した　❷旧黒岩家住宅。建物の手前半分が元の通行屋、奥側は増築された部分　❸北海道大学植物園博物館。植物園の開設（明治19年）より古い　❹植物園博物館の陳列ケースは建物と一体となって作られている。巨大なヒグマは明治23年、手稲で屯田兵に撃たれたもの

◆**札幌市時計台** ☎ 011-231-0838
◆**豊平館** ☎ 011-211-1951
◆**清華亭** ☎ 011-746-1088
◆**旧永山武四郎邸** ☎ 011-232-0450
◆**旧黒岩家住宅（旧簾舞通行屋）** ☎ 011-596-2825
◆**北海道大学植物園** ☎ 011-221-0066

旧永山武四郎邸の洋館部分（旧三菱鉱業寮）1階ではカフェ〈ナガヤマレスト〉が営業。建物と同じ“和洋折衷”をテーマにした食事・喫茶メニューを揃える。

開拓使時代に始まった"モノづくり"の伝統が今に生きる街

札幌 苗穂地区の工場・記念館群

明治初頭、開拓使による官営の工場が建ち並んだのが市街地東側の一帯。開拓使時代の後も、各種工業の盛んな街として栄えてきた。見学可能、資料展示を設ける工場もあり、北海道の工業史を知るうえでも貴重だ。

見どころ 事前の予約なしで見学できるのはサッポロビール博物館と北海道鉄道技術館の2箇所。詳しくは左ページの囲み参照。

明治初期、北三条通りの工場団地

明治時代を迎え、時の政府は大きな期待をもって北海道の近代化に取り組んだ。最重要課題である**殖産興業政策**を進めるため、行政機関・**開拓使**を置いて多額の予算を投入する。

開拓事業を進めるにあたって指導を仰いだのがいわゆる"お雇い外国人"。日本各地で欧米諸国などからさまざまな分野の専門家が招かれたが、北海道ではアメリカ人が大半を占めていた。

そのなかで中心的な役割を果たしたのが明治4(1871)年に来日した**ホーレス・ケプロン**。アメリカでは農務長官を務めた人物だ。来日4年後、彼は北海道開拓の道筋を示す提言を〈ケプロン報文〉としてまとめた。

多岐にわたる提言のなかでポイントとなったのは、欧米農法によって生産を高め、その農産物を原料とした製品づくりを進めること、すなわち農業・工業を合わせて振興しようとの目論見だ。この政策案に基づいて開拓使は道内各地に多様な工場を設立する。作られたのは機械、馬具、網、紙、缶詰、味噌・醤油、ビール、生糸、粉類など多品種に渡った。

札幌で官営工場が建ち並んだのは、北三条通り東3〜5丁目のあたり。開拓使本庁と官営の工場地帯を一直線に結ぶこの通りは、いつしか**開拓使通り**と呼ばれるようになる。

今に続く苗穂地区の工場のいろいろ

明治9(1876)年に開設された**開拓使麦酒製造所**は、そうした官営工場のひとつだ。明治15(1882)年に開拓使が廃止されると工場は民間に払い下げられ、その後の**サッポロビール**の前身となる。現在も同社の社章に星印が描かれるのは、開拓使がシンボルとした北極星のマークを受け継ぐものだ。

官営工場街をルーツとして創成川の東側、苗穂地区は、開拓使の時代以後も大小の工場が集まるエリアとして発展してきた。

〈JR北海道苗穂工場〉の前身にあたる**鉄道院北海道鉄道管理局札幌工場**は明治42(1909)年12月の開業。現在はJR車両の点検・整備を主たる業務としているが、戦前にはデゴイチの愛称で知られるD51型蒸気機関車、計12両の新製を手掛けた実績を誇る。

〈トモエ〉商標の醤油・味噌で知られる**福山醸造**は明治24(1891)年に札幌市街中心部で創業し、大正7(1918)年に苗穂に工場を設立した。大正年間に建てられた赤レンガの工場棟は今なお現役だ。

乳製品製造大手の**雪印メグミルク**も、古くから苗穂で操業してきた会社。そのルーツである〈北海道製酪販売組合連合会〉が当地に工場を構えたのは、大正末期のことだった。

以上4社の工場はそれぞれ、一般に向けた見学に対応し、長年にわたる事業の足跡を伝える活動を行っている。

①

◆サッポロビール博物館
自由見学(無料・予約不要)とガイド付き見学ツアー(有料・要予約)がある。
☎011-748-1876

◆北海道鉄道技術館
開館は毎月第2・4土曜日の13:30〜16:00(5〜8月は第3土曜日も開館)
☎011-721-6624

◆福山醸造
醤油蔵の見学は通年、月〜金曜日(祝祭日除く)に実施。所要60分、1週間前までに要予約。人数は5〜80名。
☎0120-120-280

◆雪印メグミルク酪農と乳の歴史館
見学コースは所要60分と30分の2種があり、一方または両方の参加が可能。いずれも前日までに要予約。
☎011-704-2329

②

③

❶サッポロビール博物館。建物は開拓使時代の建築ではなく、明治23年に製糖工場として建てられたもの。明治36年にサッポロビールの前身となる会社が買い取り、工場として使用してきた　❷JR北海道苗穂工場内の鉄道技術館。さまざまな鉄道関係の機材のほか、歴史的史料も豊富　❸雪印メグミルク酪農と乳の歴史館(写真提供/北海道新聞社)

JR北海道苗穂工場では定期的に公開する鉄道技術館のほか、例年9〜10月のあいだで1日のみのイベントとして工場内の一般公開を行っている。貴重な機会として鉄道ファンに人気。

クラーク博士の構想で造られた、アメリカ流酪農のモデル農場

北海道大学 札幌農学校 第2農場

北海道大学キャンパス北部には、前身である札幌農学校の創立間もない時期に建てられた建築群が残る。アメリカの農場を範とした建物が並ぶこの一角は、広大なキャンパスのなかでも異国的な雰囲気を感じさせて魅力的だ。

北海道の酪農経営の模範をめざして

広大な敷地のあちこちに緑が残る北海道大学のキャンパスの中でも、その北端に近い**札幌農学校第2農場**の静謐さは独特だ。広い緑地を挟むように古風な農場建築が並ぶ様子は、どこか日本離れした空気感を漂わせる。

明治9（1876）年に開校した札幌農学校では、附属農場が不可欠と考えられた。教頭として赴任した**W・S・クラーク**の構想に基づき、開校から間もない時期に早くも広大な**農黌園**《のうこう》（演習農場）づくりが始まる。クラークの跡を受けた教官**W・P・ブルックス**は教育研究用の第1農場を現在のポプラ並木の一帯に、第2農場は現

見どころ 屋外の見学は通年8:30〜17:00（毎月第4月曜は休館）。建物内部の公開は4月下旬〜11月3日の10:00〜16:00。☎011-706-2658（北海道大学総合博物館）

第2農場の落ち着きあるたたずまいは独特。この雰囲気にひかれてか、芝生に座って休んだり、写真撮影にいそしむ人の姿も見かける。画面右が牧牛舎（明治42年築）、奥が模範家畜房（モデルバーン／明治10年築）

キャンパスの正門近くに設けた。

この第2農場は1戸の畜産農家をイメージした農場で、敷地内に牧舎、穀物庫など実際の経営で必要となる一連の建物が建てられた。当時の日本では乳牛などを飼育する酪農経営は行われていない。そこで欧米の技術が北海道に適するかを確かめ、模範となる経営を行って入植者への普及を進めることを目指したのだ。

農場での研究はその後の北海道酪農業の発展に大きく貢献し、この地は北海道の畜産の発祥地といっても過言ではない。

ユニークなバルーン〝風船〟構造の建築

第2農場が開設された明治時代初期、札幌農学校の校舎は現在の**札幌市時計台（演武場）**の建つ市街中心部にあった（→P62、時計台の記述参照）。その後、学校の発展とともに校地が手狭となったことから明治36（1903）年、農学校は現キャンパスのある市街地北側へと移転する。

そこで第2農場は敷地を明け渡すこととなり明治42～44年にかけてキャンパス北端の現在地への移転が行われた。その後は学内施設の拡大や周辺の都市化の影響もあって農場内の施設は縮小され、昭和42（1967）年をもってこの場所での畜産研究が終わった。

北海道大学を訪れたら…【その1】〈北海道大学総合博物館〉も併せて見学するのがおすすめ。自然科学、歴史など広範な展示が見もの。昭和4年築の建物もすばらしい。入館は無料。

農場内にある建築群のなかでひときわ大きな**模範家畜房**（モデルバーン）と**穀物庫**は、明治10（1877）年に建てられた国内最古の洋式農業建築だ。これらは建築方法の面でユニークな特徴がある。

バルーンフレーム工法と呼ばれるのがそれだ。板材を並べて打ち付け、天井や壁を構成するこの建築方法は、比較的簡単に短期間で建物を造ることを可能とし、アメリカの開拓時代に広まったとされる。太い柱や梁がなく、建物全体の大きさに対して薄手の材で造られる空間であることからバルーン（風船）の名のある工法はここ第2農場のほか、札幌農学校演武場（現在の札幌市時計台）にも見ることができる。クラークたちアメリカ人指導者は農業経営の技術だけでなく、そこに適した建築の技法も合わせて日本に根付かせようとした。

これらの建築と、北海道における畜産の発祥の地という歴史的・学問的価値が評価され、第2農場は昭和44（1969）年、重要文化財の指定を受けた。

現在の第2農場で牧牛舎、模範家畜房、穀物庫は建物の内部も公開されている（冬期を除く）。館内では農学校時代に輸入された農機具、歴史的なトラクターなども多数展示され、価値ある見どころとなっている。

北海道大学 札幌農学校 第2農場 見取図

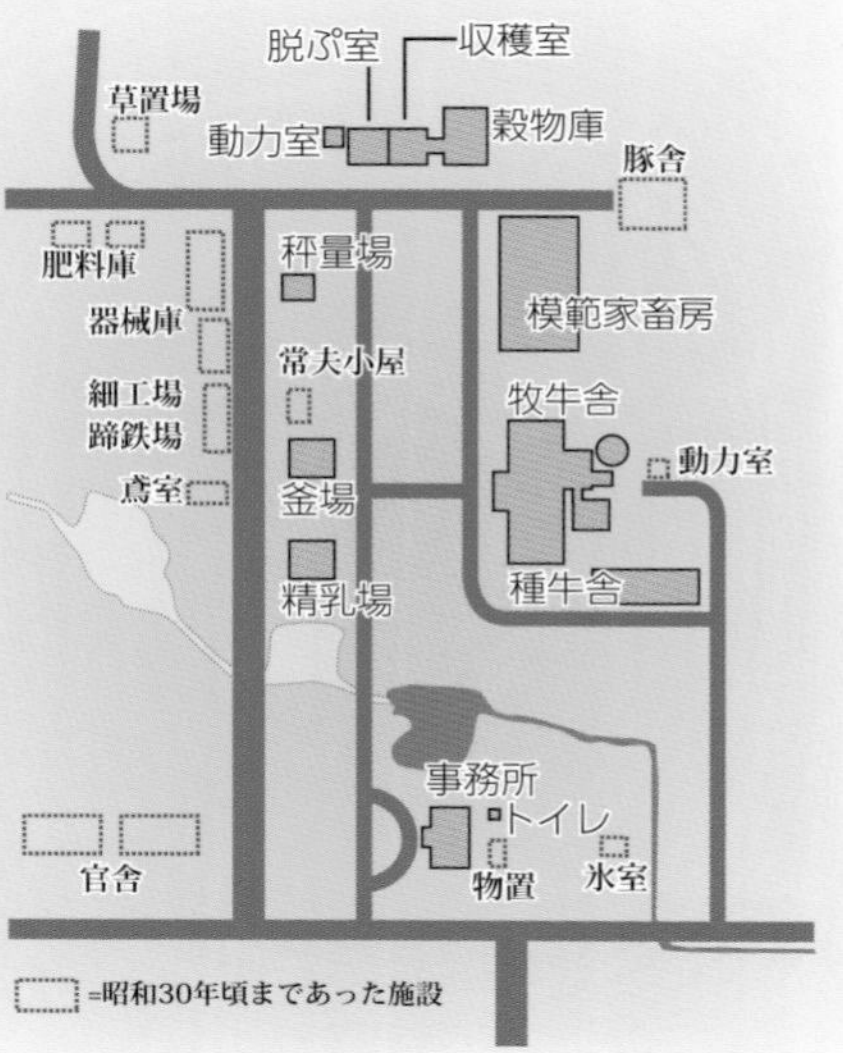

❶ 第2農場で穀物庫と並んで古い模範家畜房（モデルバーン）は、明治10年築。建物背後に建つサイロは大正元年築、国内に現存する最古のサイロだ
❷ 模範家畜房に展示される農機具の数かず。開拓使時代に“お雇い外国人”ケプロンや札幌農学校が輸入した歴史的なものだ
❸ レンガ造りの建物は明治44年築の精乳所。バターやチーズの製造を行った
❹ 牧牛舎1階には大正末〜昭和前期に輸入されたトラクターが展示されている

穀物庫(右)と収穫室は2階の渡り廊下で繋がる。穀物庫(コーンバーン/明治10年築)はネズミ除けのため、高さ1mほどの石柱の上に載る構造

雪に覆われる時期の風景も魅力的だ(冬期間は建物内の公開は休止)。右の石造りが釜場、左のレンガ造りは精乳場

北海道大学を訪れたら…【その2】正門近くの案内所〈エルムの森〉でガイドマップが入手できる。オリジナルグッズを扱うショップ、カフェも併設。学内の他の食堂も一般客の利用可。

幕末、札幌近代化の基盤となる水路「大友堀」を造った人物の物語

大友亀太郎の事績と大友堀遺構

明治時代の到来とともに始まる札幌の街づくり。しかしそれより早い幕末の時代、この地の開墾に携わった人物がいたことはあまり知られていない。その人、大友亀太郎が造った水路は開拓の基盤として大事な役目を果たした。

見どころ 大友亀太郎の業績については〈札幌村郷土記念館〉の展示が詳しい。その近くにある〈大友公園〉は亀太郎が造った大友堀の終点にあたる場所。ほかに創成川沿いに亀太郎の銅像が建っている。

二宮尊徳の弟子として開拓を学ぶ

近代の札幌の街づくりは明治時代の幕開けとともに始まったと、しばしば語られる。しかしそれには知られざる〝前史〟があった。〈開拓使〉はもちろん〈新政府〉すら生まれる前、幕府から開拓の命を帯びてこの地に足を踏み入れた人物、**大友亀太郎**がその主人公だ。

安政5（1858）年、蝦夷地に渡った亀太郎は箱館奉行に命ぜられてまずは道南地方での開拓を成し遂げる。次いで与えられた任務は蝦夷地の中心になると目される重要な地域、石狩の開拓だった。

ここで大友亀太郎の人物像にふれておきたい。生まれは相模国大友村（現在の神奈川県小田原市内）。裕福とはいえない農家の生まれながら少年期より学問に秀で、やがては同郷の**二宮尊徳**《たかのり》（幼名金治郎・1787〜1856）の教えを受ける。

尊徳といえば「薪を背負って読書」の像の姿が知られ、勤勉の手本との印象が際立つが、実像はそれだけに留まらない。水害などで疲弊した村を再建し、**報徳思想**といわれる、道徳に根ざした経済思想を導き出した農政家、思想家だ。

実は最初に幕府から蝦夷地開拓を要請されたのは尊徳だったが、自身は高齢を理由に断り、代わって弟子である亀太郎らが派遣された経緯がある。土木や農業経営に関する技術・知識を身に付けた亀太郎は蝦夷地行きの適役と見込まれたのだった（二宮尊徳は亀太郎が蝦夷地に赴く前の安政3年に没している）。

▼大友亀太郎（1834／天保5〜1897／明治30年）
農家の生まれだった亀太郎は蝦夷地行きに先立ち苗字帯刀を許され、武士の身分となった

札幌での開拓は用水路造りから

亀太郎が仲間と共に石狩の地に入ったのは慶応2（1866）年4月。そこで**元村**として開拓の中心に定めたのが現在の東区内、元町地区だ。亀太郎はここに御手作場《おてさくば》（模範農場）を作り、そこに至る用水路の建設に取りかかる。豊平川の支流から水を引き、北に進んで元村で伏古川に注ぎ込む約4㎞のルートだ。工事は亀太郎の着任後、早々に着手され、同年9月に竣工と驚くほど早い。完成した水路は**大友堀**と呼ばれ飲料水、農業用水の供給、水運、灌漑などに使われ、開拓を進めるうえで大事な役割を果たした。

水路の起点側は南北方向に直線で進む。これが現在の**創成川**で、明治維新後に始まった札幌の本格的な街づくりにおいてはこの川が区画策定の基準となった。しかしその後、街の発展に伴って大友堀は役割を終え、現在の創成川となる直線区間以外は、大正時代までに埋め立てられて姿を消した。

亀太郎は明治の新政府のもとでも一旦は開拓事業に携わった。しかし相次ぐ制度の変更や権力争いに失望して明治3（1870）年、赴任わずか4年にして北海道を去る。その後は島根や山梨で行政の仕事に携わったのち郷里の足柄に帰り、戸長や神奈川県議を務めて明治30年、64年の生涯を終えた。

大友堀をルーツとする創成川沿いに立つ亀太郎の像。川沿い一帯は近年に公園として整備された

▲大友亀太郎にまつわる史料を展示する〈札幌村郷土記念館〉。元村の役所と亀太郎の住居を兼ねた「役宅」跡地に建つ

◆**札幌村郷土記念館**　東区北13条東16丁目2-6　☎011-782-2294　開館10：00～16：00・月曜と祝日の翌日は休館

国土地理院電子地図を使用

◀札幌村郷土記念館近くの大友公園。大友堀が伏古川に注いだのはこのあたりだった

札幌村郷土記念館は大友亀太郎に関する展示のほか、明治初期に始まったタマネギ栽培に関しても詳しい。当地発祥「札幌黄」は明治時代から海外にも販路を広げていたなど、興味深い内容。

巨匠バーンスタイン、晩年の意志を受け継ぐ国際教育音楽祭

パシフィック・ミュージック・フェスティバル（PMF）札幌

レナード・バーンスタイン（1918〜90）が若手音楽家育成を目的として1990年に創設。毎年夏、世界各国から選抜された若者が教育を受けながら公演活動を行うプログラムは、札幌の風土に育まれて30年の歴史を刻む。

見どころ メインの公演は〈札幌芸術の森〉野外ステージでのコンサート。PMFオーケストラが1ヶ月の研鑽の集大成となる演奏を披露する。それ以外に室内楽など多数の公演が、各地で行われる。

世界の優秀な若手音楽家が札幌に

毎年7月初旬のある日、新千歳空港に100人あまりの若者が続々と到着する。愛用の楽器を抱えた彼らの国籍はアメリカ、ヨーロッパ各国、中国、台湾、韓国など多彩、もちろん日本人の姿もある。それぞれの母国での厳しいオーディションにより選抜されたこれらの若手（18〜29歳）音楽家たちは、約1ヶ月間にわたる**パシフィック・ミュージック・フェスティバル（PMF）札幌**の教育プログラムに参加するアカデミー生なのだ。

彼らは連日、世界的な音楽家の指導を受け、互いに切磋琢磨しながら研鑽を積む。そして研修期間の最終段階ではアカデミー生によって編成されるPMFオーケストラが、**札幌芸術の森**・野外ステージでの〈ピクニックコンサート〉、**札幌コンサートホールKitara**での〈PMF ガラコンサート〉と、集大成となる公演を開催する。若手とはいえ個々に高い技量を身に付けたオーケストラの演奏は、毎年多くの音楽ファンを魅了する。

このオーケストラ公演のほか、室内楽の演奏会などが道内地方都市でも行われている。

創設者バーンスタインの意志を受け

一流のピアニストであり指揮者であった**レナード・バーンスタイン**は70歳を過ぎ、自らに残された時間を次世代の教育に捧げることを決断したという。自身の生地であるアメリカ・マサチューセッツ州で開催される**タングルウッド音楽祭**をモデルとして、教育プログラムと、その発表の場となる公演で構成されるイベントのスタイルが考え出された。

じつのところ、この音楽祭の開催地は当初、北京の予定だったという意外な事実もある。それが天安門事件による中国

▲堅苦しい印象のあるクラシックコンサートとは違い、芝生席でくつろぎながら音楽を聴けるのは、北海道の夏ならではの心地よさだ

◀厳しい選抜をくぐってきたアカデミー生のレベルは高い。熱のこもったレッスンが連日続く
（写真提供／北海道新聞社・2点とも）

の政情不安を受けて中止され、企画がそのまま日本に回ってきたのだ。日本国内でも開催が検討された場所は他にあったが、本州にはない爽やかな気候、そして札幌芸術の森というオーケストラ公演に相応しい会場があったことが、ＰＭＦが北海道に根を下ろす決め手となった。

　もっともそうした事情ゆえに１９９０年６月の第１回ＰＭＦは、開催までの準備期間がわずか半年ほどしかなく、会場となる芸術の森の野外ステージを突貫工事で開演日に間に合わせるなど、関係者の並々ならぬ尽力があった。

　肺がんを患っていたバーンスタインは期間中から体調が優れず、最終日前に予定を切り上げて帰国、３ヶ月後に息を引き取った。その死去によって２回目以降の開催を危ぶむ声もあったが、杞憂だった。訃報の直後から、ＰＭＦを支持する関係者の意思表明が相次ぎ、無事翌年の第２回の開催へと繋がった。

　以来30年を経て、ＰＭＦアカデミーから巣立った音楽家のなかには現在、世界的オーケストラで活躍するコンサートマスターや首席奏者も多数にのぼる。

2020年31回目として開催が予定されたPMFは、新型コロナウイルス感染拡大のため創設以来初めての中止となった。21年の開催については公式ウェブサイトなどで確認を。

近代の街づくりを支えた石材。石の切り出しは世紀を超え、今も続く。

札幌軟石

4万年前の支笏湖火山噴火によってできた石材。明治初期から切り出しが行われ、欧米の様式に倣った近代建築にも素材として用いられた。採石が盛んだった南区石山地区では、石切場の跡が公園として整備されている。

見どころ かつて札幌軟石の採石場だった場所を整備した公園としては藻南公園内〈札幌軟石ひろば〉と、石山緑地の2ヶ所がある。軟石を用いた建築である〈ぽすとかん〉では、ユニークな軟石グッズを販売

支笏湖火山の噴火が生んだ石

今から4万年前の大昔、支笏湖周辺で大規模な**火山噴火**が起こった。噴火による火砕流は、札幌から苫小牧までの広い範囲を埋め尽くす。この火砕流が固まったもの（溶結凝灰岩）が**札幌軟石**だ。現在の札幌市南区石山の一帯では、この石が切り出しやすい場所に露出していた。

明治時代に入り、急速な近代化の進む札幌では官公署、工場、住宅など新しい建物づくりが盛んに進められた。本州で受け継がれてきた日本の伝統建築は、北海道の冬の厳しい寒さに耐えるには不向きであるとして、開拓長官・**黒田清隆**は堅牢でかつ機密性の高い欧米の建物に倣うことを求めていた。

札幌軟石は、その名のとおり石としては軟らかく、加工が容易であることに加え、保温性、耐火性にも優れる。次々に新しい建物が必要とされ、火災の発生も多い開拓期の街づくりに適した建材だった。こうして札幌軟石は、官公署などの大型建築をはじめ各種商店、倉庫、住宅、牧場のサイロ――P70〈北海道大学札幌農学校第2農場〉内に建つサイロもそのひとつ――など、規模も用途もさまざまな建築に広く

◀大通公園の西端に建つ〈旧札幌控訴院〉（大正15年落成）は札幌市内に現存する最大の軟石建築。内部には鉄筋コンクリートを使用し、耐震性を高めている。のちには〈札幌高等裁判所〉として昭和48年まで使われた。現在は**札幌市資料館**となって街づくりの歴史や、司法に関する展示などが見られる

利用されていった。

採掘が始まった当初、軟石の運搬は馬車や馬橇《そり》によったが、明治42（1909）年に**札幌石材馬車鉄道**が開業――現在の札幌市電のルーツ。→P180――。動力は馬でも、専用軌道を設けたことで輸送効率を向上させた。大正7（1918）年には**定山渓鉄道**が開通し、旅客輸送とともに石材の運搬を始める。こうした交通機関の発達は、石山から定山渓に至る地域の発展を促すことにも繋がった。

採石業は衰退。新たな利用法を探る

しかし札幌軟石が建築に重宝されたのは主に戦前まで。その後はコンクリートの普及などにより、建築物への利用は大きく減っていく。石山地区に多数あった採掘場も廃業が相次ぎ、今ではわずか1社が残るのみだ。

現在も札幌軟石の採掘・加工を行う唯一の会社が**辻石材工業**。創業は明治24（1891）年にさかのぼり、札幌の街づくりの初期から石材に関わってきた。

本社は石山地区の街なかに位置する。かつてはこの一帯で、同社をはじめとする多くの石材会社が採石を行っていた。環境が変わるのは昭和30年頃から。周辺の宅地化が進むにつれ、採石場から飛散する粉塵が問題となる。石材の需要自体にも先細りが見えるなか、多くの業者が撤退していった。辻石材工業は昭和34

❶〈辻石材工業〉の工場。直径1mほどもある大きな丸鋸が石材を切る ❷南区常盤にある同社の採掘場。この場所での石材切り出しはすでに60年以上になる（工場、採掘場とも通常、一般公開はしていない）

石山地区にはかつての定山渓鉄道の駅「石切山」があり、駅舎は今も健在。昭和44(1969)年に廃止になった同線で、駅舎が残るのはここだけだ。現在は石山振興会館として利用されている。

❶ 札幌軟石の採石場跡地を利用した公園〈石山緑地〉。ここ南ブロックは道内の彫刻家グループがデザインを手掛けて1996年10月にオープンした　❷ 藻南公園内の〈軟石ひろば〉。馬車鉄道で石材を運んだ様子など往時の石切作業を再現し、解説パネルも設けられている

（1959）年、石山地区から南に下がり、住宅地から離れた常盤地区の山を取得し、軟石の採掘を続けている。

現在では昔のように石材そのものを積み上げる建築物は造られないが、軟石をコンクリート建築の外壁材として貼ったり、内装材として用いるケースがある。軟石の質感が高級感のある空間に合うと、レストランやホテルの設計に採り入れられるという。ほかに石畳や植栽など、庭づくりの資材としても軟石の利用は広がっている。

公園に見られる採石の名残

札幌軟石の〝ふるさと〟である石山地区では近年、軟石を軸にした地域活性化の動きが始まった。拠点となる、**ぽすとかん**は昭和15（1940）年に〈石山郵便局〉として建てられた軟石建築だ。郵便局として使われたのは昭和49（1974）年まで。1997年の道路拡幅にあたっては、建物を曳き家により移動させ、解体の危機を乗り越えた。

長らく使われずにいたこの建物を再生利用しようと、地元有志が寄附金を集めて改装工事を行い、2019年4月に常設店舗の営業が始まった。館内1階のショップは、**軟石や**。その名のとおり軟石を素材にした小物の店だ。本来は重厚な建材である軟石を、手のひらに乗る愛らしい雑貨に仕上げ、新たな魅力を生み出した。

石山地区にはほかにも札幌軟石ゆかりの場所がある。**藻南公園**内の南側にある**軟石ひろば**は、明治初期の早い時期に切り出しが始まった採石跡地を整備した公園。石切作業の解説パネルを設けるなど、軟石の歴史を伝える空間としている。

石山緑地も同じく採石場の跡地だが、こちらは彫刻家グループがデザインしたアートの香り高い造形が見ものだ。背後には軟石がむき出しになった自然のままの岩肌がそそり立つ。

これらの場所を訪ね歩くのとあわせ、**石山神社**へのお参りはどうだろう。参道入口に建つ鳥居、社殿前の狛犬、どちらももちろん札幌軟石製だ。

❶軟石で造られた元郵便局の建物を再生した〈ぽすとかん〉 ❷〈軟石や〉の商品いろいろ。軟石の風合いを生かして手作りされる ❸軟石にアロマオイルを垂らして香りを楽しむのもお勧めとのこと ❹石山神社に鎮座する軟石の狛犬。細かな彫りが見事

◆**ぽすとかん**　札幌市南区石山2条3丁目1-26
☎070-4087-2975　館内で**軟石や**と**ニシクルカフェ**が営業。いずれも毎週火・水曜日定休。
◆**辻石材工業**　札幌市南区石山2条2丁目2-5
☎011-591-3939

辻石材工業では、工場で生じた軟石の端材を販売している。土嚢袋に入れ1袋2,000円。ガーデニングや各種工芸の素材などアイデア次第でいろいろな使い途がある。

れんが製造の始まりは明治時代。今も生産量は国内屈指

江別のれんが

れんがの原料となる土に恵まれた江別市野幌《のっぽろ》地区では、明治中期から製造が盛ん。建築・土木工事に広く用いられ、近代的な街づくりを支えた。今も江別は国内有数のれんが産地であり、れんが、やきものの文化が息づいている。

見どころ 北海道のやきもの文化を紹介する〈江別市セラミックアートセンター〉内に〈れんが資料展示室〉がある。れんが建築の工場を再生した〈EBRI〉は、地域の産業遺産を活かした商業施設として注目される。

れんが製造を支えた良質な粘土

札幌市の中心部に建つ**北海道庁旧本庁舎**といえば、豪壮なれんが建築で知られる。明治21（1888）年竣工のこの庁舎は、新時代を迎えた北海道の近代化を象徴する建築であり、そこに用いられる「赤れんが」は西洋式建物の代名詞となってきた。れんがが使われたのは建物だけでない。鉄道の橋脚やトンネル、路盤の補強などにも使用され、まさに社会インフラを支える重要な存在だった。

北海道におけるれんが作りは明治初頭に道南で始まったとされ、近代化の進行とともに道央での製造が盛んとなる。とりわけ江別・野幌地区は、れんが製造に適した粘土が得られることに加え、空知の産炭地と鉄道で繋がるため製造に必要な石炭を入手しやすい、札幌や小樽など発展著しい都市に製品を運びやすい、といった好条件に恵まれていた。

明治24（1891）年に開業した**江別《えべつ》太《ぶと》煉化石工場**が、当地における最初のれんが工場となる。次いで明治31年には**北海道炭礦鉄道野幌煉瓦工場**が大規模な生産を開始した。北海道炭礦鉄道（北炭）は空知地方一円で炭鉱開発と、石炭輸送

のための鉄道事業を行った企業で、自社の施設建設に必要なれんがを作る工場を野幌駅構内に建てたのだった。

関東大震災で〝れんが離れ〟が……

その後、明治末期にかけて中小の工場の進出が相次ぎ、江別は北海道を代表するれんが生産地となる。明治から大正時代初頭にかけてが生産の全盛で、重要な産業として地域の発展を支えた。

しかし大正時代半ば以降になるとコンクリート建築が普及し、さらに大正12（1923）年の関東大震災以後は、この傾向がさらに進んだ（震災によって多くのれんが建築が崩壊したため、それ以後はれんがを使う建物が減ったといわれる。しかし実際には震災後の早急な再建を進めるため、施工に手間の掛かるれんがより、コンクリート建築が好まれたというのが真相らしい）。

そうした盛衰を経て、江別のれんが製造は今なお健在だ。現在ではれんがのあたたかみある風合いが好まれ、建築だけでなく公園、庭園などの舗装に使われるケースも多い。

市内では現在、**米澤煉瓦、昭和窯業、**

現在、江別でれんがを製造する3社のうちのひとつ〈米澤煉瓦〉。道路に面した敷地内に多数の製品が積み上げられる光景は〝れんがの街〟ならでは

野幌には明治34年から作られる銘菓・**煉化もち**がある。かつては駅の立売りもあった。商品名はあえて「煉瓦」から1文字を変えている。煉化もち本舗 ☎011-385-9689

丸二北海煉瓦の3社が、れんが製造を手掛け、合計で国内におけるおよそ20％のシェアを占めている。

市内を歩き〝れんがの街〟を実感

古くかられんが作りが盛んだった江別では、れんが建築を軸にした街づくりが注目される。そのひとつが2016年にオープンした**ËBRI**《エブリ》。昭和26（1951）年頃に製陶会社の工場として建てられたれんが建築を再生しレストラン、カフェ、店舗などを集めた商業施設だ。江別の産業遺産である建物を生かしつつ、地域の産品をアピールする拠点となる。

江別市セラミックアートセンターは、れんが製造に始まった江別のやきもの文化を伝える施設。陶芸作品の展示のほか、**れんが資料展示室**が設けられ、れんがの歴史や建築などへの活用など、広範な展示を見ることができる。

閑静な住宅地にある**江別市ガラス工芸館**は、昭和20年頃に建てられた個人宅で、れんがを活かした瀟洒な3階建て。現在はガラス工房として利用されている。

江別の街並みにはこうした公的な建物のほかにも個人の住宅や、家の塀、門柱、バス停や電話ボックスなどにも、れんがが使われているものが少なくない。市内を歩けば〝れんがの街〟を実感できることだろう。

❶れんが造りの建築を再生した商業施設ËBRI（エブリ）。名称は江別の地名とBRICK(れんが)を合わせた造語　❷セラミックアートセンター内の〈れんが資料展示室〉。れんがの歴史、製造方法などを解説している　❸江別市内にはれんがを使ったこんな電話ボックスも。JR豊幌駅前で

◆**ËBRI**　江別市東野幌3丁目3　☎011-398-9570
◆**江別市セラミックアートセンター**　江別市西野幌114-5　☎011-385-1004
◆**江別市ガラス工芸館**　江別市野幌代々木町53　☎011-381-1062（江別市教育委員会）

道北

エリア

旅館
富田屋

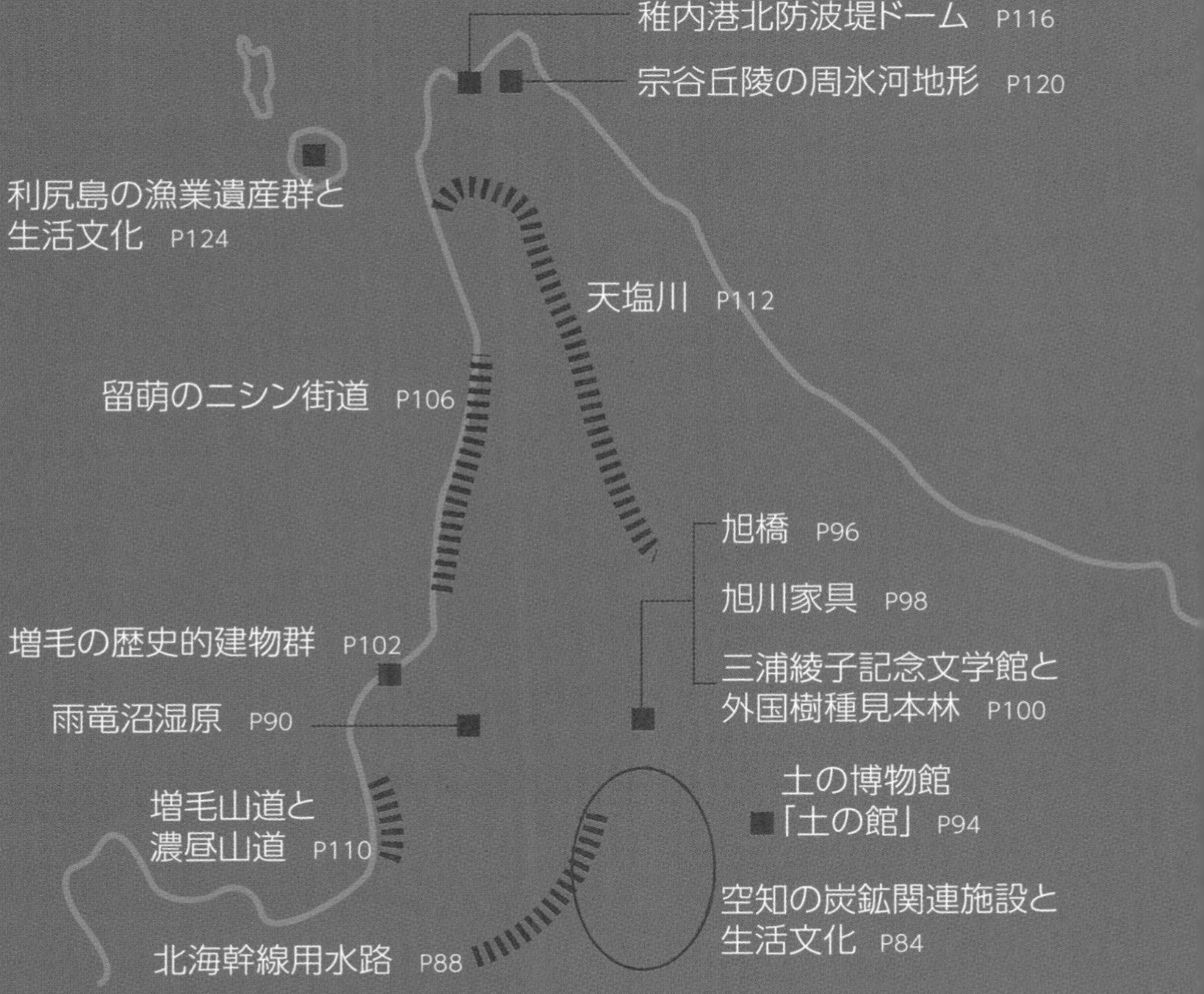
稚内港北防波堤ドーム P116
宗谷丘陵の周氷河地形 P120
利尻島の漁業遺産群と生活文化 P124
天塩川 P112
留萌のニシン街道 P106
旭橋 P96
旭川家具 P98
三浦綾子記念文学館と外国樹種見本林 P100
増毛の歴史的建物群 P102
雨竜沼湿原 P90
土の博物館「土の館」 P94
増毛山道と濃昼山道 P110
空知の炭鉱関連施設と生活文化 P84
北海幹線用水路 P88

北海道の近代化を支えた石炭産業の遺構が、広域に点在

空知の炭鉱関連施設と生活文化

国内有数の石炭産地・空知地方では明治初頭以後、1世紀あまりにわたって石炭産業が隆盛をきわめた。昭和の後期にはエネルギー革命などにより急速に衰退するが、当時の炭鉱関連施設は今に残り、貴重な産業遺産となっている。

見どころ 炭鉱関連の施設は空知地方の広範囲に多数が点在する。岩見沢駅近くにある〈そらち炭鉱(ヤマ)の記憶マネジメントセンター〉(☎0126-24-9901)が情報源として有用。同センターのウェブサイトも参照。

お雇い外国人による石炭資源の発見

空知地方は九州・筑豊地区と並んで国内有数の石炭産地として知られた一帯だ。その歴史は明治初頭、アメリカ人の地質学者、**B・S・ライマン**による調査に始まる。開拓使の〝お雇い外国人〟として招かれた彼は綿密な調査を行った結果、北海道内陸で有望な鉱脈の存在を確認する。これが1世紀あまりにわたって空知地方で続く石炭産業の始まりだ。

一帯で最初に石炭が採掘されたのは、明治12（1879）年に開業した**官営幌内炭鉱**（現在の三笠市内）だ。山奥に位置し、交通手段も未開だったこの地から石炭を運び出すため、明治15（1882）年には港のある手宮（小樽）を起点とする**官営幌内鉄道**（↓P50）が開通。これを機に石炭採掘が本格化する。同年に開拓使は廃止され、その後は炭鉱、鉄道ともに民間企業・**北海道炭礦鉄道（北炭）**に払い下げられた。

明治年間に急成長した空知の炭鉱

明治23（1890）年には夕張炭鉱、空知炭鉱（歌志内）と、北炭によっ

て新たな炭鉱の開発とそれを結ぶ鉄道の建設が進み、それとともに各地の炭鉱を軸とした「町」が発展していく。

この年に約18・5万トンだった道内の石炭産出量が、38（1905）年には117・8万トンと急成長が続いた。背景には新たな炭鉱の開発、採掘技術の進化のほか明治23年に鉄道が室蘭まで延伸され、小樽に続く新たな積み出し港ができたことなどがあった。北炭による生産はその間、一貫して道内全産出量の8割以上を占めており、北海道の石炭生産は一社の独占的体制のもとにあった。

この状況が変わるのは、明治39（1906）年に全国規模で行われた主要民営鉄道の国有化から。北炭も所有した全路線を手放し、鉄道事業から完全撤退するのを機に社名を〈北海道炭礦汽船〉に改めた。北炭による炭鉱・鉄道をセットにした独占体制が崩れたことを好機として三井、三菱、住友といった財閥系企業が参入、それぞれに石炭事業を展開する。

一方で北炭は鉄道売却で得た資金をもとに製鉄事業に参入するが製造は難航。明治45／大正元（1912）年に夕張炭

三笠市郊外、幾春別地区にある〈旧住友奔別（ぽんべつ）炭鉱立坑櫓〉。櫓の高さは51m、深さは735mもあり、完成時には"東洋一"といわれた。昭和35（1960）年に竣工したが46年には閉山となり、稼働期間は10年あまりと短かった。通常、この建物近くへの立ち入りは不可、敷地外からの見学となる

2019年には『炭鉄港』をテーマにしたストーリーが、文化庁より〈日本遺産〉に認定された。空知の炭鉱、小樽の港、それを結ぶ鉄道が北海道の近代化を進めたという内容だ。

鉱で起きた2度にわたる大事故の影響などから経営不振に陥り、のちに三井の系列下に収まることとなる。こうした財閥系企業を主体とした炭鉱経営は昭和後期、石炭の時代末期まで続く。

昭和30年代、石炭の時代の終焉

戦時中の炭鉱は労働力、資材ともに欠乏するなかで軍需産業を支えるための増産を求められ、苦しい状況が続いた。しかし戦後になると石炭は経済復興に欠かせない存在として、国の政策により増産が進められ、産炭地は活況に沸く。

炭鉱の機械化が進んで採炭量が大きく伸びる一方、炭鉱周辺の街では住宅の新築が進んで水洗トイレ付き、鉄筋コンクリートのモダンなアパートも現れた。学校や病院、映画館、体育館などが整備され、各地域の社会が発展するのもこの時期のことだ。

しかし栄華の時代は長く続かない。昭和30（1955）年前後にピークを迎えた石炭産業だが、その後は石炭から石油への転換が進行。昭和37（1962）年に石油の輸入が自由化（＝エネルギー革命）されると、国内の石炭生産は急速に縮小の道を辿る。昭和40年代に入って炭鉱の閉山が進み50年代を迎える頃、北海道における石炭の生産はほぼ終了した。

かつての産炭地に残る史跡の数かず

相次ぐ炭鉱の閉山により、空知地方の産炭地では地域の衰退が急速に進んだ。夕張市を例に取ると、昭和35年のピーク時に約11万7千を抱えた人口が、現在は7千人台にまで落ち込んでいる。これらの地域では空き家となった集合住宅がそのまま残るなど、多くの人が暮らした街が短期間に消えた跡が生々しい。炭鉱そのものの設備も同様で、大きな建物や**立坑櫓**《たてこうやぐら》（石炭や物資、人員を運ぶ大型のエレベーター状の施設）が荒廃したままの姿を見せているところも多い。

美唄市街東側にある〈旧三菱美唄炭鉱〉の跡地を整備した〈炭鉱メモリアル森林公園〉。巨大な立坑櫓2基が残る

苦い歴史の象徴ともいえるこれらの遺構だが、産業遺産としての価値に注目し、保存・活用する動きもある。施設跡をめぐる散策路が整備された**旧幌内炭鉱施設**（三笠市）、巨大な立坑櫓を保存する**炭鉱メモリアル森林公園**（美唄市）などだ。赤平市では2018年7月に**赤平市炭鉱遺産ガイダンス施設**が開館した。〈旧住友赤平炭鉱立坑櫓〉の施設内を、実際にここで勤務していたガイドの案内によって見学できる。このほか建物をもつ展示施設としては**夕張市石炭博物館**がある。

なお炭鉱の施設跡は私有地内にある、荒廃のため近づくと危険、などの理由で見学に制約があるものが多い。**NPO法人炭鉱《ヤマ》の記憶マネジメントセンターが**岩見沢駅近くに設ける**そらち炭鉱の記憶マネジメントセンター**は、炭鉱の遺構を訪ね歩くうえで貴重な情報源となる。

◆赤平市炭鉱遺産ガイダンス施設
赤平市赤平485　☎0125-74-6505
月・火曜休館（祝日除く）

◆夕張市石炭博物館
夕張市高松　☎0123-52-5500
火曜休館・冬期は閉鎖

◆そらち炭鉱の記憶マネジメントセンター
岩見沢市1条西4丁目　☎0126-24-9901
月・火曜休館（祝日除く）

❶赤平市炭鉱遺産ガイダンス施設。写真右は往時のまま保存される立坑櫓などの建物で、ガイド付で見学可（有料）。❷展示施設は無料で見学できる

三笠市幌内地区に残る〈旧幌内炭鉱変電所〉は大正8年に建てられた。この大正時代には炭鉱施設で電気が広く使われるようになり、作業の効率化が進んだ。建物はコンクリートとレンガを併用した造りで、建築資材が進化する途上にあったことを示す

美唄市〈炭鉱メモリアル森林公園〉の手前には野外美術館**アルテピアッツァ美唄**がある。廃校跡の広大な敷地に、当地出身の彫刻家・安田侃（やすだ・かん）氏の作品が多数展示されている。

空知の米どころを潤す長さ80km、国内最長の農業用水路

北海幹線用水路

空知地方の平野部は、北海道有数の米の産地として知られる。ここでの米づくりを支えるのが、昭和4年に完成した北海幹線用水路。空知川の水を取り入れる長さ80kmの水路は、ほとんど機械力のない時代に造られた、苦労のたまものだ。

空知を一大米穀生産地に、との構想

北海道における米作り第1号は明治6（1873）年、現在の北広島市島松に入植した**中山久蔵**による稲作の成功だ。そのカギとなったのは寒さの克服はもちろんのこと、水田を満たすための水利の確保も大きかった。

空知地方で米作への強い意欲をもつ1町6村、岩見沢町（現・岩見沢市）、砂川村（砂川市）、沼貝村（美唄市）、三笠山村（三笠市）、幌向村（南幌町）、栗沢村、北村（どちらも岩見沢市）の有志が**空知川灌漑溝《かんがいこう》期成会**を立ち上げるのは明治42（1909）年。一町村に留まらず空知地方全体を米穀生産地帯にしようとの壮大な構想のもと、一帯を潤すに十分な用水路が不可欠と考えたのだった。

人馬が頼りの難工事で用水路が完成

計画は第一次世界大戦の影響で一時延期となったが、同じ7町村が**北海土功組合**（現在の〈北海土地改良区〉）設立に向けて動き、大正11（1922）年に道庁の認可を得る。組合の事業として灌漑溝の建設が進められ、起工式が行われたのは大正13年12月15日のことだった。

この**北海灌漑溝**は赤平市住吉町、空知川左岸に設けられた**頭首工**（用水の取り入れ口）で水を引き、南幌町に至る用水路だ。ルートの大部分は現在の国道12号と平行するが、岩見沢を過ぎてからは国道234号沿いを進んで南幌に至る。長さ約80kmは農業用水路として国内最長だ。

工事は起点となる頭首工建設に始まり、その後、長大な水路造りにかかるが重機はなく、人と馬の力が頼りの過酷な作業だ。途中には道路や鉄道、他の川と交差する箇所も多く、いくつもの橋やトンネル、**サイフォン**（水が重力によって高低

見どころ 北海幹線用水路の流域には道路近くを流れる箇所が多く、随所で見学は可能。ただし水が流れるのは5月初旬から8月初旬までの期間に限られる。
北海土地改良区 ☎0126-22-2400

郵 便 は が き

料金受取人払郵便

札幌中央局
承 認

6262

差出有効期間
2022年 12 月
31 日まで
（切手不要）

0 6 0 - 8 7 5 1

6 7 2

（受取人）
札幌市中央区大通西3丁目6
北海道新聞社 出版センター
愛読者係
行

お名前	フリガナ			
ご住所	〒 □□□-□□□□ 都道府県			
電話番号	市外局番（ ） —		年齢	職業
Eメールアドレス				
読書傾向	①山 ②歴史・文化 ③社会・教養 ④政治・経済 ⑤科学 ⑥芸術 ⑦建築 ⑧紀行 ⑨スポーツ ⑩料理 ⑪健康 ⑫アウトドア ⑬その他（ ）			

★ご記入いただいた個人情報は、愛読者管理にのみ利用いたします。

愛読者カード

北海道遺産 完全ガイド

本書をお買い上げくださいましてありがとうございました。内容、デザインなどについてのご感想、ご意見をホームページ「北海道新聞社の本」https://shopping.hokkaido-np.co.jp/book/の本書のレビュー欄にお書き込みください。

このカードをご利用の場合は、下の欄にご記入のうえ、お送りください。今後の編集資料として活用させていただきます。

〈本書ならびに当社刊行物へのご意見やご希望など〉

■ご感想などを新聞やホームページなどに匿名で掲載させていただいてもよろしいですか。（はい　いいえ）

■この本のおすすめレベルに丸をつけてください。

高（ 5 ・ 4 ・ 3 ・ 2 ・ 1 ）低

〈お買い上げの書店名〉

都道府県　　市区町村　　書店

北海道新聞社 出版センター　〒060-8711 札幌市中央区大通西3丁目6
電話／011-210-5744　FAX／011-232-1630　受付 9:30～17:30(平日)
E-mail／pubeigyo@hokkaido-np.co.jp

差を乗り越える機構）を設けて進んでいく。

高低差の少ない平地に水を流す技術

完成は昭和4（1929）年4月。着工から4年4ヶ月という速さ、高低差のきわめて少ない平地──起点・赤平と終点・南幌の標高差は28mに過ぎない──でわずかな勾配の水路に水を流すことに成功したことは、技術的にも高く評価される偉業だ。流域では荒れた土地を水田に改良する工事も併せて進められ、一帯は稲作地帯へと変容していく。

当初、土を掘っただけだった灌漑溝は戦後、コンクリート水路に改築され**北海幹線用水路**と名付けられた。その後も部分的な改修を経て、現在の用水路は5〜8月までの期間、空知川から毎秒42トンもの水を取り込み、流域のおよそ2万6千ヘクタールに供給。道内有数の米どころ空知を支える、文字どおりの大動脈となっている。

一般にはあまり馴染みのない用水路への理解を深めるため、近年では周辺でのウォーキング大会なども開かれ、多くの参加者を集めている。

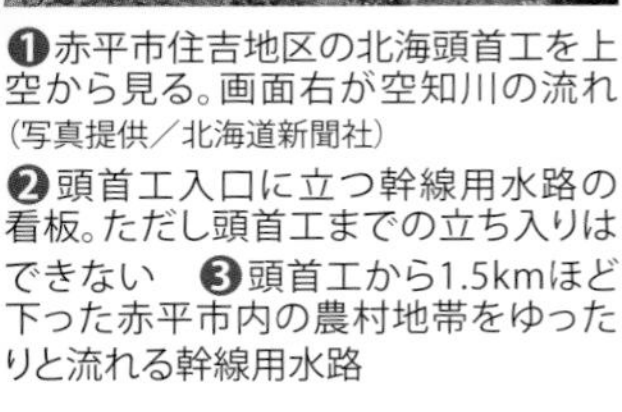

❶赤平市住吉地区の北海頭首工を上空から見る。画面右が空知川の流れ（写真提供／北海道新聞社）

❷頭首工入口に立つ幹線用水路の看板。ただし頭首工までの立ち入りはできない　❸頭首工から1.5kmほど下った赤平市内の農村地帯をゆったりと流れる幹線用水路

北海幹線用水路の維持管理を行うのは〈北海土地改良区〉。近年では〈水土里(みどり)ネット〉の愛称のもと、改良区の活動を一般に広める取り組みも行う。

山道を登り詰めれば、そこは雄大な〝水の国〟の別世界

雨竜沼湿原

標高およそ850mの台地上に広がる雨竜沼湿原は日本有数の山岳型高層湿原。湿原内には大小800もの池塘が点在し、周囲の山々の眺め、湿原上に咲く多くの花とあいまって、独特な景観の美しさで多くのハイカーの人気を集めている。

見どころ 湿原を歩ける期間は毎年6月中旬から10月上旬まで。湿原東側の雨竜沼ゲートパークが登山口となる。ここを起点に湿原一周を歩くのは所要5〜6時間。
雨竜町観光協会　☎0125-77-2673

北海道を代表する「山地の湿原」

日本にある湿原面積のおよそ80％は北海道内にあるという。豊かな水を含んだ土地は元来、日本の各地にあったが、本州以南では古く弥生時代から、その多くが人の手によって水田に変えられてきた。対して北海道では人口密度が低く、人間の営みの影響を受けない土地が多く残されてきたこと、稲作の歴史が浅いこと、などから比較的多くの湿原が自然のままの姿を保っている。北海道は湿原の宝庫なのだ。

北海道の湿原の多くは平地、とりわけ

海に近い場所に広がっている。**釧路湿原**、**サロベツ湿原**、**霧多布湿原**（↓Ｐ１４２）などがその代表格で、北海道の大らかさを象徴する景観として紹介される。

これらのほか、山地にも湿原がある。本州では尾瀬ヶ原、道内ではニセコ山系の奥にある神仙沼、大雪山のふところの沼ノ原、沼の平などがよく知られたところだ。面積は比較的小さいが、下界と切り離された高みに位置する湿原風景は幽玄、神秘的といったイメージで語られることが多い。そうした〝山の湿原〟のなかで面積が大きく、知名度・人気ともに高いのがここ、**雨竜沼湿原**だ。

山道を登り詰めて見る、別世界の風景

雨竜沼湿原への道は、山登りだ。湿原探勝の拠点となる**ゲートパーク**を出発するとさっそく登りが始まる。登山道はおおむねよく整備されているが、途中にはけっこうきつい登りの箇所もいくつかある。

登ることおよそ2時間。まさに〝やおら〟という感じで視界が開けた先に、雨竜沼湿原の眺めがある。この風景の現れ

大小さまざまな池塘を見ながら木道を歩く。整った円形の水面が多いのがおもしろい

雨竜市街からゲートパークまでは道道432号で40〜50分ほど。ただし後半、暑寒湖（尾白利加ダム）の先は未舗装、道幅も狭くなる。すれ違いが困難な箇所もあるので運転に注意。

方は劇的だ。普通の山登りなら、登り詰めた最後には眼下に広々とした景色があるが、ここでは違う。見えるのはただ、目の前の同じ高さに開ける広大な草の海と、さらに高い位置に見える山の連なり。ここまで歩いてきた山道とはまったく別な世界が広がる、という表現が少しも大げさではない。

湿原の成因は暑寒別岳の火山活動

雨竜沼は**南暑寒岳**（1296m）の東側の山腹、標高およそ850～900mの台地上に広がる湿原だ。東西4km、南北2kmの細長い形に広がり、面積はおよそ100ヘクタールで日本有数の**山岳型高層湿原**に数えられる（ちなみに「高層湿原」とは通常時に水がある場所よりも、高いところにできた湿原のことを指す用語。これに対する「低層湿原」とは水位近くに広がる湿原。低層湿原が付近にある川や湖沼の水の影響を受けるのに対し、高層湿原は雨・雪・霧によって水分が供給される。高層、低層の区分は湿原自体の標高とは関係がなく、海岸近くの標高の低い位置に高層湿原ができるケースも少なくない）。

雨竜沼湿原上には大小およそ800以上もの**池塘**《ちとう》が点在し、その多くが整った円形をしているのが特色だ。永久凍土の地中にできた氷塊が溶けたことが、このような丸い池の成因だと考えられているが、正確な理由は明らかでない。

雨竜沼湿原の成り立ちは数百万年前に暑寒別火山が噴火した際の噴出物が、溶岩台地を形成。その凹地にできた沼では寒冷な気候のため水生植物が腐朽することなく数千年にわたって堆積し、やがて沼を埋めていったものと推測される。

太古の時代、湿原の成り立ちに関わった**暑寒別岳**（1492m）は南暑寒岳とともに今はたおやかな姿を見せ、これらの山が、平面的に広がる湿原の景観にアクセントを加えている。

湿原上、周回ルートの木道を歩く

湿原上には東西方向に細長い周回ルー

▲ゲートパークに建つ山小屋〈南暑寒荘〉。その右の建物は管理棟で日中は管理人が常駐する。登山者はここで入山届を記入し、整備協力金として1人(大人)500円を払う。南暑寒荘の宿泊、キャンプ場利用ともに無料

▼雨竜沼湿原でよく見られる花（いずれも7月下旬撮影）
❶ヒオウギアヤメ。後方のピンク色はエゾノシモツケソウ
❷ワタスゲ　❸ハイオトギリ

▲登山道途中にある〈白竜の滝〉。落差は約25mあり、なかなかの迫力

トを描く**木道**が設けられている。全長はおよそ4㎞で、徒歩1時間ほど。アップダウンはほとんどなく、風景を見渡しながら、あるいは木道周辺の植物を見ながらの散策が気持ちいい。混雑緩和のため周回部分は右回りの一方通行、また湿原保護のため木道から下りることは禁止されている。

雨竜沼湿原で見られる植物の種類は非常に多く、およそ200種にもおよぶという。花のシーズンは雪解け後の6月上旬に開花するミズバショウに始まって、6月下旬から8月上旬にかけて特に多くを見ることができる。

湿原の西側の端に着くと、道は南暑寒岳の山頂に向かって登り始め、このルートを500mほど進んだところに**湿原展望台**が設けられている。湿原の全体を見渡すことができる数少ない場所だ。細長く延びた湿原の真ん中を、ゆったりと蛇行するペンケペタン川の流れ、点在する多数の池塘群と、木道からは見られなかった視点から、スケールの大きい景観を楽しむことができる。

▼湿原展望台からの眺め。多数の池塘、蛇行する川。山の中にこんな平地が広がっているのは不思議だ

雨竜沼湿原は人気が高いだけに夏の週末・祝日はかなり人出が多い。道路や駐車場の渋滞、木道の混雑を避け、静かな湿原の雰囲気を味わうには、できれば平日に行くのがおすすめ。

展示をとおして見えてくる土、農業、食料生産の歴史

土の博物館「土の館」

この地で１００年あまり前に創業した農機具メーカー〈スガノ農機〉が設立した民営の博物館。農業に深く関わってきた会社の視点で、作物づくりを支える土、農業、さらに食料を作る営みにもふれ、展示内容は非常に奥深い。

見どころ JR富良野線上富良野駅から約1.8km。土日祝日は閉館、ただし夏期シーズンは無休。HPで確認を。
開館時間＝9:00～16:00　入館無料
上富良野町西2線北25号 ☎0167-45-3055

当地に創業した農機具メーカーが運営

上富良野町は十勝岳連峰の裾野に位置する農業の盛んな町だ。馬鈴薯、小麦、トウモロコシなどさまざまな畑がパッチワークのように広がり、いかにも北海道らしい大らかさを感じさせる。

この上富良野町市街の西側に**土の館**というユニークな名の看板を掲げる建物がある。施設を所有・運営するのは**スガノ農機株式会社**。トラクターに装着してさまざまな農作業を行う「プラウ」の製造を手掛ける、国内トップクラスのメーカーだ。

創業は大正6（１９１７）年。岩手県から上富良野に入植した**菅野豊治**が興した**菅野鉄工所**がルーツとなる。当初作っていたのは鋤《すき》や鍬《くわ》、馬に引かせるプラウなどだった。昭和16（１９４１）年には政府の斡旋もあって満州に拠点を移し、事業を拡大。しかし敗戦によって満州を追われ、すべてを失って再び上富良野で再出発という苦難の時代もあった。

昭和30年代に入ると、農作業の動力がそれまでの馬からトラクターへと変わっていく状況に着目。トラクター用のプラウ開発に着手し、第1号の製品を世に出したのは昭和34（１９５９）年のことだ。以後、一貫してこの分野を中心に製品の開発・製造販売を行ってきた。

土や農機具に関する広範な展示内容

農業に深く関わる事業を進めてきたスガノ農機にとって、作物をつくる基盤である土は重要なテーマだ。創業75周年にあたる１９９２年、社業発祥の地に〈土の館〉を設けたのは、こうした土への思いを具現化したもの。

土の館本館第1展示場は、創業者・菅野豊治の足跡を示す内容で、昔ながらの

奥に見えるのはまるでSL。1902年カナダ製の、蒸気機関を動力とするトラクターだ

〝鍛冶屋〟の仕事場も再現。第2展示場では世界各地で古くから使われてきた、さまざまな農機具が見られる。

「土」そのものに関する展示も見ものだ。国内外の各地で採取された**土壌標本**(モノリス)が並び、それぞれの特徴や農業への適応を説明しながら土の大切さ、人と土の関わりを伝えている。

展示のなかには当地で採取された高さ4mの巨大な標本があり、大正15(1926)年5月25日に起こった**十勝岳噴火**により2mもの泥流が堆積した様子が見られる。

本館のほかにトラクタ博物館A、Bの2棟があり、世界各地の貴重なトラクター90台あまりを展示する。産業機械の進化の歴史を伝えるものとして、学術的にも価値が高い。

土と農機具に関する一連の展示をとおして北海道の農業の足跡を知るとともに、資源の活用や食料生産といったテーマについても考えさせられる、内容の濃い見学施設だ。

◀高さ4mの土壌標本(モノリス)。大正15年の十勝岳噴火によって泥流に覆われ、その後は客土を重ねて土地を改良してきた足跡を示す

▼国内外で古くから使われてきたプラウを多数展示。農機具をとおして農耕の歴史や文化の歩みを見る

三浦綾子の小説『泥流地帯』は大正15年の十勝岳噴火による災害が題材。泥流で田畑を失った上富良野の農民がたくましく復興に挑む様子を描き、映画化もされた。

90年の歴史を経て今も優美な姿を石狩川の水面に映す

旭橋

旭川に数ある橋のなかでとりわけ長い歴史をもち、優美な姿でまちのシンボルとして親しまれる橋。昭和初期、当時最新の技術を駆使して堅牢な橋が造られた背景には、陸軍第七師団への交通路を確保する必要性があった。

見どころ 旭橋はJR旭川駅から約2km、国道40号のルート上にある。橋を間近に見るには橋上の歩道を歩いて渡るほか、橋の下の石狩川河川敷から見るのがよい。
旭川観光物産情報センター ☎0166-26-6665

〝橋のまち〟を象徴するランドマーク

旭川は〝川のまち〟だ。北海道一の大河・**石狩川**を筆頭に、市内を流れる川は中小河川も含めて160本。それらに架かる橋も必然的に多数にのぼり、その数およそ760。川のまちは〝橋のまち〟でもある。数ある橋のなかでとりわけ古い歴史をもち、その美しい曲線的な姿で、まちのシンボルとして親しまれているのが**旭橋**だ。

現在の旭橋の位置で最初に橋が造られたのは明治25（1892）年のことだ。初期の橋は木造で、出水による流失で何度か架け替えられたのち、ようやく鋼鉄製の橋が造られるのは明治37（1904）年。それまでの〈鷹栖橋〉に代わり〈旭橋〉の名が付けられたのもこのときだ。

しかしこの橋は鋼鉄製とはいえ、全長104mのうち鋼製トラスは中央の50mほどで、それ以外は木製だった。このため完成から20年ほどで腐朽が進み、初代旭橋は2代目の橋の完成を待つことなく昭和5（1930）年に解体された（橋桁は〈深川大橋〉に転用された。一度解体された橋が再利用されるケースは珍しいという）。

橋は**陸軍第七師団**《だいしちしだん》の駐屯地と旭川駅を

▲リベットが目立つ武骨な造りが時代を感じさせる。戦前の橋梁工事では、現場で石炭を燃やしてリベットを熱しながら1つずつ手作業で叩き込む、手間の掛かる工法が普通だった

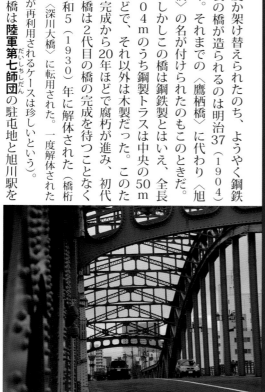

自然石を積み上げた橋脚にも古風な趣がある。橋の下では牛朱別(うしゅべつ)川と石狩川が合流する

結ぶルート上にあることから、軍事上の重要性も考慮して堅牢な永久橋が建設されることとなった。設計にあたった北海道帝国大学（現・北海道大学）工学部長・**吉町太郎一《たろういち》**は、日本を代表する橋を造る意気込みで最新の技術を投入。工事は昭和4（1929）年に着手された。

第七師団への重要な交通ルートとして

橋の完成式が挙行されたのは昭和7（1932）年11月3日。渡橋式には当時の市の人口の4割にあたる3万人もの群衆が詰めかけたという。完成した橋は長さ225m、幅18・3m。橋の上には旭川市街軌道が運行する**路面電車**の線路も敷かれた（昭和31年に廃止）。

コンクリート橋なら当時の金額で2万円弱でできたのに対し、この鋼鉄橋には104万円の巨費が投入された。ドイツから輸入した特殊鋼材を使用し戦車も通行可能な頑丈さをもたせたうえ、夏と冬で気温差が60度近くにもおよぶ旭川の気候条件を考慮して、温度による鋼材の伸縮を受け止める構造が採用されている。

戦前から戦時中までは橋の両側の正面に大きな半円形の「橋額」が掲げられ、軍人勅諭《ちょくゆ》5条の言葉が刻まれていた。一般市民も橋を通る際には、この額の下で脱帽・敬礼するのが習いだったという。しかし戦後になると橋額は撤去され、橋を通る〈師団通り〉も、その南側が〈平和通り〉と名を変えた。それまでの軍国主義的な色合いが消えた街並みのなかで、旭橋は創建から変わらず優美な姿を石狩川の流れの上に見せている。

現在の牛朱別(うしゅべつ)川は旭橋の下で石狩川と合流するが、もとは今のロータリー付近を流れていた。流路を変更する大工事が完了したのは昭和6年11月、旭橋が完成する1年前のことだ。

国内でも有数の家具生産地。持ち味は洗練されたデザイン

旭川家具

豊富な森林資源を背景に、明治後期以降は〝軍都〟としての木工製品の需要を受け、旭川の家具生産は今日まで成長を続けてきた。世界的に貴重な〈織田コレクション〉を活かし、イベントなどを通してデザインの力をさらに磨く。

見どころ 旭川家具工業協同組合が運営する〈旭川デザインセンター〉では約30社の製品を見られる。織田コレクションの作品は東川町の文化複合施設〈せんとぴゅあ I〉で常設展示される。

豊富な森林資源を活かした産業を

旭川は家具の街だ。近隣の東川町、東神楽町も含めたエリアに大小100にのぼる事業所——作家1人の小さな工房から従業員数百人規模の会社まで——が操業している。この地域が国内でも有数の家具生産地であることは、北海道内でも意外に知られていないようだ。

旭川で家具産業が盛んとなった背景としては、大雪山系をはじめ周囲の森林で産出する木材の集積地であった点がまず挙げられる。

明治23（1890）年には**永山屯田兵村**の建設が始まり、急激に高まった木材需要を受けて製材業が興隆。さらに明治32年以降は、**陸軍第七師団《だいしちしだん》**の駐屯によって多数の兵舎が建てられたのに伴い建具・家具など木工製品の需要が急増し、多くの職人がこの地に集まったことが、現在の家具作りの源流となったとされる。

大正4（1915）年には旭川区（当時）により〈木工伝習所〉が設けられ、定期的に講習会や展示会を開催して技術を高めるとともに、木工業の振興が図られた。

戦後は業者間の連携が進み、昭和30（1955）年に〈旭川木工まつり〉を開催。生活の洋風化が進むなかで時代に合った製品を作るとともに、全国的な販路拡大を強化するのはこの頃からだ。昭和32年に結成した**旭川家具工業協同組合**（以下「組合」）には現在、41社が加盟する。

▲旭川駅の新駅舎内には2018年に〈旭川家具ラウンジ〉が誕生。旭川家具のデザイン性をアピールする

〈織田コレクション〉に学ぶデザイン

近年の旭川家具が成長の鍵と位置付けるのが〝デザインの力〟だ。1990年からは**国際家具デザインフェア旭川（IFDA）**を3年ごとに開催する。

このフェアの核となるデザインコンペティションの審査員として招いた**織田憲嗣**氏との出会いが、新たな展開の始まりとなった。グラフィックデザイナーとして長いキャリアをもつ織田氏は椅子研究家として知られ、長年にわたり収集した椅子コレクションは実に1350脚。組合ではコレクションを通じた勉強会を開催するなど、デザイン力の向上に取り組んでいる。

収集された椅子の受託管理・公開を目的として1991年には組合を中心とした**織田コレクション協力会**が発足。織田氏も旭川に移住――現在は東神楽町に自邸を構える――するなど地域との交流を深めてきた。コレクションは東川町が公有化を進め、一部は町の文化複合施設**せんとぴゅあ**Ⅰで公開されている。これらのコレクションを活かしたデザインミュージアム設立の構想が進行する。

◆旭川デザインセンター
旭川市永山2条10丁目1-35　☎0166-48-4135

◆せんとぴゅあⅠ
東川町北町1丁目1-1　☎0166-82-2111（東川町役場）

◀織田コレクションの一部を常設展示する東川町の文化施設〈せんとぴゅあⅠ〉。

▼旭川家具工業協同組合が運営するショールーム〈旭川デザインセンター〉。もと倉庫だった大きな建物をリノベーションし、2フロアに約30社のブースが並ぶ

東川町で織田コレクションを展示する〈せんとぴゅあ Ⅰ〉は廃校になった小学校校舎を再生した文化施設。館内には地元食材を生かしたメニューを揃えるコミュニティカフェもある。

三浦綾子の代表作〈氷点〉の舞台に建つ、民営・民有の文学館

三浦綾子記念文学館と外国樹種見本林

〈氷点〉の舞台となった外国樹種見本林の一角に建つ文学館は、三浦文学のファンや市民の運動によって誕生した。民営・民有の文学館は全国的にも珍しい。地域の共有財産として、今も市民たちの手による運営が続いている。

見どころ 外国樹種見本林は立ち入り自由。文学館見学とあわせて散策を楽しめる。旭川駅南側の氷点橋を渡り、文学館まで徒歩20分ほど。忠別川沿いの〈あさひかわ北彩都ガーデンセンター〉にも立ち寄りたい。

〈氷点〉の舞台となった見本林

三浦綾子（１９２２～１９９９）の代表作であり事実上のデビュー作となる長編小説・**氷点**は昭和38（１９６３）年、朝日新聞社が設けた懸賞への応募作として書かれた。７３１編のなかから選ばれたこの作品により、42歳の綾子は人気作家としてのキャリアをスタートさせる。

〈氷点〉の物語は、旭川市で医院を営む裕福な家庭と、そこに関わる人々の、複雑に絡み合う感情を描きながら進む。キリスト教を信仰した綾子は、その教えに由来する「原罪」が、作品の主題だといった。物語の根底にあるこの言葉は重く、深い。

その一方で妻の不貞、殺人事件、男女の愛憎など大衆小説的要素にも事欠かない。原作の発表から2年あまりで映画化されたほか、長年のあいだにいくつかのテレビドラマ作品が制作されている。

〈氷点〉の作品中で主人公の一家・辻口家の病院と自宅は、**外国樹種見本林**の入口付近の広大な敷地にあったと描かれる。実在した建物ではないが、それがあったと読み取れる場所に建つのが**三浦綾子記念文学館**だ。館内では３００点を超える綾子の全著作、〈氷点〉直筆原稿、取材ノートなど多数の資料が展示される。

希少な民営・民有の文学館

外国樹種見本林は、外国の樹種が北海道の環境下で育つことを試験する目的で設けられたものだ。明治31（１８９８）年にストローブマツ、ヨーロッパトウヒなどの針葉樹を植えたのが始まりで、現在では18ヘクタールの敷地に52種、6千本の樹木が育っている。

この見本林が〈氷点〉の作品において重要な舞台となる。物語の始まり早々、

①

院長夫妻の3歳の娘が通り魔的犯行によって殺されるのが、林の中を流れる美瑛川の畔だった。そして事件後、この家に引き取られた養女は数え19の歳に、同じ川の畔で服毒自殺を図る。数日間、昏睡を続け、かすかな生存の兆しが見えたところで物語は終わる。〈氷点〉の作品世界を感じ取るうえで、見本林は唯一無二の大事な場所だ。

この林の一角に三浦綾子記念文学館が開館したのは1998年6月13日。全国の三浦文学ファンや市民運動が設立を支え、希少な〝民営・民有〟文学館の誕生となった。現在でも運営には多くのボランティアスタッフが関わり、地域の共有財産としての文学館を支えている。

③

④

②

❶見本林の一角にたたずむ文学館の建物。綾子の夫・光世氏は営林署の職員だったことから見本林との関わりが深く、それが綾子の『氷点』舞台設定の着想に繋がった　❷見本林の中の小径。ウッドチップが敷き詰められ心地よい散策を楽しめる。ところどころに『氷点』の一節を記したプレートが設けられている　❸2018年に完成した分館には、綾子の書斎が移築されている。『氷点』に関する新たな展示も加わった　❹2011年には旭川駅南側で忠別川をまたぐ〈氷点橋〉が落成。駅南口から文学館まで約1.5km、徒歩20分ほどと、アクセスの利便性は大幅に向上した。この道路には〈氷点通り〉の愛称が付けられた

◆三浦綾子記念文学館　旭川市神楽7条8丁目2-15　☎0166-69-2626　開館9:00～17:00・無休（ただし10～5月は月曜休館/祝日の場合は翌日休）

旭川市内には〈氷点〉ゆかりの地がいろいろある。なかでも作品中に実名で出る老舗の喫茶店〈ちろる〉、〈旭川六条教会〉などは特にファンに馴染み深い場所だ。

鰊漁に沸いた時代から続く、古色漂う街並み

増毛の歴史的建物群（駅前の歴史的建物群と増毛小学校）

江戸時代後期より鰊漁で栄えた町。明治初頭からは豪商本間家が当地を拠点に商いを広げ、その店舗・屋敷が現在、重要文化財となっている。〈国稀酒造〉はじめ街並みには歴史ある建物が多く、独特な街並み景観が魅力。

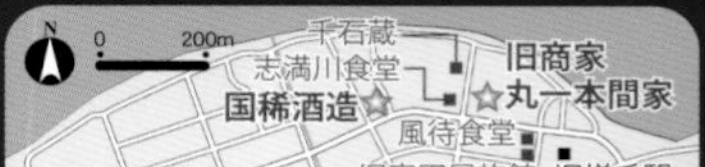

見どころ 市街地の歴史的建造物は〈旧商家 丸一本間家〉の周辺に集まっており、散策しながら見学できる。このほか〈総合交流促進施設 元陣屋〉内に郷土資料室（有料）があり、歴史に関する展示が見られる。

鰊漁の栄華を伝える街並み

古色蒼然。増毛の街並みを歩くと、そんな言葉が思い浮かぶ。商店、旅館など木造の古風な建物が通り沿いに並ぶ様子は、まるで映画のセットのよう。

実際にこの街で撮影された映画があった。高倉健主演の『駅 Station』（昭和56年公開）がそれで、街の中心部にあるいくつかの建物が、映画の大事な場面の撮影場所として使われている（ただし主要なロケ地のひとつであった増毛駅は２０１６年12月、留萌本線留萌〜増毛間の運行終了にともない廃止）。映画で**風待食堂**として使われた、旧増毛駅前の**旧多田商店**は商店の営業を終えた現在、映画撮影時の看板を残したまま観光案内所となっている。このほか**旧富田屋旅館**、**増毛館**、**志満川《しまかわ》食堂**など、どれも古風な趣を漂わせる。

さほど大きくはない増毛の街に並ぶ風格ある建物の数かずは、昔日の繁栄の証しだ。かつて北海道日本海岸の各地は鰊の豊漁に沸き、そこからもたらされる富が多くの街を潤した。増毛もそのひとつであり、全盛期である明治初頭から昭和初期にかけては漁場で働くたくさんの人々、商人たちで賑わった。現在、街なかで見られる歴史的な建物の多くは、その時代に建てられたものだ。

明治初頭創業の実業家、本間家の建物

増毛市街で最も歴史が古く、ひときわ風格を漂わせる建物が**旧商家丸一本間家**。新潟県佐渡から当地に渡ってきた**本間泰蔵**は明治8（１８７５）年、雑貨商として創業したのち呉服商、鰊漁の網元、海運業、酒造業などさまざまな事業を展開する。

創業時の建物は明治13（１８８０）年に街を襲った大火で焼失したが翌14年に

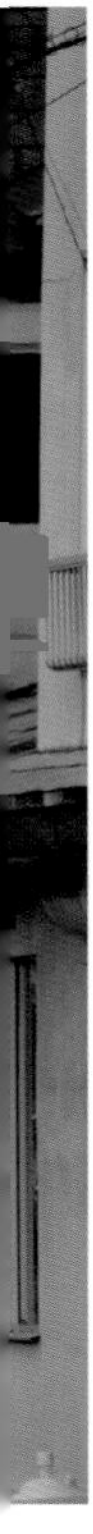

再建が始まり、以後、事業の拡大とともに順次建て増しされている。

建物正面の呉服商の店舗部分は明治26（1893）年、その背後に位置する居宅の部分は明治35（1902）年までに建てられた。1997年から2年を掛けて建物全体の大がかりな修復工事が行われた後に一般公開が始まり、2003年には国の重要文化財に指定された。

表通りに面した建物は広い間口をもつ伝統的な商家の構えだが、火災に備えた堅牢な石造り。畳敷きの店舗の奥には多数の商品を収めた棚が設けられ、往時の商いの様子を偲ばせる。店舗の背後には帳場、茶の間、仏間などからなる居住空間が、中庭

◀旧増毛駅前に建つ〈旧富田屋旅館〉は昭和8年築の木造3階建て。昭和50年代初めまで営業していた。右隣、〈風待食堂〉の看板を掲げる〈旧多田商店〉は現在、観光案内所に

歴史ある建物が並ぶ、増毛市街のメインストリート。画面左が〈旧商家丸一本間家〉。その手前の青い屋根は〈増毛館〉。かつての旅館を再生し、"旅人宿"として営業している

増毛の市街地にある〈厳島神社〉は宝永年間（1704～1711）創建とされる古い神社。現在の社殿は越後・柏崎の宮大工が建築を手掛けた総欅(ケヤキ)づくりで、見事な彫刻が施されている。

を囲むようにコの字型に広がり、正面からは想像できなかった広さがある。室内では手の込んだ装飾や襖絵が見もの。かつてこの家で使われた生活用具なども展示されている。

▲旧増毛小学校の大きな木造校舎。２０１２年３月まで使われ、その時点では道内の木造校舎として最古・最大だった

最北の造り酒屋、国稀酒造

この本間家の建物から徒歩数分のところに位置する**国稀《くにまれ》酒造**は、今では国内最北の造り酒屋として知られる。通りに面した店舗部分は大正時代の築で、正面に格子を巡らせた古風なたたずまい。丸一本間家がさまざまな事業を営んだことは先述のとおりだが、この国稀酒造は本間家の酒造部門をルーツとする。

北海道では日本酒の多くを本州からの移入に頼っていた明治15（１８８２）年に、早くも酒の醸造を始めた老舗の酒蔵だ。暑寒別岳を源とする良質な伏流水を生かした酒は、鰊漁全盛の時代から広く愛飲されてきた。店内では蔵を改装した資料室が設けられ、国稀と本間家の歴史を知ることができる。

旧増毛小学校の木造校舎

歴史ある建物が並ぶ市街中心部から６００ｍほど離れた高台にある**増毛小学校**の旧校舎も、ぜひ見ておきたい。昭和11（１９３６）年に落成した建物は、最盛期におよそ１０００人もの児童が通ったという堂々たる造り。２０１２年３月、町内にあった増毛高校の閉校に伴い、小学校は旧高校の校舎へと移転し、この木造校舎の使用は終わった。校舎内への立ち入りはできず、外部からの見学のみ可能だが、その大きさを実感するとともに、とりわけ中高年世代の人にとっては郷愁を感じる光景となることだろう。

重要文化財に指定される〈旧商家 丸一本間家〉
左側が呉服店の店舗で明治26年築。大火に遭った経験から、石造りとしている。右側の空いたスペースにはかつて文書蔵があった

❶本間家の店舗。呉服の商いの様子を再現　❷本間家の茶の間。襖絵は新潟出身の日本画家・仙田菱畆、神棚は同じく新潟の宮大工が手掛けた　❸古風な趣が漂う国稀酒造の店内。試飲をして好みの酒を選べる

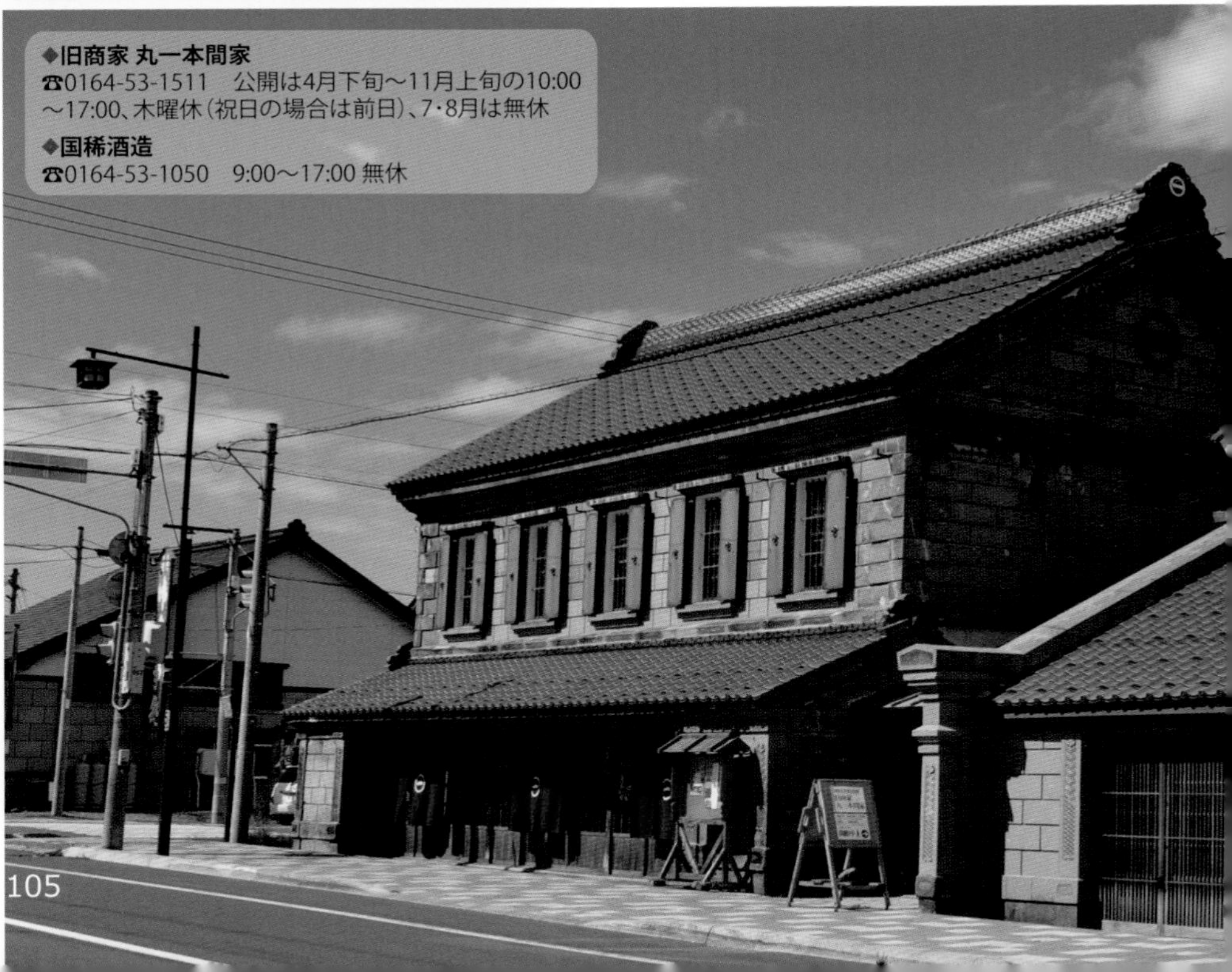

◆旧商家 丸一本間家
☎0164-53-1511　公開は4月下旬～11月上旬の10:00～17:00、木曜休（祝日の場合は前日）、7･8月は無休

◆国稀酒造
☎0164-53-1050　9:00～17:00 無休

道北の日本海岸に、栄華の時代を伝える史跡を訪ねて

留萌のニシン街道

江戸時代後期から昭和初頭にかけて、北海道の日本海岸各地は鰊の大漁に沸き、漁の拠点となる番屋が多数建てられた。小平町にある旧花田家番屋はそれらのなかで最大であり、見学可能な施設として貴重な存在だ。

見どころ 鰊漁に関する見どころとしては小平町の〈旧花田家番屋〉が必見のポイント。ほかに留萌市〈海のふるさと館〉には鰊漁に関する展示も充実している。同市内〈旧佐賀家漁場〉は、特定日のみの公開。

鰊漁に沸いた日本海沿岸の各地

留萌市の市街中心部からほど近いところで、日本海に突き出た小さな岬に**黄金《おうごん》岬**の名がある。西側に向いた岬は夕日を見るのに絶好の場所。かつて鰊《ニシン》漁の盛んだった時代にはここから海を見て、魚群の来遊を見張ったのだと伝えられる。

江戸時代の半ば以降、北海道の日本海側沿岸各地――南は松前から、北は利尻・礼文島まで――では鰊漁が盛んに行われた。例年3月下旬から1ヶ月ほどのあいだに、鰊は産卵のため大群をなして海岸近くに来遊する。これを**群来《くき》**といい、大き

な群れに当たれば一夜にして現在の価値で数千万円もの利益を上げた、といった話も伝説的に語られる。

しかし殷賑《いんしん》の時代はやがて終焉へ向かう。鰊の減少は道南から始まり、松前、江差では大正時代までに来遊がほぼ途絶。それより北では明治後期から大正時代にかけてが全盛期となるが、昭和初期までに大規模な漁はほぼ終わっていた。

小平町に残る豪壮な鰊番屋

各地の鰊漁場には建網《たてあみ》（定置網の一種）を用いて大規模な漁を行う網元がおり、その拠点として**鰊番屋**が建てられた。小平《おびら》町の**旧花田家番屋**はそのひとつだ。

一般に「番屋」とは漁業に使われる作業小屋を指す言葉で、簡素な建物との印象がある。しかし「鰊番屋」はそれとはまったく異なる。親方（網元）一家の住まいと、雇いの労働者多数が起居する大部屋とが、厳格に区切られたうえで1つの建物内に収まるのが、多くの鰊番屋に共通するスタイルだ。

こうした鰊番屋の建築は明治時代中期以降、鰊漁が全盛を迎える時代に各地に

現存する鰊番屋としては最大、小平町の〈旧花田家番屋〉。間口40m、奥行22.7mという堂々たる姿を見せる。この建物も鰊漁の時代が終わってからは荒廃していたが、昭和46年に重要文化財に指定。以後、3年掛かりの解体修復工事により往時の姿を取り戻し、一般公開されている

鰊漁場で働く労働者は文献などで、しばしば「ヤン衆」と表記される。しかしこの言葉は侮蔑的なニュアンスがあるため漁の現場では使われず、単に「若い衆」などと呼ばれた。

広まった。漁の大規模化にともなって労働者の数が増えると、おのずと建物も大型化する。旧花田家番屋はそうした鰊番屋の典型的な造りであるとともに、現存するなかでは最大で、起居した労働者はおよそ２００人にものぼった。

　建物に向かって右側が漁夫たちの大部屋で、大きな板の間を囲むように３段に分かれた寝台《ねだい》が設けられる、きわめて実用的な造り。対する左側は親方一家の住

旧花田家番屋の間取り図

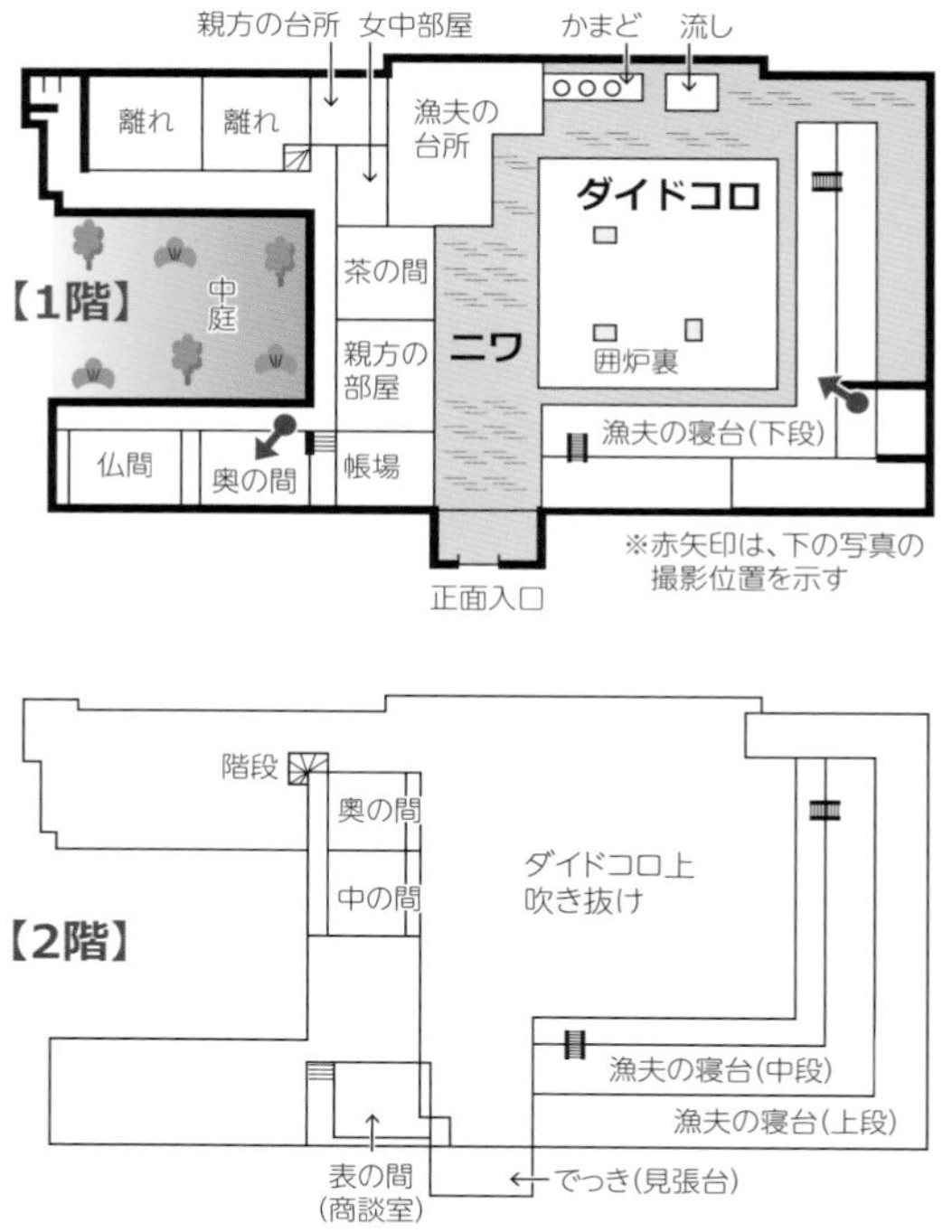

※赤矢印は、下の写真の撮影位置を示す

▼親方一家の住まい、1階の「奥の間」。豪壮なつくりの金庫が鎮座する

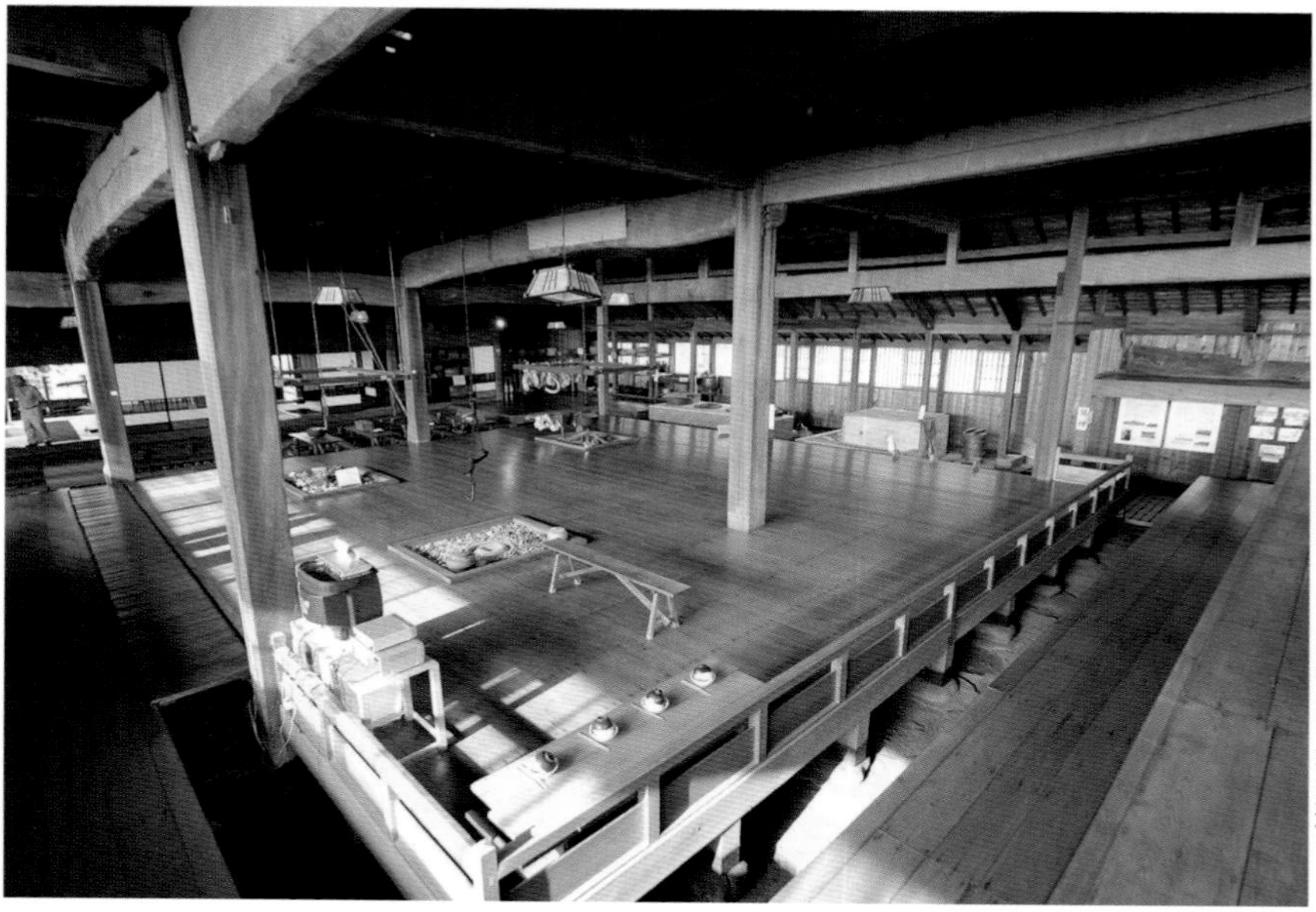

◀「ダイドコロ」と呼ばれる囲炉裏の切られた広い板の間が、漁夫たちの生活空間。その周囲が土間になっているのは履き物を脱ぐことなく、漁の合間の短時間で食事・休憩を取れるように考えられた造り

まいだ。中庭に面して立派な調度品を備えた居間、仏間、帳場などの部屋が並ぶ落ち着いた屋敷造りで、右側の大部屋とは際だった対照を見せる。

建物は明治38（1905）年頃に建てられたもので、近隣の山林から伐り出された木材が用いられた。室内では柱や、天井を支える梁に太い材がふんだんに使われている様子を見ることができる。

群来を狙って多量に水揚げされた鰊は、大部分が加工に回された。冷蔵施設が普及していない時代、生魚のままで出荷されるものはほとんどなかった。加工品のなかで多くを占めたのは食品ではなく、**締め粕**と呼ばれた農業用肥料だ。鰊を大釜で煮たのちに絞り、乾燥させたもので、**北前船**によって西日本の各地に出荷される大事な産品だった。食品としては数の子、身欠き鰊が本州の消費地へと運ばれ、特に京料理の食材として喜ばれたことはよく知られている。

留萌市内に残る鰊漁場の史跡

留萌地方で鰊に関連する見学施設としては、留萌市内の**海のふるさと館**がある。黄金岬先端の高台に位置する建物で、実際の漁で使われた漁具、加工品作りの道具など多数が展示されている。

ほかに留萌市内の史跡として礼受《れうけ》地区の**旧佐賀家漁場**がある。佐賀家は陸奥国（青森県下北郡）から渡った漁家で、弘化元（1844）年から昭和32（1957）年まで113年間にわたって漁を営んできた。母屋（番屋）の建物自体が大きなものではないが、付随する倉庫、船倉、ローカと呼ばれる生鰊の保管場所となる建物、漁に使われた多数の道具など一連の施設・道具類が往時のまま保存されている点で貴重だ。

計3745点もの道具などが重要有形民俗文化財に指定されているほか、漁場全体が国指定史跡となっている。通常、内部の公開は行われていないが、近年では例年8月中に1週間程度、見学の機会が設けられる。

留萌地方のもうひとつの鰊番屋として、苫前町に**岡田家番屋**があった。こちらは老朽化が著しく、積雪による損壊が生じたことから2014年に解体された。番屋で使用されていた漁具などは苫前町郷土資料館に展示されている。

◀黄金岬の高台に建つ〈海のふるさと館〉

▼〈海のふるさと館〉の展示。鰊漁や加工作業で使われた道具など多数を展示

▲留萌市礼受に建つ佐賀家漁場の母屋（番屋）。江戸時代末期から明治初期の建築とみられる

◆旧花田家番屋
☎0164-57-1411　9:30〜17:00(冬期は短縮)、月曜休(6月下旬〜8月中旬は無休)

◆海のふるさと館
☎0164-43-6677　9:00〜18:00　開館は4月下旬〜10月下旬

花田家番屋の国道を隔てた海沿いには〈にしん文化歴史公園〉がある。当地を訪れた松浦武四郎の像と、終戦直後、ソ連船によって日本船3隻が沈められた殉難事件の慰霊碑が建つ。

江戸時代に造られた古道が、有志の手で復元

増毛《まし け》山道《さんどう》と濃昼《ごきびる》山道

2つの山道は江戸時代末期、北方警備の必要から設けられた。その後、国道が整備されたことで廃道化したが、近年に有志団体が復元。歴史を偲ぶトレッキングが楽しめる。

海沿いの険しい地形を避ける「山道」

江戸時代の後期、蝦夷地の海沿い各地に交易の拠点が設けられ、和人の定住が進んでいた。その一方で南下の機会を伺うロシアの脅威が高まり、幕府は北方警備の強化を進めていく。しかし沿岸に点在する各拠点を結ぶ道路は未発達で、特に地形の険しい地域では波打ち際を進むか、舟を使う以外に交通手段がない。そのため荒天時には地域間の往来が不能となることが、防衛面での不安要因だった。

そこで幕府の命によって造られたのが**山道**だ。寛政11（1799）年、公金によって完成した**猿留《さるる》山道**——現在のえりも町内・長さ約30km——が、その最初となった。それ以後、蝦夷地の海沿い、地形がとりわけ険しい地域では海岸を離れ、あえて山中に分け入る道が拓かれていく。

そのひとつ、増毛と浜益の間で**増毛山道**が開通したのは江戸時代末期、安政4（1857）年のことだ。増毛の「場所」（交易の拠点）請負人である**伊達林右衛門《りんえもん》**が箱館奉行所の命を受けて完成させた。工事に要した1300両余りという多額の費用は林右衛門が自ら負担した。

幕末に蝦夷地を探検した**松浦武四郎**は、完成翌年の増毛山道を歩いている。その様子を著作〈西蝦夷日記浜益毛記〉に記し「五葉松が一面に青氈《もうせん》を敷いたように生え、その間に残雪がある風景は実に妙なり」と山道から見る風景の美しさを讃えた。

その南側、厚田と浜益の間の区間では同じ安政4年に**濃**

蝦夷地の主な山道

※江戸時代、主に海岸近くに造られたものを記載

昼山道が、厚田の請負人濱屋与三右衛門《よざえもん》によって造られた。こちらも箱館奉行所の命令によるもので、開削費用は与三右衛門自身が負担している。

▲雄冬山の山頂には2018年、山道建設に尽力した伊達林右衛門の功績を讃え「林右衛門の座所」の標柱が立てられた（写真提供／北海道新聞社）

役割を終えた山道の〝復元〟へ

もともとは有事に備える軍用道路の性格をもった山道だが、明治・大正期には交易や住民の生活のための道として使われた。増毛山道の途中には人馬の休息や郵便物の交換を行う武好《ぶよし》駅逓が置かれ昭和16（1941）年まで機能した。しかし戦後には国道231号の整備が徐々に進み、山道はその役割を失っていく。

歴史のなかに埋もれていく山道を、復元しようとの動きが出たのは近年のことだ。両山道それぞれに有志が集まり、草刈りなどの作業を重ねて道の整備を進めていった。

濃昼山道の保存会が結成されたのは2000年。その後5年をかけて安瀬《やそすけ》（石狩市厚田区）〜濃昼（石狩市浜益区）間約11kmを通行可能な状態に整備した。

一方の増毛山道では、ルートを確定する調査を行った後の2008年から〈増毛山道の会〉が復元作業を進め2016年、全線開通にこぎ着けた。ルートは幌《ぽろ》（石狩市浜益区）〜別苅《べつかり》（増毛町）間で27kmの長さをもつ本線と、そこから分岐して岩尾温泉に下る5kmの支線から成る。さらに本線から雄冬山（1198m）の山頂まで約400mの道を新設。これまで登山道のなかった山で、増毛連峰の山々を見渡す好展望を楽しめることとなった。

▲国道231号沿い安瀬（やそすけ）にある濃昼山道入口。ここから最高地点の濃昼峠までは3・5〜4時間を見込む

なお増毛山道の利用は安全管理上の理由などにより当面、ガイド付きトレッキングに限定している。しかしいったん整備した道を維持するには、一般の登山道と同様に、多くの人が利用し続けることも欠かせない。山道をどのように利用していくか、新たな課題に向かっている。

◆**増毛山道の問い合わせ先**
☎0164・56・0003（NPO法人増毛山道の会事務局）

山岳画家であり〈六花亭〉包装紙の花の絵でも知られる坂本直行は、北大山岳部時代の大正15年に増毛山道を歩き、武好駅逓のスケッチを残した。当時は管理人がいたと記されている。

道北の大地をゆったりと北に向かう、北海道第2の大河

天塩川

天塩川の流域には大きな街が少なく、川は自然の姿をよく保っている。幕末には探検家・松浦武四郎が丸木舟で川を旅した。雄大な川の流れはカヌー愛好家に人気が高く、川下りのイベントも定着している。

見どころ 川の風景は並行する国道40号を走りながら随所で見られる。他に歴史関係の見どころとしては〈美深アイランド〉敷地内の松浦武四郎詩碑、筬島『北海道命名之地碑』、天塩町・松浦武四郎の像など。

かつては水運のルート、木材搬送も

全長256kmの天塩川は、石狩川に次ぐ道内第2の大河だ。天塩岳を源とする流れは道北地方のほぼ真ん中を縦貫し、天塩町で日本海へと注ぐ。天塩川は北海道で数少ない「北に向かう川」だ。

天塩川は上流部でダムによって堰き止められ、**岩尾内湖**を形づくる。そこを流れ出るとやがて名寄盆地南端の平坦な地形上を下り士別市へ。美深町を過ぎるあたりから再び両岸に山地が近付いてくる。音威子府村から中川町までは、南北方向に延びる山脈を横切るため景観は一変し、峡谷地形に。そこを過ぎて幌延町、天塩町では平坦な地形をゆっくり蛇行しながら下っていく。河口への最終区間では、8kmあまりにもわたって海のすぐ近くを海岸線に平行する形で南に進み、ようやく日本海に出る。

天塩川の大きな流れは、かつて水運のルートとして使われた。明治中頃には中川町から河口の天塩町までを**長門船**《ながとぶね》と呼ばれた帆船が、農産物や生活物資を運んだ。より小型の船は、士別あたりまで遡行することができた。明治時代後期には流域の森林資源を生かした林業が重要な産業となる。伐り出された材木は筏に組まれて川を下り、天塩港から大型船に積まれて各地へと運ばれた。

こうして流域の広い範囲にわたり人々の生活や産業を支えた天塩川の水運だが、川と概ね同ルートを通る**宗谷本線**（開通当初の名称は天塩線）が大正15（1926）年までに全通したことにより徐々に衰退、昭和初期にほぼ役目を終えた。

松浦武四郎の天塩川〝奥地紀行〟

天塩の名の語源は川の流れの中にある。アイヌ語の**テッシ・オ・ペッ**、すなわち「**梁**《やな》**の・**

毎年、天塩川で行われる川下りイベント〈ダウン・ザ・テッシ-オ-ペッ〉。NPO法人ダウン・ザ・テッシによって運営されている。イベントの詳細は専用ウェブサイトで見られる
（写真提供／北海道新聞社）

天塩川流域には風連から河口までのあいだに9ヶ所のカヌーポートが設けられている。部分的に川下りを楽しむにも利便性は高い。

多い・川」。梁とは魚を捕るための仕掛けのことで、それに似た岩の連なりが流れを横切る箇所が多いことから、天塩川の名が生まれたとされる。〝天然の梁〟となるこうした岩は、水運の妨げになることから撤去されたものもあるが、今も何カ所かで見ることができる。

天塩川の名を世に広く知らしめたのは幕末の探検家・**松浦武四郎**（→P194）だ。武四郎は流域の地理を調べることなどを目的として安政4（1857）年6月、アイヌの案内人とともに天塩町から丸木舟で川上へと漕ぎ出した。この探査行の様子は後年に出版した著書『天塩日誌』に詳しく記され、紋穂内《もんぽない》（現在の美深町内）では川の中に一列に並ぶ〝テッシ〟を見たことにもふれている。

当時の天塩川はいうまでもなく人の手の加わらない原始河川であり、武四郎の一行は川を覆うような樹林、倒木や流木のあいだで厳しい旅を強いられた。「舟べりにたくさんの三角の頭をした魚が寄ってきて気味が悪い」といった記述もあり、これはおそらくチョウザメのことのようだ。そのほか泊めてもらったアイヌの家でごちそうになった鹿肉の旨さに感激し、その家の妻が弾くトンコリ（アイヌ伝統の弦楽器）を聴いたことなども綴られている。

現在の音威子府村**筬島**《おさしま》のあたりで武四郎は、アイヌの長老から「この国に生まれた者を〝カイ〟と呼ぶ」との話を聞き、それが後年「北海道」の命名へと繋がる。そうしたことから筬島には『北海道命名之地』碑が建てられている。

この川旅で武四郎は、現在の士別市上士別町付近にまで到達した。河口から往復の全行程は24日間、そのうち帰路は増水した速い流れに乗って、わずか5日間しかかからなかった。

カヌーイスト憧れの大河

天塩川の雄大さを体感するには、カヌーでゆったりと水面を進むのがいい。日本の川には全般にダムや堰堤などが多いが、天塩川は違う。名寄市風連から天塩町の河口まで157㎞もの距離に、流れを遮る人造物が一切ないのだ。川の中にあるのは天塩川の名の由来となるテッシ、すなわち天然の梁のみ。こんな大ら

天塩川の名はアイヌ語の「テッシ」＝「梁のように連なる岩」に由来する。そうした地形は流れの中の何カ所かで今も見られる（写真／森山俊）

かさがカヌー愛好家の憧れを誘ってやまない。

この川の魅力を味わいつつ流域市町村の活性化を目指す、カヌーイストのためのイベントがある。名付けて**ダウン・ザ・テッシ・オ・ペッ**。1992年の第1回以来、荒天などによる中止を除き、毎年行われてきた。通常は40～50km程度を1泊2日で下るが、4～5年に1度は157kmの全区間（100マイルコース）、4泊5日に規模を拡大して実施。国内でほかに例のない、この地ならではの壮大な企画で、多くの参加者が〝現代の武四郎〟となって川の旅を満喫する。

▶天塩川歴史資料館に展示される「長門船」の2分の1スケールモデル。帆柱を備えるが動力はもたず、風力と手漕ぎで進んだ

▲天塩町〈天塩川歴史資料館〉。建物は昭和26年に町役場の庁舎として建てられた。戦後では珍しいレンガ建築

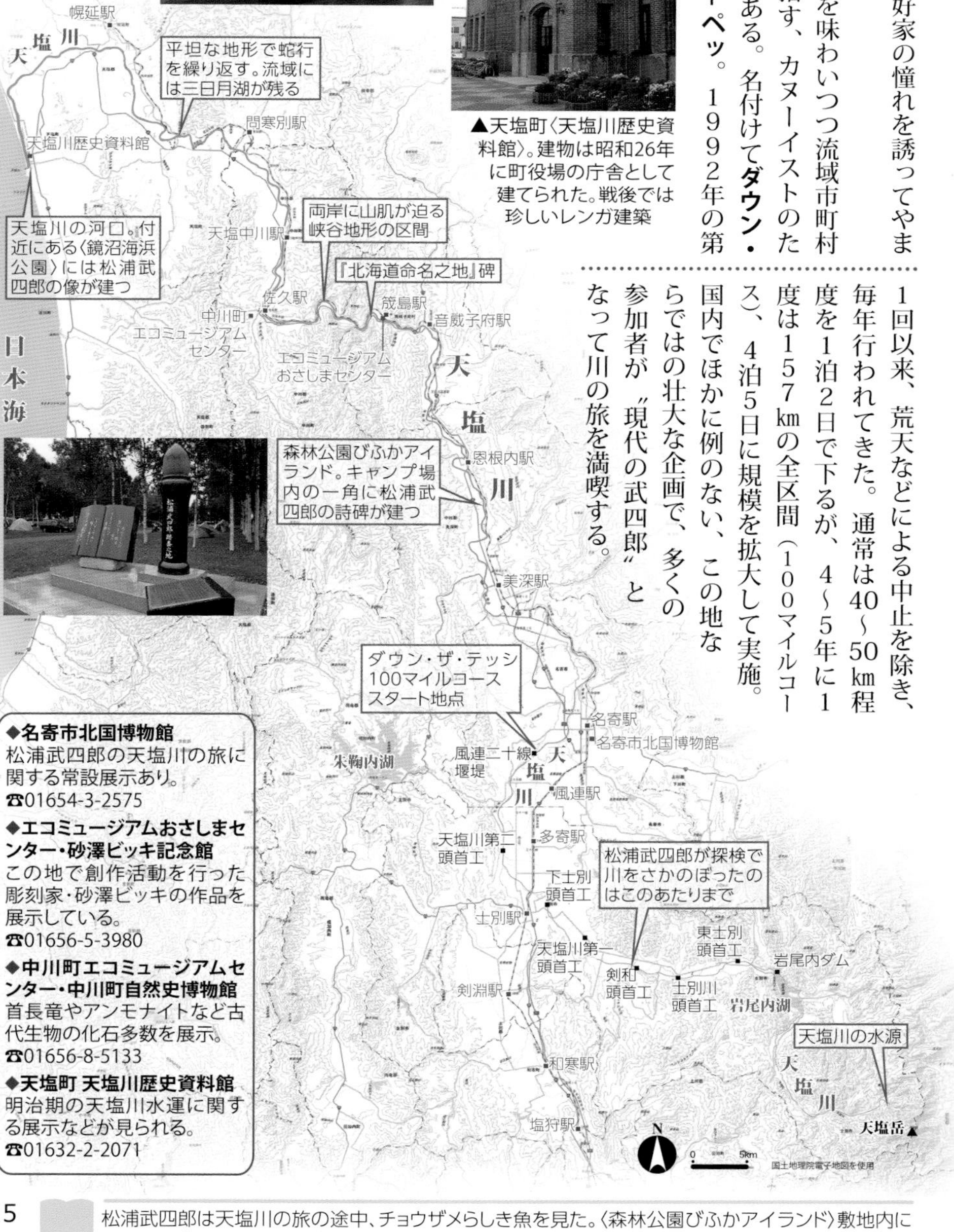

◆名寄市北国博物館
松浦武四郎の天塩川の旅に関する常設展示あり。
☎01654-3-2575

◆エコミュージアムおさしまセンター・砂澤ビッキ記念館
この地で創作活動を行った彫刻家・砂澤ビッキの作品を展示している。
☎01656-5-3980

◆中川町エコミュージアムセンター・中川町自然史博物館
首長竜やアンモナイトなど古代生物の化石多数を展示。
☎01656-8-5133

◆天塩町 天塩川歴史資料館
明治期の天塩川水運に関する展示などが見られる。
☎01632-2-2071

松浦武四郎は天塩川の旅の途中、チョウザメらしき魚を見た。〈森林公園びふかアイランド〉敷地内にはチョウザメの飼育施設があるほか、びふか温泉〉では宿泊者向けに、チョウザメ料理を提供する。

『日本国樺太』の時代を伝える生き証人

稚内港北防波堤ドーム

戦前には稚内～樺太航路の起点であり、桟橋まで鉄道が通じて多くの旅行者が行き交った。鉄道から船へと乗り継ぐ乗客たちを風波から守ったのが、このドーム型の建造物。円柱が連なる姿はギリシャ神殿のようと評される。

見どころ 稚内港北防波堤ドームへはJR稚内駅から徒歩5分ほど。見学は随時可能。市内の樺太関連の展示施設としては〈稚内市北方記念館〉〈稚内市樺太記念館〉がある。左ページ下の欄外参照。

樺太連絡船の桟橋を風波から守る

昭和11（１９３６）年に竣工した**稚内港北防波堤**は、その名のとおり防波堤であるとともに、船が発着する桟橋を兼ねた造りだった。防波堤上は外洋からの風波をまともに受けるため、考えられたのが長さ４２７ｍにわたって桟橋を守る建造物だ。高さは13・６ｍ、70本の円柱が並び、屋根の上では垂直の柵が波しぶきを抑える工夫が凝らされている。

ドームの完成から2年後の昭和13年10月には、宗谷本線・稚内港《わつかないみなと》駅（昭和14年、「稚内駅」に改称）からの鉄路が桟橋まで延伸

▶稚内公園内に建つ〈開基百年記念塔〉から港を望む。長く延びる防波堤の付け根部分に北防波堤ドームが見える

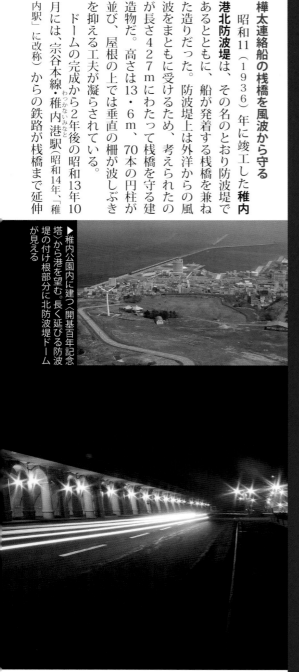

されて**稚内桟橋駅**――正確には「仮乗降場」の扱いだった――が開業。旅客ホームはドームの中に設けられ、桟橋上にありながら堅牢なコンクリートの覆いによって波浪から守られた。列車から降りた多く

◀戦前、ドーム内にあった稚内桟橋駅ホーム。跨線橋を通って船の発着する桟橋まで容易に移動できた（写真提供／稚内市教育委員会）

ギリシャ神殿のようと評される北防波堤ドーム。戦前にはこの脇に線路が敷かれ、樺太に向かう旅客を運んだ。線路の跡が現在は道路となり、光跡を残して自動車が走り抜ける

稚内市内の樺太関連の見学施設　◆稚内市北方記念館☎0162-24-4019（稚内公園内・百年記念塔1・2階。冬期は休館）　◆稚内市樺太記念館☎0162-73-6066（稚内副港市場2階）

の乗客は、すぐ近くに宗谷海峡の荒波が打ち寄せることに気付く間もなく、安全に船へと乗り継いでいった。

緊急引き揚げが続いた終戦直後

稚内で鉄道と船を繋ぐ施設が整備されたのは、**樺太**への航路の起点として重要な港だったことに関わりがある。明治38（1905）年、日露戦争の勝利により樺太の南半分が日本の領土となると、稚内はそこへの玄関口となり、樺太・大泊《おおどまり》とのあいだに**稚泊《ちはく》航路**が開かれた。

大正12（1923）年5月、鉄道省の連絡船として運航開始以来、多くの人がこの船に乗って資源豊かな新天地を目指して移住し、本土とのあいだで人や物資の行き来が活発化する。連絡船には冬のオホーツク海の結氷に備え、砕氷性能を強化した船も就航した。

状況は昭和20（1945）年8月、太平洋戦争での敗戦を機に一変する。戦争の最終局面に至って南樺太の奪取を狙うソ連軍の猛攻が続くなか、日本人の緊急引き揚げが始まった。攻撃は日本が降伏を宣言した15日以降もなお続く。連絡船はもとより貨物船、海軍の特務艦などに乗客をすし詰めにしても間に合わず、8月23日をもって引き揚げは停止。40万人あまりの在留邦人のうち、樺太を脱出できたのは10万人足らずだった。

無事、稚内にたどり着いても、そこから先の鉄道もまた輸送が追いつかず、何日ものあいだ列車を待つ人が港にあふれた。樺太を脱出する際に離ればなれになった人が居場所を知らせる紙が、ドームの壁に多数貼り出されたという。8月の炎天下、日差しや雨を遮るドームの存在は大きかったことだろう。

ドームを設計した26歳の技術者

半円のドームを支える円柱、その上に連なるアーチ。多くの曲線で構成される防波堤ドームの優美なデザインはしばし

▲ドームのすぐ裏手は海。ドーム頭頂部には壁が立ち上がり、波浪をしっかりと抑える構造

▲ドーム先端近くに建つ〈稚泊航路記念碑〉。碑に付けられた鐘は稚泊航路を航行した〈宗谷丸〉のもの。後方に見える車輪は宗谷本線を走った蒸気機関車C55 49号機の動輪。かつては機関車全体が保存されていたが腐朽が進んだため解体、動輪のみが残された

ば、古代ギリシャの神殿のようと評される。設計したのは稚内築港事務所の**土谷実**。北海道帝国大学を第1期生として卒業後3年、弱冠26歳の若手技師だ。大学でコンクリート建築を学んでいたことが、この設計を任された大きな理由だが、それとともに土谷はギリシャ・ローマの建築に強い関心をもっており、その影響が作品に現れることとなった。

イベント会場などさまざまな用途に

稚泊航路の乗客を守ることを第一目的に考えられた防波堤ドームだが、終戦とともに航路は廃止され、本来の目的が失われた。一時は石炭置き場などとして使われていたが、コンクリートの劣化が進んだために取り壊しが考えられたこともある。

しかし市民のあいだでも保存を求める声が強く、復元工事によって本来の美しい姿を取り戻すのは昭和55（1980）年のことだ。さらに1999年には耐震補強工事も行われた。

公的な名称は〈稚内港北防波堤ドーム〉だが、市民のあいだでは**利礼ドーム**と呼ばれてきた。戦後はこの防波堤前に利尻・礼文行きのフェリー乗り場が設けられて2008年まで使われていたためで、夏の観光シーズンになると自転車やバイクのライダーたちがドーム内で野営する姿もよく見られた（現在は禁止）。85年あまりの歴史をたたえる建造物は地域との深い関わりを保ちながら、街のシンボルとして存続している。

▲天井を支える円柱から伸びた梁が壁面に繋がっていく。美しさと強さを兼ね備えたデザインだ

JR稚内駅は再開発事業の一環として2011年に新駅舎が竣工。バスターミナル、商業施設〈キタカラ〉のほか、隣接して〈道の駅わっかない〉も開業している。

氷河期の地球の営みを伝える、丸い丘陵の連なり

宗谷丘陵の周氷河地形

日本の最北端部、宗谷地方では氷河期に形成された、独特な丸みを帯びた地形をあちこちで見ることができる。とりわけ最北端の宗谷岬の内陸側では、そうした地形が広がる雄大な景観が見事。

氷河期、地表の凍結が地形をつくる

宗谷地方を旅していると緩やかに丸みを帯びた丘陵が、延々と連なる風景が見えてくる。その大らかな眺めは最北の地という〝さいはて感〟も相まって、日本離れした雰囲気を感じさせるに十分だ。この独特な景観が**周氷河地形**と呼ばれるもの。今から1万年ほど前まで続いた氷河期の寒冷な気候条件のもとで、長い時間をかけてつくられた地形だ。

岩石のあいだに浸み込んだ水分が凍結・融解を繰り返すうち、凍結の際の膨張によってやがて岩は砕かれる。また土

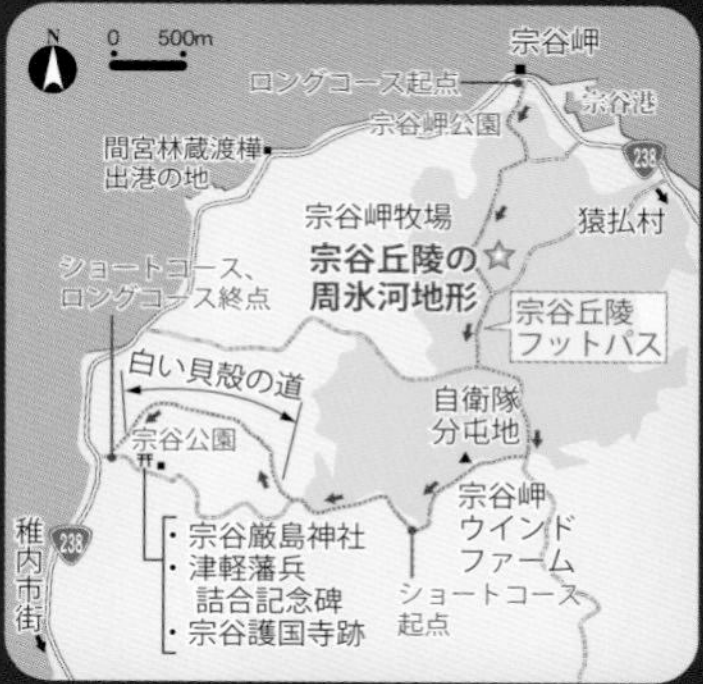

見どころ 周氷河地形が連なる風景が見られるのは宗谷岬の内陸側。このエリアを通る長さ11kmのフットパスは自動車の通行も可能なので、手軽に景観を楽しめる。
稚内観光協会☎0162-24-1216

丸みを帯びた丘陵が続く壮大な景観。細く枝分かれした谷が切れ込むのが、周氷河地形の特徴だ

中の水分が凍ることにより砂礫《されき》が持ち上げられ、氷が溶ける際に低い場所へと移動させられる。こうした作用が長い時間をかけて繰り返されるうち、地表面の凹凸は少しずつ埋められ、なだらかで丸みを帯びた地形が形成されていく。

　こうした地形は寒冷地のあちこちで形成され、北海道内の随所にあったものと考えられる。しかし人間の営みによって地形が変えられたり、あるいは地表に森林が育って本来の地形の姿がわかりにくくなったりしたところが多い。

　宗谷地方でも明治時代の中頃までは周氷河地形の丘陵が森林に覆われていたが、やがて人の手で伐採され、さらに何度かの山火事によって樹木が失われた結果、現在は大部分がササの原となり、丸みを帯びた丘陵の姿がはっきりとわかるようになった。

宗谷岬の内陸に広がる周氷河地形

　北海道の（すなわち日本の）最北端の地として観光客の姿が絶えない**宗谷岬**。その内陸側一帯には**宗谷岬公園**が広がる。敷地内の海側に見られる、石を積み上

道北地方の日本海側には風力発電施設が多い。苫前町、幌延町などに大規模施設があるが、ここ宗谷岬ウインドファームは総出力は57,000Wでそれらを凌ぎ国内屈指の規模となる。

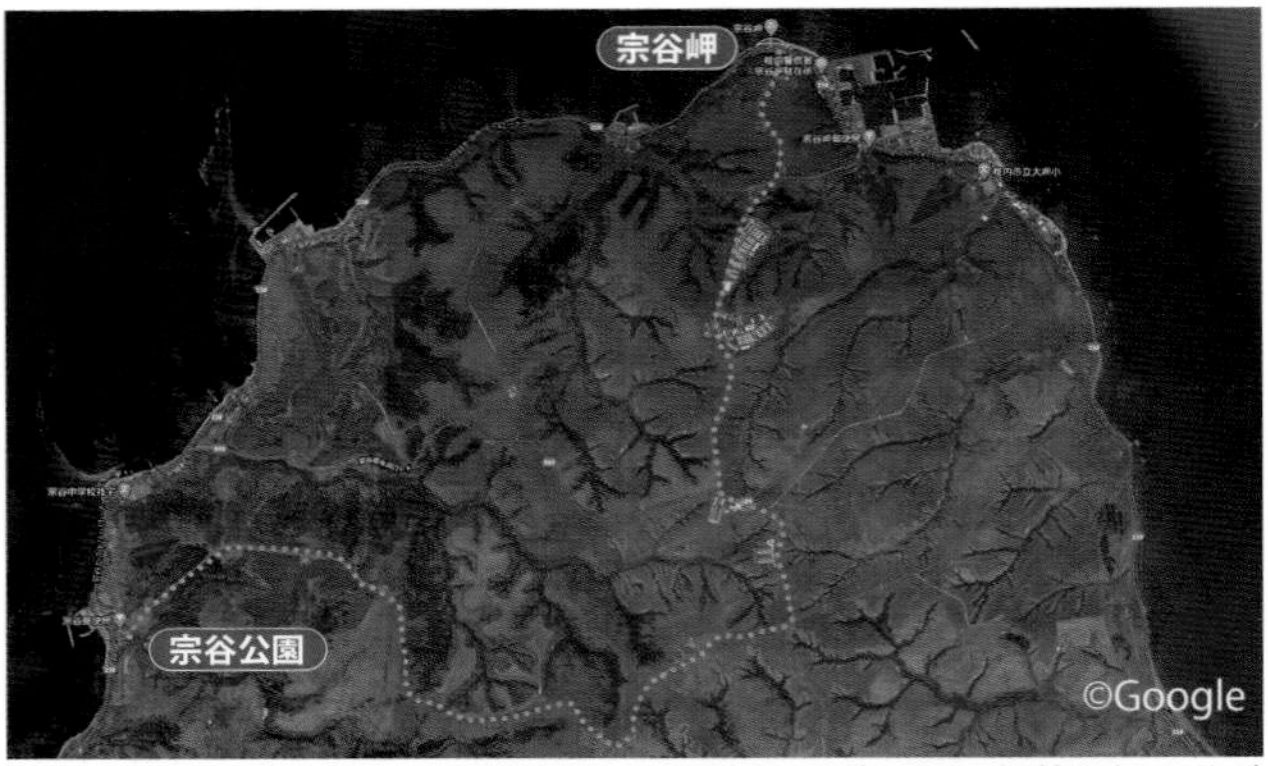

▲宗谷岬〜宗谷丘陵の一帯を航空写真で見る。丘陵の間に無数の細い谷が枝分かれしている様子がわかる（赤点線が宗谷丘陵フットパスのコースを示す）

げた建造物は日露戦争の勃発直前、明治35（1902）年に造られた**大岬旧海軍望楼跡**。緊迫した関係にある大国に向き合う、最前線となった軍事施設だ。

　公園内には昭和58（1983）年9月1日に起きた**大韓航空機撃墜事件**の犠牲者を慰霊する〈祈りの塔〉も建つ。大韓航空機が墜落したのはサハリン西海岸沖で、宗谷岬からは直線距離で50㎞あまりの近さだった。このほか太平洋戦争の戦没者慰霊碑など、見どころは多い。

　この宗谷岬公園から南側の内陸に、周氷河地形の広がりを見ることができる。

周氷河地形をめぐるフットパス

　周氷河地形が広がる丘陵地帯には、この独特な景観を見ながら〝歩いて楽しむ〟**宗谷丘陵フットパス**が設定されている。宗谷岬から宗谷公園に至る約11㎞の道だ。フットパスといっても歩行者専用ではなく、コースの大部分は市道（一部は道道）で、自動車の通行もあるが交通量は少なく、雄大な景色を見ながらのウォーキングを楽しめる。全区間11㎞のロングコースのほか、西側約5㎞をショートコースと呼び分けている。

　宗谷岬を出発した後、しばらくは牧場の風景が続く。一帯では地元のブランド牛〈宗谷黒牛〉の飼育が行われている。ゆったりと波打つ丘の連なりのなか、牛たちがのんびりと草を食む様子は、いかにものどかだ。

　やがて多数の発電風車が視界に入ってくる。**宗谷岬ウインドファーム**だ。丘陵地帯に57基もの風車が建ち並び、日本最大の風力発電施設として2005年に運用を始めた。

　さらに進むと、それまでの細い舗装道路の姿がにわかに変わる。一見すると砂利道だが、敷かれているのは細かく砕いたホタテの貝殻なのだ。こんなユニークな道がコース終盤の約3㎞にわたって続く。緑の大地に延びる白い道、その向こうに青い海を望

◀宗谷岬公園に建つ旧海軍の望楼跡。船のブリッジ（船橋）を模した造りをしている

▼大韓航空機撃墜事件を慰霊する〈祈りの塔〉。発生した年に合わせて高さは19.83mある

み、天気が良ければサハリンや利尻島の島影が見えることもある。

　全長11㎞をゆっくり歩いて3〜4時間。スタートとゴールの場所が異なるため、全区間を踏破するには起点までと終点からの移動に、バスの利用が必要となる（バスは日中おおむね2〜3時間おきと便数が少ない）。そのため全区間を歩くのではなく車で移動しながら部分的に歩き、手軽に景観を楽しむ人が多いようだ。

　フットパスの西側終端には歴史にまつわるいくつかの見どころがあり、その一帯が**宗谷公園**（**宗谷歴史公園**）となっている。このうちの**津軽藩兵詰合記念碑**は対ロシア防衛のため、この地に派遣された津軽藩兵を偲ぶもの。極寒の過酷な環境に置かれた兵のなかには、冬のあいだビタミン欠乏による水腫病で死亡する者が多く、対策としてコーヒーが支給されたとの記録がある。記念碑はコーヒー豆の形をしたユニークな造りをしている。

　隣接する**宗谷厳島神社**は天明元（1781）年頃の創建と伝えられる歴史ある神社。社殿も明治3（1870）年に修築された古いものだ。

周氷河地形は稚内市街の周辺にも

　雄大な周氷河地形を見られる場所として宗谷岬の内陸側一帯が有名だが、実は稚内市街近くでもこうした景観を見ることができる。たとえば市街地背後の高台に広がる稚内公園も、丸味を帯びた丘陵地帯の上に広がっており、公園内に建つ**開基百年記念塔**の展望台からは周氷河地形の特徴がはっきり見て取れる。

　またJR宗谷本線の南稚内から南側、抜海、勇知にかけての区間は周氷河地形の丘陵のあいだを縫うように線路が敷かれ、大きなカーブを繰り返して進む列車の窓から、独特の地形が連なる風景を楽しむことができる。

　上空からの視点は周氷河地形を見るのにうってつけだ。稚内空港を離発着する飛行機に乗る機会があれば、ぜひ眼下に広がる雄大な景観を楽しみたい。

❶フットパスの終盤（南西側）に続く"白い道"。最近はSNS上でも注目度が高まり、ここを目指して宗谷丘陵を訪れる旅行者も増えているという（写真提供／北海道新聞社）
❷道路脇にはのんびりくつろぐ牛の姿が……。宗谷丘陵一帯ではブランド牛〈宗谷黒牛〉の生産が盛んだ

▲丘陵に建ち並ぶ発電風車。ローターの直径は62m、地面からブレード先端までの高さは最大約100m

江戸時代後期、蝦夷地に派遣されたのは津軽・会津など東北の藩士だった。しかし環境は過酷で、文化4(1807)年には斜里に派遣された津軽藩士100人中72人が病死する事件もあった。

鰊漁とともに築かれた、島に生きる歴史の遺構

利尻島の漁業遺産群と生活文化

北海道最北部に位置する離島でも、松前藩政の時代から鰊漁場としての歴史が築かれてきた。漁業を目的に移住してきた人々によって築かれた有形・無形の歴史的遺産が今に残る。それらの価値を活かす取り組みも始まった。

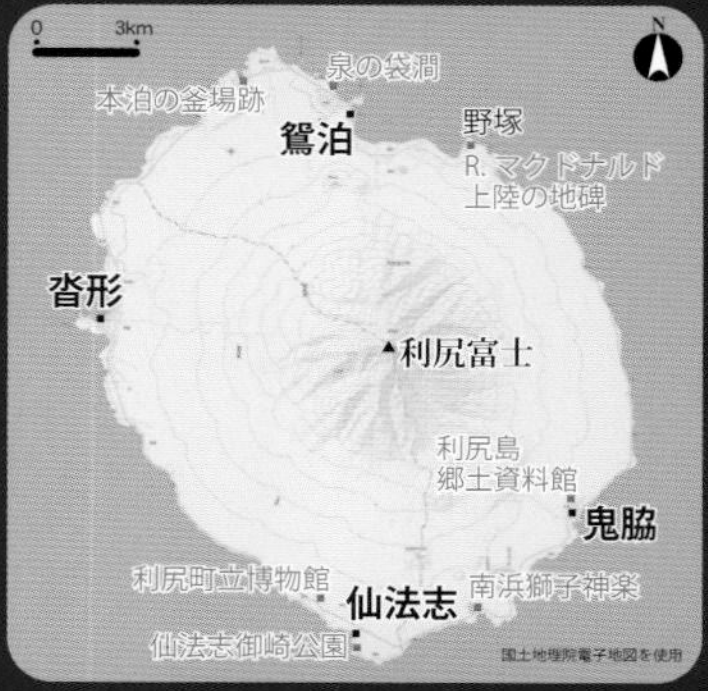

見どころ 島の周囲はおよそ60km。海岸沿いに鰊漁にまつわる遺構が点在している。展示施設としては〈利尻町立博物館〉と〈利尻島郷土資料館〉の2つがある。

先史時代から盛んだった島の文化

「利尻」の名はアイヌ語の「リ・シリ」、「高い・島」に由来する。〝高い〟のは言うまでもなく標高1721mの利尻山。海上からすくっと立ち上がる単独峰で、利尻富士の異名がある。

「島全体が一つの山を形成し、しかもその高さが千七百米《メートル》もあるような山は、日本には利尻岳以外にはない」と、深田久弥は著書**『日本百名山』**のなかで明快に言い切った。

利尻島は火山活動によって作られた島だ。その形成は1000万年以上前に始まったと考えられる。島と北海道本土との間は20km近い距離があり、陸続きだったことはない。にもかかわらず1万3千年もの昔、旧石器時代の末期、島に人が住んでいたことが、島内で発掘された遺跡の調査によりわかっている。

さらにその後は縄文、続縄文、オホーツク、擦文と続く文化がこの島に根付いていたことを示す遺物も、多数見つかっている。島におけるこうした文化の進展の形跡は、海を越えた外部との交流があったことをはっきりと示す。利尻島は誕生以来の「離島」だが、「孤島」ではなかった。

仙法志御崎公園から見る利尻山。この海岸では利尻山の噴火で流れ込んだ溶岩が多数の奇岩を形作る。その一部は鰊漁の時代に造られた「袋澗」となっている

江戸時代には松前藩の交易地に

近世に入り、文献に利尻島が登場するのは正保元（1644）年に松前藩が作成した地図で「リイシリ エゾ」と記されるのが初となる。この頃までには松前藩が蝦夷地の各所に商場《あきないば》（交易場所）を設けており、利尻島に置かれた**リイシリ場所**もそのひとつとなっていた。

明和2（1765）年には岡田「恵比須屋」弥三右衛門、のちの文政6（1823）年には藤野「柏屋」四郎兵衛と、どちらも近江出身の商人が、藩士に替わる請負人として交易を取り仕切る――場所請負制度――こととなる。島の主要な産品である**鰊**や**昆布**など海産物の加工品は、**北前船**によって西日本各地へと運ばれた。

和人集落が形成される明治時代

明治時代を迎えて場所請負制度が廃止されると、一般漁民も漁への参入が可能となった。しかし明治初頭に利尻島に渡った漁民の多くは出稼ぎで、春から秋の漁期のみを島で働いて暮らす者が大半だった。出身地では津軽、男鹿（秋田）が多勢を占めていた。

島北部の野塚には幕末、日本への密入国を図ったアメリカ人船員ラナルド・マクドナルドの上陸を示す碑が建つ。吉村昭の小説『海の祭礼』はマクドナルドの半生を題材にしている。

年が進むにつれ越年する者が増え、明治10（1877）年頃になると永住者の増加が目立つようになる。それまでの東北地方北部に加え、新潟、富山、石川、福井など各県からの移住者も徐々に増え、利尻島の沿岸には小さな集落が点々とつくられ始めた。

人口が増えるにつれ、漁獲量も拡大した。漁の中心が鰊であることに変わりはないが、現在でも島の名産である昆布は、明治10年代に大きく生産量を伸ばしている。その後、鰊漁は明治時代後期から大正時代にかけて全盛期を迎える。それとともに鱈、昆布の漁も行われ、漁業は島の主力産業として地域の発展を支えた。

点在する遺構、その歴史を語り継ぐ

200年以上にわたって続いた鰊漁だが、大群の来遊は昭和初期にほぼ途絶。その後は増減の幅を大きく揺れ動きながら衰退し、昭和30（1955）年頃に終焉を迎えた。

そうした鰊の時代の遺構は、今も島内各地に残る。海岸に見られる**袋澗**がそのひとつ。岩場に石垣を組んで造った〝生け簀〟で、多量の水揚げがあった際など、獲れた魚を一時的に保管しておくために使われた。

島北部の本泊に残る**釜場跡**は、**締め粕**を作った施設。鰊を大釜で煮たのちに乾燥させて作る農業用肥料は、西日本各地でさまざまな作物生産に使われた。

こうした史跡のほか無形の文化財もある。島南部の南浜に伝わる**南浜獅子神楽**は、天狗と獅子の戦いを表現した勇壮な舞。富山県からの移住者が望郷の思いを込めて伝えたもので、移民によって築かれた島の歴史を象徴するものとして、貴重な存在だ。

このように島内各地に点在する歴史的な事物の価値を伝えるため、2019年に立ち上げられたのが**利尻しまじゅうエコミュージアム**という組織。建物のある博物館ではなく、島そのものが博物館との考えを込めたネーミングで、利尻の歴史を語り継ぎ、活かす活動を行う。

❶鰊を煮て締め粕を作った「釜場」の跡 ❷鴛泊栄町に残る「袋澗」。大正5年に造られたもので、今も漁船を繋ぐ目的で使われている

▲利尻島郷土資料館は大正2年築の鬼脇村役場庁舎を再生。建物自体も歴史的に貴重な存在だ

◆利尻町立博物館
☎0163-85-1411　9:00～17:00、月曜と祝日の翌日は休館（7・8月は無休）

◆利尻島郷土資料館
☎0163-83-1620　9:00～17:00　火曜と祝日の翌日は休館（7・8月は無休、11～4月は閉館）

※このページの写真3点は利尻富士町教育委員会提供

オホーツク

エリア

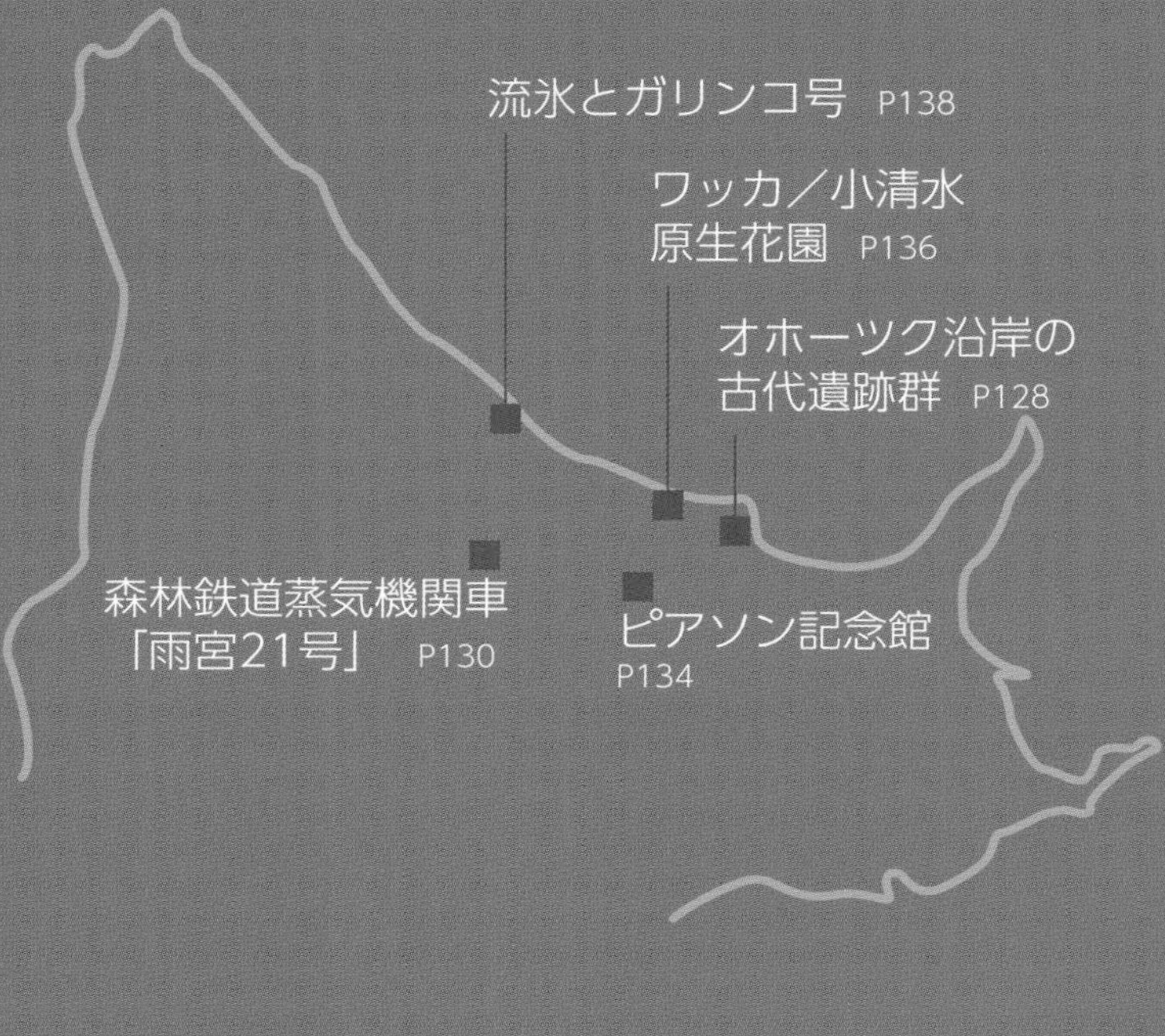

流氷とガリンコ号 P138
ワッカ／小清水
原生花園 P136
オホーツク沿岸の
古代遺跡群 P128
森林鉄道蒸気機関車
「雨宮21号」 P130
ピアソン記念館
P134

オホーツク文化をはじめ、幅広い時代の遺跡が残る

オホーツク沿岸の古代遺跡群

5世紀頃、北方から渡ってきた〝海の民〟がもたらしたオホーツク文化は、この海沿いだけに栄えた特異な文化。このほかにも沿岸一帯には、旧石器時代からアイヌ文化までさまざまな時代の遺跡が点在する。

見どころ 網走の〈モヨロ貝塚館〉、北見市常呂地区の〈ところ遺跡の森〉はぜひ見たい内容。また網走の〈北海道立北方民族博物館〉も、オホーツク地方に暮らした民族の歴史全般を知るうえで興味深い見どころ。

発見の始まりはアマチュアの研究

1万5千年前に始まった**縄文時代**は1万年以上にわたって続き、北海道内にも内浦湾沿岸（→P32）をはじめ、各地にその足跡が残されている。やがて紀元前5世紀頃になると朝鮮・中国から日本に渡来した人々が、水田による稲作や金属器を伝えた。そうして起こった**弥生文化**は九州北部から東に向かい、東北地方の南部まで広がっていく。

しかし稲作が根付かない北海道では本州が弥生時代を迎えてもなお、縄文時代同様の狩猟、漁労、採集を中心とした生活様式が続けられた。北日本のみに当てはまるこの時代区分は**続縄文時代**と呼ばれ、紀元前1世紀から8世紀頃まで続いたと考えられる。その時代の後期、北海道でもオホーツク海沿岸を中心とした特定の範囲だけに、さらに別な文化が生まれた。これが**オホーツク文化**だ。

その存在が明らかになったのは大正2（1913）年、網走市内でアマチュアの考古学研究者・**米村喜男衛**《きおえ》が貝塚を発見したことに始まる。のちに**モヨロ貝塚**と呼ばれるこの遺跡からは人や海獣の骨のほか、それまで北海道内で見つかっていたものとは異なる種類の土器が多数発見され、調査の結果、縄文文化でもアイヌ文化でもない、独特の文化の存在が明らかとなった。

▶2013年に開館した〈モヨロ貝塚館〉。モヨロ人の暮らし、貝塚、墓をテーマにした展示が見られる

※128〜129の写真3点は北海道新聞社提供

さまざまな時代の遺跡が点在

この文化をもたらした〝オホーツク人〟は5世紀頃、サハリンから海を越えて北海道のオホーツク海沿岸に到達したと考えられている。海との関わりが強い民族で、魚類や海獣を捕らえて大事な食料とし、捕鯨も行っていたようだ。オホーツク文化の遺跡は稚内から知床半島、根室周辺まで沿岸各地に分布するほか、利尻・礼文の両島でも発見されている。

〝海の民〟による独特の生活様式を根付かせたオホーツク文化だが、10世紀頃になってその足どりは途絶える。続縄文時代の後に起こる**擦文《さつもん》文化**の民族と混血しながら吸収され、消滅したと考えられ、アイヌ民族に繋がるとの見方も強い。

現在、オホーツク文化にゆかりの場所としては、その研究の発祥の地であるモヨロ貝塚が筆頭に挙げられる。現地には2013年、新たな**モヨロ貝塚館**が開館し、多数の出土品とともにこの地に暮らした人々の暮らしを紹介している。

このほか**北見市常呂地区**は、オホーツク海岸からサロマ湖畔にかけての広い範囲に多数の遺跡が点在する。オホーツク文化とその後に続く擦文文化、両方の遺跡が見つかっており、両者の繋がりを探るうえで貴重な存在だ。遺跡の一部は見学施設・**ところ遺跡の森**として公開されている。

このほかオホーツク沿岸地域の史蹟としては、オホーツク文化の遺物が多数発掘された枝幸町の**目梨泊《めなしどまり》遺跡**、縄文時代後期の墳墓群である斜里町の**朱円《しゅえん》周堤墓**、黒曜石の一大産地であり旧石器時代の遺跡が多数残る遠軽町の**白滝遺跡群**などがある。

◆モヨロ貝塚館　[網走市]
☎0152-43-2608　9:00〜17:00(冬期は〜16:00)。月曜・祝日は休館(7〜9月は無休)

◆ところ遺跡の館　[北見市常呂]
☎0152-54-3393　9:00〜17:00　月曜・最終週の火曜は休館

◆オホーツクミュージアムえさし　[枝幸町]
☎0163-62-1231　9:00〜17:00　月曜・祝日の翌日は休館

◆北海道立北方民族博物館　[網走市]
☎0152-45-3888　7〜9月は9:00〜17:00、それ以外は9:30〜16:30　月曜・祝日の翌日は休館(7〜9月・2月は無休)

〈ところ遺跡の森〉。縄文〜擦文、オホーツク文化と幅広い年代の竪穴住居群が見つかっている。敷地内には出土品を展示する〈ところ遺跡の館〉がある

モヨロ貝塚を発見した米村喜男衛は東京から網走に移住し、理髪店を営みながら遺跡調査を重ねた。その功績は司馬遼太郎『街道をゆく』シリーズ38『オホーツク街道』に詳しい。

解体の危機を乗り越え元気に走る、国内唯一の森林鉄道の機関車

森林鉄道蒸気機関車「雨宮21号」

昭和初頭から長年にわたって地域の主要産業である林業を支えた、遠軽町丸瀬布の森林鉄道。そこで活躍した蒸気機関車は復元工事により再び息を吹き返した。キャンプ場内の専用軌道を走る汽車が、多くの人に愛されている。

見どころ 雨宮21号が走るのは「丸瀬布森林公園いこいの森」内の軌道。運行は4月下旬から10月下旬の土・日・祝日、夏休み期間は毎日。遠軽町丸瀬布総合支所産業課 ☎0158-47-2213

材木輸送の森林鉄道が開業

　かつて北海道内では殖民軌道、拓殖軌道と呼ばれる軽便鉄道が、地域内で旅客や軽貨物を運ぶ役割を担っていた。昭和3（1928）年に開業した**武利意《むりい》森林鉄道**もその1つ。名前が示すとおり林業の目的に合わせて敷かれたもので、現在の遠軽町**丸瀬布《まるせっぷ》**地区の山林から伐り出される木材を、同時期に開業した国鉄石北本線の丸瀬布駅まで運び出すための軽便鉄道だった。

　大正時代、北海道庁は「官行斫伐《かんこうしゃくばつ》」（「斫伐」とは「伐採」とほぼ同義の言葉）と呼ばれた造材事業に着手しており、森林鉄道はその輸送手段として敷かれたものだ。戦時中には木材増産のため、本線から分岐して山奥深くに入る支線を増やし、最盛期の線路総延長は84㎞にも及んだ。

　森林鉄道の開業にあたっては3両の国産蒸気機関車が配備された。その後の路線拡大にともなって機関車は増備され、最多では10両を超えたこともある。

　戦後の昭和26（1951）年になるとディーゼル機関車の配備が始まる。それまでの蒸気機関車は徐々に置き換えられ、昭和33年に全機が廃止された。この頃から伐採量が減少するとともに、トラック輸送が普及したことで森林鉄道自体の役割も、低下の一途を辿る。武利意森林鉄道は昭和37（1962）年をもって全線が廃止となった。

危機を乗り越え復活を遂げる

　昭和3年の森林鉄道開業当初に配備された3両の蒸気機関車のうち、1両は早い時期に他の鉄道に転出したが、残る2両は昭和33年の完全ディーゼル化まで、30年間にわたって働き続けた。

　蒸気機関車の廃車が近付いた頃、役目

を終えた機関車がスクラップになることが危惧され、保存運動が起こる。その結果、2両のうち1両は解体されたものの、1両だけは丸瀬布営林署での保存が実現した。これが今も現役で走る**雨宮21号**

▲昭和初期の武利意森林鉄道での木材運送

▼雨宮21号が走る線路は、幅762㎜の軽便規格。JR在来線などの一般的な線路幅1067㎜に対してずっと狭い。線路は全長約2㎞。途中では林間を抜け、武利川の鉄橋を渡り、変化に富んだ景観を楽しめる

森林鉄道の蒸気機関車を動態保存するのは全国でも唯一の存在で、雨宮21号は2012年、JR北海道により準鉄道記念物に指定された。

だ。ちなみにこの名称は東京の車両メーカー・**雨宮製作所**の名と、武利意森林鉄道での車両番号「21」から付けられている（ただし配属当初は19号で、後年21号に改番されている）。

地元での保存が実現した雨宮21号だが昭和44（１９６９）年には、群馬県にある林野庁関連施設への移管の話が浮上。これに反対する７００人の署名が集まったことで、地元からの転出が回避される一件もあった。

そして新たな展開が昭和50（１９７５）年頃に始まる。国鉄の蒸気機関車全廃が間近に迫るなか、その価値を見直す機運が全国的にも高まった時代だ。森林鉄道で活躍した機関車を再び走らせようとの動きが地元で起こる。その結果、51年に、機関車は北見営林署から丸瀬布町（当時）に譲渡され、動態保存に向けた復元工事が始まった。

大掛かりな修復工事の末、雨宮21号は再び走行可能な状態となる。昭和57年には**森林公園いこいの森**で、８の字を描く延長約２㎞の線路が完成、営業運転が始まった。

現在の場内にはオートキャンプ場、遊具などが整備され、鉄道ファンだけでなく家族連れにも人気が高い。線路はテントサイトのすぐ近くを周回する形で敷かれている。谷間にこだまする汽笛の音を聞きながら、ゆったりと過ごす野外での時間は、至福のひとときだ。

【雨宮21号データ】◆製造／雨宮製作所(東京・昭和3[1928]年)　◆最大長×幅×高さ／5272×1950×3018mm　◆運転整備重量／11.0t　◆動輪直径／610mm　◆ボイラ圧力／12.5kg/㎠　◆シリンダ径×行程／216×305mm　◆火床面積／0.42㎡　◆軌間／762mm

▲毎朝、始業前にボイラーに火を入れる。まずは火種を投入して薪を燃やし、その後は薪と石炭を併用する。点火してから蒸気を運転可能な圧力に上げるまで2時間ほどかかる

▲運転室内の機器はシンプルで、計器はボイラーの蒸気圧力計が1つあるのみ。ブレーキハンドルは画面右端、運転席の後ろ側にある。森林鉄道ではバック運転が多いため、後方を見ながらブレーキ操作をしやすい造りとなっている

車体に対して動輪が小さい姿が独特。スピードよりも牽引する力を重視した設計だ。大きく膨らんだ煙突も特徴的。内部で煙を攪拌し、火の粉の飛散を抑えるよう考えられた、森林鉄道ならではの装置だ

〈森林公園いこいの森〉はキャンプ場としての人気が、とりわけファミリー層に高い。SL以外にもゴーカートや遊具があり、川遊びができ、すぐ近くに温泉施設もありと施設は充実。

近代化途上の北海道で、献身的な布教活動を行った夫妻の足跡を示す

ピアソン記念館

アメリカ人宣教師ジョージ・ピアソンと妻アイダは、明治から昭和初期にかけて、日本でキリスト教伝道活動を行った。北海道で特に長い年月を送った夫妻が、離日までの15年間を過ごしたのが北見の、この建物だった。

見どころ ピアソン記念館
北見市幸町7-4-28　☎0157-23-2546
JR北見駅から徒歩15分。入館無料
開館時間9:30〜16:30 毎週月曜日は休館。
その他の休館日はHPで確認を。

日本での布教に情熱を燃やしたピアソン

北見市の中心部からやや外れた高台に建つ瀟洒な洋館。北海道各地で献身的な伝道活動を行ったアメリカ人宣教師、**ジョージ・ペック・ピアソン**と妻**アイダ**の住まいとして、大正３（１９１４）年に建てられた家だ。夫妻は日本で過ごした40年間のうち、最後の15年をここで暮らしている。

ジョージ・ピアソンは１８６１年、アメリカ東海岸ニュージャージー州の都市、エリザベスで生まれた。神学校の学生時代、日本語の聖書を手にしたことをきっかけに日本への憧れと、いつかそこで布教活動をしたいとの思いを募らせたという。27歳で神学校を卒業し、念願叶って日本派遣の宣教師に任命される。晴れて横浜港に降り立ったのは明治21（１８８８）年9月のことだった。

開拓地での布教を目指し北海道へ

来日後、東京、千葉などで英語教師を務めるとともに伝道活動に携わったピアソンは、北海道という新天地を目指す人が多いことを知り、そこでの布教を志す。明治26（１８９３）年、函館に渡り、その後、小樽、札幌に暮らしながら伝道活動を行った。同じアメリカ人宣教師であり、生涯の伴侶となるアイダ・ゲップと出会って結婚したのもこの頃のことだ。

その後、旭川に13年間暮らしたピアソン夫妻は、未だ開拓途上にあった**野付牛**《のつけうし》（現在の北見市）を伝道の拠点とする。そこで大正３（１９１４）年に建てた家が現在、ピアソン記念館となる建物だ。当初は見慣れない異国人に対する嫌がらせもあったという。しかし熱心に伝道を続ける夫妻の誠意が周囲に伝わると、多くの人々がこの家を訪れるようになる。

北見を拠点とする伝道活動は道東・道北の広範囲に及んだ。やがて野付牛で遊郭建設の計画が持ち上がると夫妻は反対運動に立ち上がり、料亭経営者側の抵抗に屈することなく建設を阻止するできごともあった。

宣教師の任期が終わり、夫妻が北見を離れてアメリカに帰国するのは昭和3（1928）年。出発の日には多くの人々が駅に集まり、賛美歌を歌って見送ったという。

▲北見市街の高台に建つ記念館。3本の柏の木があったことからピアソン夫妻はこの地を「みかしわの森」と呼んで愛したという

◀夫妻の足跡を示す資料や、愛用の品を展示する館内。〈NPO法人ピアソン会〉が運営にあたる
（写真提供／北海道新聞社・2点とも）

ピアソン邸を建てた建築家ヴォーリズ

ピアソン夫妻の屋敷はその後、北見市が記念館として復元、昭和46（1971）年に一般公開が始まった。この建物に関して特筆されるのは、建築家**ウィリアム・メレル・ヴォーリズ**が設計した作品であることだ。

ヴォーリズもまた若くして来日し、キリスト教伝道への関わりが深い。日本で建築設計事務所を設立し、各地で手掛けた多数の建築のなかにはYMCAや教会などキリスト教関係の建物も多い。のちには日本に帰化して**一柳《ひとつやなぎ》米来留《めれる》**を名乗っている。ピアソン記念館は国内最北のヴォーリズの建築作品として貴重な存在でもある。

北見では明治の後期から昭和初期にかけハッカ生産が盛んとなり、海外にも広く輸出された。そのため多数の"ハッカ成金"が出現したことが、遊郭建設の背景にある。

オホーツク海を望む砂州に咲き誇る花々

ワッカ／小清水原生花園

オホーツク海沿岸には海沿いに発達した砂州がいくつかある。そこでは天然の花園が訪れる人の目を楽しませてくれる。代表的な存在といえるのがサロマ湖畔のワッカ原生花園と、濤沸湖畔の小清水原生花園だ。

見どころ ◆サロマ湖ワッカネイチャーセンター（☎0152-54-3434）レンタサイクル、観光馬車の利用はここから。営業は4月下旬～10月中旬。
◆小清水町観光協会（☎0152-67-5120）

サロマ湖の砂州、ワッカ原生花園

「原生花園」。手つかずの自然のワイルドさと、花々の色鮮やかさとを合わせもつ、こんな名前で通称される場所が、北海道内にはいくつかある。なかでもよく知られているのが、オホーツク海岸にある2つだ。

国内第3の面積をもつ**サロマ湖**はオホーツク海に面した汽水湖（＝海水と淡水が混じり合う湖）。湖の面積に比べ、きわめて細い砂州によって湖面は海と区切られている。砂州は、長さが20㎞以上あるのに対し、幅は最も狭い部分で２００ｍに満たない。この砂州にはさまざまな植物が生育し、広さおよそ７００ヘクタール、日本最大の海岸草原となっている。そして砂州の東側付け根付近に広がるのが**ワッカ原生花園**だ。

大正時代の文人が名付けた「龍宮街道」

「ワッカ」の名はアイヌ語の「ワッカ・オ・イ」すなわち「水のあるところ」にちなみ、先住民が水の存在を認めていたことを示している。一帯の植物はおよそ３００種。雪解け後まもない4月下旬から初秋まで、さまざまな花が咲きほこる様子は、オホーツク地方を代表する景観のひとつとして知られる。

この砂州上の道には**龍宮街道**の別名がある。文人・**大町桂月**が大正10（１９２１）年に当地を訪れた際、一方に静かな湖水、もう一方にはオホーツクの荒波を望みながら狭い州を行くのは、人界を離れて龍宮に旅するよう……と独特の美文調で景観を讃えたのがその名の由来だ。

花園めぐりの拠点となるのは、サロマ湖の東端近くにある**サロマ湖ワッカネイチャーセンター**。ここから先、砂州上の道は一般車両通行禁止となるため、レンタサイクルまたは観光馬車で、のんびりと景観を楽しむのがいい。

濤沸湖沿いには小清水原生花園

同じオホーツク海沿岸、網走市街の東側に位置する**濤沸湖**《とうふつこ》。もとはオホーツク海の「湾」だったのが、砂州の生成により海と分断された汽水湖という点で、サロマ湖と同じ成り立ちをもつ。小清水原生花園はこの砂州上、長さおよそ8㎞に広がる天然の花園だ。

こちらの砂州はサロマ湖より幅が広くおおむね数百メートルを保ち、その上を国道244号と、**JR釧網本線**の線路が平行して通っている。そのため交通のアクセスが便利で**浜小清水駅**と、そこに隣接する道の駅**はなやか（葉菜野花）小清水**、また夏期（5～10月）のみ列車が停まる臨時駅・**原生花園駅**などを拠点に手軽に散策を楽しめる。

6～8月におよそ40種の花が咲くが、最も多く見られるのは6月中旬から7月下旬。オレンジ色のエゾスカシユリやエゾカンゾウが咲き誇るシーズンは、とりわけ色鮮やかな景観が楽しみだ。

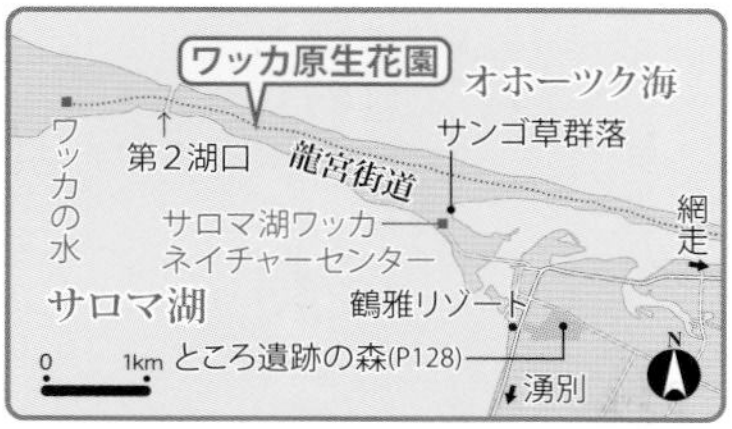

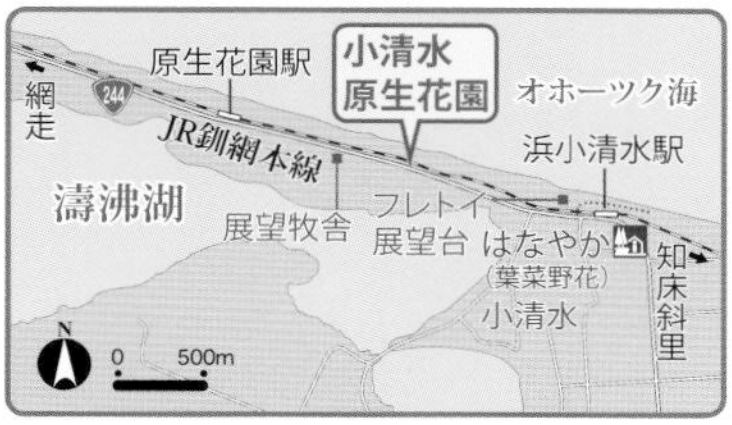

▲小清水原生花園を彩るエゾスカシユリ。展望台からはオホーツク海を望む（写真提供／北海道新聞社）

▶ワッカ原生花園を行く観光馬車。ネイチャーセンター前を出発し、往復約40分かけて砂州上の道をのんびりと進む（写真提供／北海道新聞社）

JR釧網本線・浜小清水駅に隣接する〈小清水ツーリストセンター〉では観光案内のほか自転車（夏期）、スノーシュー（冬期）などのレンタルも行っている。☎0152-67-5120

地球上でも貴重、低緯度なのに凍るオホーツクの海

流氷とガリンコ号

オホーツク海の冬の風物詩といえば流氷。昭和62（1987）年、世界初の流氷砕氷観光船としてデビューした紋別の〈ガリンコ号〉は、かつて閑散期だった冬のオホーツクに多くの旅行者を呼び、流氷の魅力を伝えている。

見どころ ガリンコ号の流氷クルーズは1月中旬〜3月下旬。乗船は要予約（☎0158-24-8000）。乗船場所となるガリンコ号ステーション周辺には〈オホーツク流氷科学センターGIZA〉などの見どころがある。

オホーツク海に流氷ができる理由

オホーツク海の流氷は、厳寒期の北海道の風物詩としてしばしばニュース映像などでも紹介される。海岸に押し寄せる巨大な氷の塊、その上に見られるアザラシやワシの仲間など野生動物……。厳しくも美しい冬の自然の象徴だ。

広範囲にわたって流氷が海を覆う自然現象は、オホーツク海以外に南北の極地や北欧の高緯度地方でしか起こらない。北海道で流氷が見られるオホーツク沿岸は北緯43〜45度。これほど緯度の低い場所で大規模な流氷が見られるのは、地球上で特異なことなのだ。

ではオホーツク海で、なぜ流氷ができるのか？　理由の1つは中国とロシア国境を流れる大河、**アムール川**（**黒竜江**）の存在だ（左ページの図参照）。塩分を含む普通の海水は、マイナス1・8度以下まで下がらないと凍らない。しかし淡水の川水が海水と混ざる前に強い寒気に晒されれば、ほぼ0度で凍り始める。さらにオホーツク海はカムチャッカ半島と千島列島によって、太平洋から隔てられた地形にあるため海水が混ざり合いにくく、海面の塩分濃度が薄く保たれることも〝凍りやすい海〟ができる一因だ。

最初は波の穏やかな河口付近で、水面付近の海水がシャーベット状になり、それがハスの葉状の薄い板氷に成長し、次第に厚みを増しながら季節風に乗って南下し、やがて北海道沿岸に到達する——。これがオホーツク海の流氷だ。

高い人気を誇る流氷クルーズ。運が良ければ氷上で休むアザラシやオオワシ、オジロワシなどを見られることもある

進化する流氷観光船〈ガリンコ号〉

沿岸の漁業者にとっては疎ましい存在だった流氷を、観光に生かせないか——。世界初の流氷砕氷観光船として**ガリンコ号**がデビューするのは昭和62（1987）年。船の特色は**アルキメディアン・スクリュー**——アルキメデスが発明した螺旋——と呼ばれる巨大な螺旋型ドリル。これを回転させて船体を氷の上に乗り上げ、重量をかけて氷を割る仕組みだ。

オホーツク海における流氷生成のイメージ

流氷に覆われた海の風景を高台から見るのもいい。紋別公園内の〈流氷展望台〉、さらに高いところでは大山山頂の〈オホーツクスカイタワー〉といったビュースポットがある。

ただしこの船は、もともとアラスカの油田開発のために造られたもので、航行距離が短く、定員も少ない――当初32人、2年目に改造して70人――といった難点があった。それでも流氷の海のクルーズという目新しさが評判を呼び、好調な成績を達成。１９９７年には2代目となる**ガリンコ号II**をデビューさせる。こちらは当初から流氷観光を目的に設計された船で定員１９５人と大型化し、砕氷能力も向上して長い航海を可能にした。

この間の１９９１年には網走でも流氷砕氷観光船**おーろら**が運航開始。オホーツク沿岸2都市での観光船運航により「船から見る流氷」というスタイルが定着し、かつてはまったくの閑散期だった冬のオホーツクに旅行者を呼び込むうえで、大きな力を発揮していく。

▲ガリンコステーションに展示されている初代ガリンコ号。巨大な「アルキメディアン・スクリュー」が特徴的。この船の成功から現在の流氷観光が始まった

そして２０２１年1月、3代目となるガリンコ号がデビューした。船名は**IIIイメル**。先代より速力を上げたことで、より遠くへの航行が可能となり、流氷に近づける確率の向上が見込まれる。デビューシーズンからは2代目・3代目の2隻で運航し、流氷観光を支える体制を強化した。

地球温暖化が流氷に与える影響は

近年、流氷に関して気がかりなのは地球温暖化の影響だ。先述のとおりオホーツク海の流氷はいくつかの要因が重なって生まれ、海の氷としては限界に位置するもの。地球環境が変化すると、流氷の消長はすぐにその影響を受ける。過去１００年間でオホーツク海の流氷面積は半分くらいに減ったという。

紋別から網走にかけての海岸に流氷が接岸するのはおおむね1月下旬から3月下旬までで、その間にも流氷は風の影響を受けて接岸・離岸を繰り返す。流氷の状況は年による変動が大きく、近年のデータを見ても単純にその勢力が衰えているとはいえないが、温暖化の進行を示す1つの指標として、流氷の動向は大事な意味をもっている。

▲2021年1月にデビューした3代目ガリンコ号〈IIIイメル〉（画面右）。速力が向上し、遠くの流氷帯にも到達しやすくなった。船名は「光」などを意味するアイヌ語から。画面左の2代目と2隻体制で運航する（写真提供／北海道新聞社）

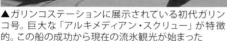

道東・日高エリア

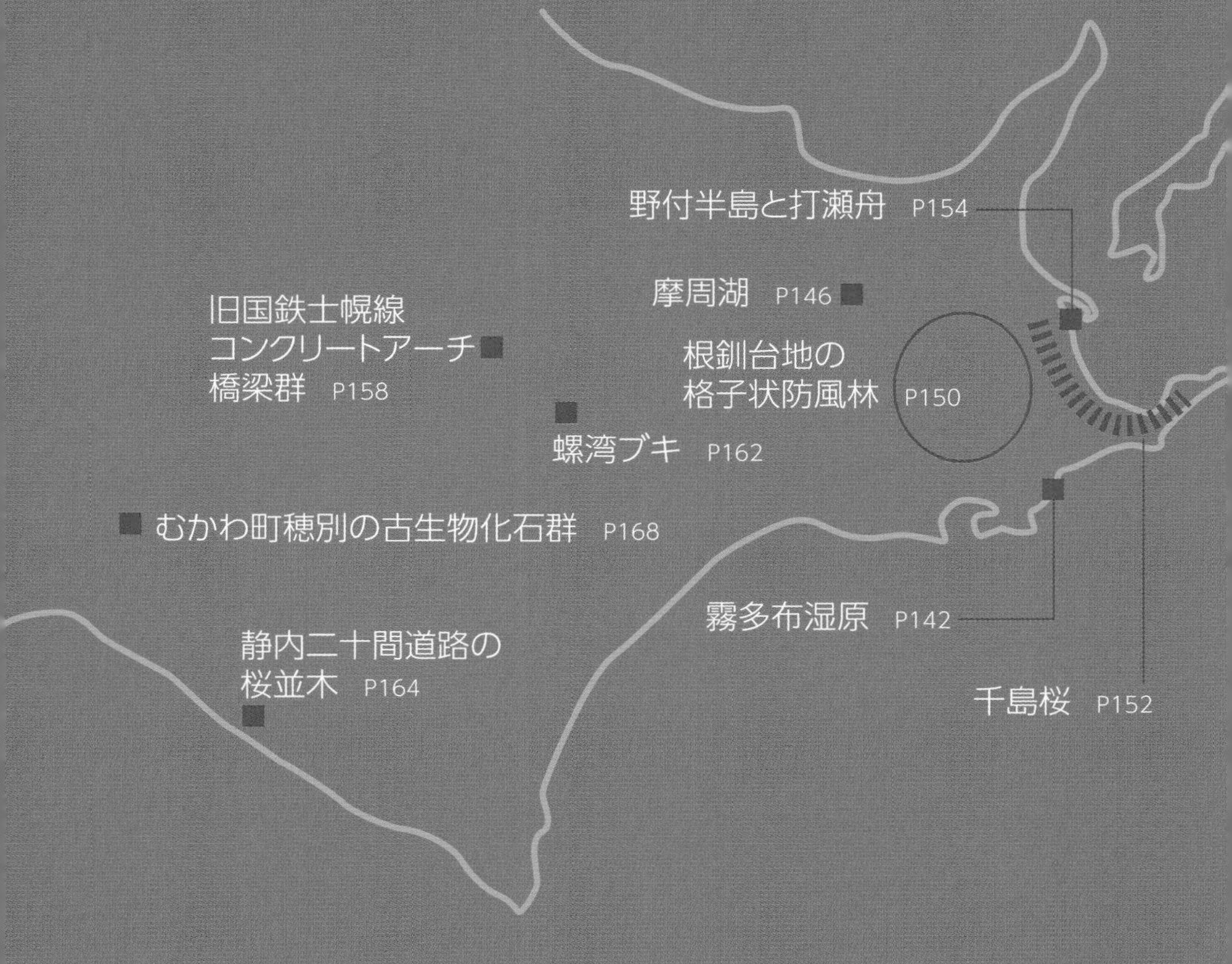
野付半島と打瀬舟 P154
摩周湖 P146
旧国鉄士幌線
コンクリートアーチ
橋梁群 P158
根釧台地の
格子状防風林 P150
螺湾ブキ P162
むかわ町穂別の古生物化石群 P168
霧多布湿原 P142
静内二十間道路の
桜並木 P164
千島桜 P152

海と湿原が背中合わせ、雄大な景観が見もの

霧多布湿原

道東では釧路湿原に次ぐ大きな面積をもつ湿原。砂丘によって海と隔てられたのがその成り立ちで、海と湿原がすぐ近くで隣り合う景観はここならでは。植物が豊かな「花の湿原」、渡り鳥が休む野鳥の楽園でもある。

見どころ 湿原の風景を見渡すには琵琶瀬展望台がベスト。海沿いの道道123号沿いには長さ約500mの琵琶瀬木道がある。湿原中央部に建つ〈霧多布湿原センター〉では自然に関する展示が見られる。

砂州で海から切り離された湿原

釧路から根室にかけての太平洋岸は、切り立った断崖の連続だ。海岸沿いの道路も、ほとんどの区間が海よりずっと高いところを走っていく。そのなかで道が海岸と同じ高さに下り、海岸に穏やかな砂浜が広がる希少な区間が、霧多布のあたり。片側の車窓に海、反対側に広がるのが**霧多布湿原**だ。

海のすぐそばに広がるこの湿原は、もともとは海の浅い湾だった。これが砂州――現在の道道１２３号はこの砂州の上に造られている――によって海と隔てられ、次第

に水が引いて陸地ができていく。低い部分には川が流れ、沼ができ、湿地となった。生えていた植物は枯れても気候が寒冷であるため腐りきらないまま堆積し、泥炭層をつくっていく。これが２０００年以上もの長い年月をかけて沼地を埋め、湿原となった。

湿原の北側にはかつての砂丘の跡が、海岸線に平行して筋状に残り、そのあいだに細長い形をした湖沼が、大小合わせて30あまりもできている。また湿原の南

▲上空から見る嶮暮帰(けんぼっき)島。その背後に広がるのが霧多布湿原。海に沿う形で長く延びる様子がよくわかる
(写真提供／浜中町役場商工観光課)

琵琶瀬展望台付近から湿原に沈む夕陽を見る。ゆったりと自然のままに蛇行する川が、いかにも大らかだ。太陽の下には阿寒の山々のシルエットが浮かぶ

側では最も大きな**琵琶瀬川**をはじめ5本の川が北から南に流れ、太平洋に注ぐ。

湿原は海と背中合わせ

海岸に沿って横に長く広がる霧多布湿原は広さ3168ヘクタール。釧路湿原、サロベツ原野などに次ぐ国内屈指の面積をもつ湿原だ。その大部分が厚さ0・7〜2・6mの泥炭に覆われ、水辺近くでヨシやスゲが茂る間にヤチボウズが顔を出す低層湿原、ツルコケモモやガンコウランなど高山植物の多い高層湿原、両者の中間で花の多い中間湿原と、場所によって異なる性質を示す（低層〜高層湿原の分類についてはP92・雨竜沼湿原の項を参照）。規模が大きく雄大な風景が見られること、〝花の湿原〟と呼ばれるほど植物が豊かなことなどから、観光にも自然ウォッチングにも魅力が多い。

花は雪解け後から初秋まで、ほとんど途切れることなく多くの種が咲く。湿原内でも場所によって水の溜まり方などの環境が異なり、植生も変わる。海抜ゼロに等しい標高でありながら多くの高山植物が咲くのは、冷涼な気候のこの地ならではの現象だ。夏でも霧によって日照が遮られて気温が上がらないことが多いため、浜中町の年間平均気温は5・5度と低い。

湿原には野鳥の姿も多い。渡り鳥にとって大事な中継地点であるほか、近年ではタンチョウも増えており、湿原内でいくつかの営巣地が確認されている。注意して探せば姿を見つけられる可能性もある。

湿原を見渡すビューポイント、**琵琶瀬展望台**は道道123号沿いに位置し、多くの旅行者が立ち寄る場所だ。標高はわずか60m足らずだが、湿原の中をゆったりと蛇行する川や、点在する細長い湖沼群を見渡せる。ここから見る湿原はまさに海と背中合わせで、両者の距離が近いことを実感。展望台から湿原と反対側に

▲琵琶瀬展望台から望む夏の湿原風景。緑の草地が美しいが夏は霧の発生が多く、これほどくっきりとした晴天に恵まれるには、ちょっとした運が必要だ（写真提供／浜中町役場商工観光課）

▲湿原中央部を横断する全長約2kmの道道808号、通称“MGロード”。地元の人々に利用度の高い道だ。道路の下にはおよそ100m間隔でパイプが埋め込まれ、道路両側の水の流れを維持している

▲道道123号の道沿いから湿原内に入る〈琵琶瀬木道〉。片道500mで湿原を間近に見ることができる

は、太平洋の海岸風景が広がっている。

霧多布湿原の学術的価値が認められたのは古く、大正11（1922）年に湿原中央部の約800ヘクタールが〈霧多布湿原泥炭形成植物群落〉として**天然記念物**に指定されている。1993年には水鳥の生息地としての重要性が評価され、**ラムサール条約**登録湿地となった（ラムサール条約＝水鳥・渡り鳥の生息地として重要な場所を保護するための国際条約）。

そして2021年3月には、霧多布湿原を含む広い一帯をカバーする**厚岸霧多布昆布森国定公園**が誕生した。

湿原の保全に配慮した「MGロード」

霧多布湿原のほぼ中央を、東西方向に横切る道が道道808号。霧多布市街と根室本線茶内駅方面を結ぶ道として、大正時代から利用されてきた。

しかしその後の調査で、この道路が湿原上の北から南への水の流れを分断し、南側北側では土地に水が溜まりやすく、南側では逆に乾燥化の傾向があることが判明した。このため道路の下にパイプを埋めて水が流れるようにし、湿原全体の水分のバランス維持を図っている。道路は湿原を意味するMarshy Grasslandの頭文字から、**MGロード**の通称で呼ばれるようになった。

このMGロード沿いの高台には**霧多布湿原センター**が建つ。湿原を見渡す展望地であるとともに、湿原の自然に関する展示や情報提供を行っている。

湿原保護を目指すナショナルトラスト

霧多布湿原の総面積は3168ヘクタールと広大だが、そのうちの3分の1にあたる面積は、湿原の外周を囲む民有地となっている。したがってその部分の環境を守ることが、湿原全体の保護において重要となる。こうしたことから昭和61（1986）年には地元有志による**霧多布湿原ファンクラブ**が発足し、保全活動が始まった。

活動はその後の2000年に設立されたNPO法人**霧多布湿原ナショナルトラスト**が継承。民有地のうち特に開発の可能性の高い海沿いの道路沿いの区間では、全国から寄付を募って用地の買い取りを進めている。その一方で自然に関する情報を発信したり、湿原に親しむツアーを行ったりと、霧多布湿原の魅力を広める活動も行っている。

◆霧多布湿原センター
☎0153-65-2779　9:00〜17:00　毎週火曜日と、1月中は休館（5〜9月は無休）

▲湿原を見渡す高台に建ち、湿原の自然を紹介する展示が見られる

▲2階の展望室から湿原を望む。カフェを併設し、喫茶・軽食も取れる

湿原以外では半島地形の先端に位置する霧多布岬やアゼチ岬から見渡す、太平洋の雄大な景色が楽しみ。キャンプ場、温泉施設〈霧多布温泉ゆうゆ〉などもある。

高い透明度を誇る孤高の湖。晴れて国立公園の名称にも

摩周湖

摩周湖は周囲を険しい断崖に囲まれて、人の接近を拒むかのようだ。そうした姿から神秘的なイメージで語られることは多い。高い透明度を誇り、霧の発生が多いことでも有名。時には幻想的な光景の出現も期待できる。

見どころ 第1と第3、2つの展望台から湖を見るのが一般的。そこから東側の裏摩周展望台へは車で1時間ほどかかるが、訪れる人が少なく静かな雰囲気。神の子池と併せて行くのがおすすめだ。

神秘的イメージで語られる湖

昭和9（1934）年12月、北海道で最初の国立公園として〈阿寒〉〈大雪山〉の2ヶ所が誕生した。日本で国立公園が誕生した初年であり、国内でも早い段階での選定だ。

阿寒国立公園には3つの大きな湖が含まれた。**阿寒湖**、**屈斜路湖**、そして**摩周湖**だ。摩周湖の地元・弟子屈町では国立公園に制定された当初から、名称に「摩周」を入れることを望んでいたが、その願いが容易にはかなわない。ようやく改称が実現したのは、制定から80年以上を経た2017年8月。念願の**阿寒摩周国立公園**の誕生だ。

国立公園の域内にある3つの湖はいずれも北海道で有数の観光地として知られるが、それぞれの景観、雰囲気、イメージは大きく異なる。湖畔の温泉街に大型ホテルが建つ阿寒湖。広々として開放的、水上レジャーも楽しめる屈斜路湖。これらに対して摩周湖は〝神秘的〟といわれて他の2湖とは明らかな一線を画す。

摩周湖のそんなイメージは、地形によるところが大きい。周囲を高い山に囲まれ、水面はほぼ全周にわたって高さ数百メートルの険しい崖に囲まれている。湖

南側上空から見る摩周湖。左側手前に見えるのが第1展望台。右側にはカムイヌプリの荒々しい姿が見える
（写真提供／北海道新聞社）

畔というものがほとんどなく、そもそも水際に近付くことは、特別な許可がない限り認められていない。

湖を訪れる多くの旅行者は、立ち入り可能な展望台からおよそ200mも下の水面を見下ろすことになる。近付きたくても近付けない、人間の営みとは別の世界に存在するような姿が、孤高の湖のイメージをつくり出している。

「摩周」の名にはさまざまな解釈が

摩周湖は面積およそ19・2㎢、7千年前の巨大噴火によって生まれた**カルデラ湖**だ。距離的に比較的近い屈斜路湖、阿寒湖がともに10万年以上前の大噴火によって生まれているのに比べ、摩周湖の成り立ちはずっと新しい。

湖面の海抜は351mと高い位置にあるが、水深も平均145m、最大では212mと深い。湖の中ほどには**カムイシュ島**（**中島**）と呼ばれる小島が浮かぶ。広い湖面では小さな点のようだが、カルデラ内の溶岩ドームの先端が水面に見えているもので、ドーム全体の高さは200mを超える。

摩周湖の展望地として一般的なのは西岸の2ヶ所。このうち第1展望台は観光バスの発着が多く、第3の方が比較的静か。ちなみに第2展望台は昔あったが、今は消滅している。

東岸にそびえ立つ**摩周岳**は4千年前の噴火活動によって生まれた山で、アイヌ語名は**カムイヌプリ**、すなわち「神の山」。

摩周という名前もまた、美しく神秘的な響きをもつ。アイヌ語由来の地名として「マ・シュ」＝「小島の・老婆」、「マ・シュマ」＝「泳ぐ・岩」などの解釈があるが、いずれも判然としない。

地元・弟子屈出身の文筆家でアイヌ文化研究でも知られる**更科源蔵**（1904〜1985）は「アイヌ名はカムイ・ト＝神の湖であり、マシュウは幕末に和人が命名したもの」とアイヌ語由来説をはっきりと否定している。

高い透明度は環境変化の指標

摩周湖には地表で流れ込む川、流れ出る川ともに1本もない。それにも関わらず年間を通して水位の変動がほとんどないのが不思議だ。湖のどこかから水が浸み出していることは確かで、湖から10数キロ離れたところにあるいくつかの湧水が、湖に関係のあるものと考えられている。

摩周湖の北側にある**神の子池**は、そうした摩周湖の伏流水をたたえるといわれる池。周囲220m、深さは約5mと小さいが、透明度の高い水が青く見える不思議な美しさで、やや穴場的な見どころとして人気が高まっている。2017年、〈阿寒摩周国立公園〉への名称変更に伴って公園区域の拡張も行われ、この神の子池も区域内に入れられた。

摩周湖は透明度の高さもよく知られている。昭和6（1931）年の透明度調査では41・6mを記録し、ロシアのバイカル湖を凌いで世界一にランクされた。周囲を森林に囲まれて人間の営みの影響を受けにくいこと、流れ込むのは地中でろ過された水だけで、プランクトンなどが少ないことが理由のようだ。

▲青く透き通った水をたたえる神の子池。水温は年間通して8℃と低く、倒木が腐朽することなく水中に横たわる（写真提供／北海道新聞社）

▲裏摩周展望台。メインの第1・3展望台よりも標高が低く、霧の影響が少ないといわれる。アクセスのルートは第1・3と大きく異なり、訪れる人が少ない

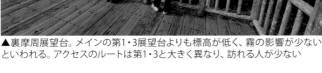

しかしながらその後の調査ではそれほど高い透明度が観測されず、おおむね20～30m程度で推移している。近年に行われた年間8回の高頻度調査では、夏に約17m、冬には30m以上と変動が大きいこともわかってきた。大気中の汚染物質が雨や霧を介して湖周辺の環境に影響を及ぼしている可能性も考えられ、継続的な観測が必要とされている。

▲凍る摩周湖。湖面の複雑な模様は、氷の一部が解けたり、その上に降った雪が風に流されたりすることでできたもの。摩周湖は標高が高く、寒さの厳しいところに位置しながらなかなか凍らないのは、湖の水深の深さによる。水面近くで寒気にさらされて冷えた水は湖底に沈み、湖底に溜まった温度の高い水と入れ替わる。こうした循環が繰り返されるため凍りにくい。全面結氷するのは数年に1度といわれる（写真提供／北海道新聞社・2021年2月12日撮影）

摩周湖といえば「霧の湖」

「神秘の湖・摩周湖」のイメージを広めた一因となるのが、布施明が唄った歌謡曲**『霧の摩周湖』**。この歌がヒットした昭和41（1966）年は、折しも北海道の観光ブームが始まる時代に重なる。摩周湖の知名度を一躍高めるとともに〝霧の多い湖〟とのイメージも生まれた。

摩周湖に限らず釧路を中心とした道東地方一円は、そもそも霧の発生が多い。夏のあいだ太平洋高気圧によってもたらされる温かく湿った南風が、釧路沖の寒流で冷やされ、内陸の広い範囲に到達するためだ。

摩周湖ではこのような霧が短時間のうちにあたり一面に広がって景色を覆い隠してしまうことがあれば、あるいは逆に、みるみるうちに霧が晴れることもあって訪れる人を一喜一憂させる。夏の観光シーズンに1日中、湖が見られるのは月の半分くらいといわれる。

▼人工光の少ない摩周湖は、星空を見るのにも絶好の場所（写真提供／北海道新聞社）

摩周湖では、夜間に冷えた空気がカルデラ内に溜まり、日の出とともに温められた空気に接して霧になることもある。見られるのは早朝の数時間に限られるが、霧が湖面を覆う光景は幻想的。

宇宙からも見える総延長643㎞、開拓時代に始まる農地の守り

根釧台地の格子状防風林

明治初頭から設けられてきた大規模な防風林。根釧台地においては開拓当初の姿がよく残されている。飛行機から、あるいは高台の展望地から見るその眺めは、いかにも北海道らしいスケールを感じさせる景観だ。

見どころ 根釧台地一円を見渡す展望地としては中標津町の〈開陽台〉が有名。中標津市街から約12km。別海町には「新酪農村展望台」と呼ばれる施設がある。別海町市街から約9km。

北海道を代表する大らかな牧場風景

見渡す限り続く広大な牧場と、そのあいだに連なる防風林――。北海道らしい風景と聞いてまず連想されるのは、こんな雄大な眺めではないだろうか。そうした北海道イメージにぴたりとはまる眺めが一面に広がるのが道東地方、**根釧台地**。道内でも有数の酪農地帯として知られる一帯だ。

ひたすら平面的に広がる農地のなかに、立体感を加えているのが防風林。各地の農業地帯で畑を囲む木々は珍しくないが、根釧台地の防風林の規模は、際立って大きい。この地の樹林帯の歴史は明治初期の開拓時代にさかのぼる。

アメリカ流の開拓計画を採用

〝お雇い外国人〟として来日し、開拓使顧問となった**ホーレス・ケプロン**はアメリカ農務長官としてのキャリアを生かし、北海道の農業をはじめさまざまな分野の産業振興に関わる進言をしている。

根釧台地の開拓にあたってもアメリカを手本にして、対象となる土地を直線的な区画に分け、それに従って入植地や市街地をつくっていく計画がつくられた。

防風林はその計画に沿ったものだったが、1800間（約3・24㎞）間隔で幅は100間（180m）と、それまでの日本の農地とは桁違いのスケールだ。鬱蒼とした森に覆われていた土地で、樹林の一部を計画的に残しながら開墾を進めることにより、直線的に延びる長大な防風林が生まれた。

伐採から生き残った根釧の防風林

開拓期の北海道では大規模な防風林が各地に設けられ、風雪から農作物を守るほか、激しい地吹雪の際に道路通行の助

けになるなどの効果を挙げた。しかし一方では農地をさらに拡大する目的で、あるいは防風林が農地に日陰をつくることが嫌われ、伐採されて縮小、あるいは消滅したものも少なくはない。

　根釧台地においても防風林が伐られることが皆無ではなかったが、その効用が認識されて比較的多くが残っていた。現在の防風林は開拓以前から自生していた広葉樹にその後、植林されたカラマツ、エゾマツ、トドマツが混じり合う形となっている。

上空から見る防風林。野生生物の住み家、移動経路としての役割ももつ（写真提供／北海道新聞社）

宇宙から見える防風林

　こうして残った根釧台地の防風林が、広大な酪農地帯の中でスケールの大きな景観をつくり出す。２０００年2月には、スペースシャトルに搭乗した**毛利衛**氏が宇宙から撮影した映像に、この防風林帯がはっきりと写っていた。

　一般人でも中標津空港を離発着する飛行機から、この景観を楽しむことができる。さらに手軽には**開陽台**（中標津町）や**新酪農村展望台**（別海町）などが、道東らしいスケール感を味わえる展望地として旅行者に人気だ。

▲旅行者に人気の高い開陽台。「地平線が見える場所」として、かつてはバイクライダーたちのあいだで口コミ的に人気が高まった。今ではすっかりメジャーなスポットに（写真提供／北海道新聞社）

このほか道東地方で雄大な景色を楽しめる場所としては**多和平**（標茶町）、**900草原**（弟子屈町）などがある。多和平は丘の上の一帯がキャンプ場になっていてライダーなどにも人気。

根室地方に多い“日本でいちばん遅咲き”の桜

千島桜

その名が示すとおり、千島列島に多いとされるサクラの一種。道内各地に自生するが、特に根室地方で多く見られる。根室市内の清隆寺には明治初頭に国後島から持ち帰られたといわれる木があり、桜の名所として有名。

見どころ 根室市内で千島桜が見られるのは清隆寺のほか明治公園、納沙布岬・望郷の岬公園など。根室市以外でも道内各地に木があり、札幌市では〈寒地土木研究所〉（豊平区平岸1条）が有名。

日本一、開花の遅い根室の桜

北海道は未だ雪深い3月、国内各地から桜の開花の話題が聞こえ始める。3月中旬の九州に始まり——1月中にヒカンザクラ（緋寒桜）が咲く沖縄は別格として——ゆっくりと北上する桜前線が津軽海峡を越え、道南に到達するのは4月下旬頃。温暖化の影響なのか、近年は開花が早まる傾向もあるらしい。

それ以後、北海道内各地で桜の見頃はほぼゴールデンウィークに重なる。そのため多くの人が休日にゆっくり花見を楽しむことができるのは北国の特権といっていい。そんな北海道でも最も遅く、開花を知らせるのが道東、根室地方だ。

根室の標本木は千島桜

全国各地で出される桜の開花宣言、その観測基準となる**標本木**が、それぞれの地域で定められている。一般的にはソメイヨシノだが、北海道ではこの木が育ちにくい地域もあり、道東・道北ではエゾヤマザクラを標本木とする。

根室市で標本木となるのは**チシマザクラ**。漢字では千島桜と表記されるように、北方四島を含む千島列島をはじめ北海道の本土、本州では標高2000m前後の山岳地帯に自生する。この木を標本木とするのは、全国で根室だけだ。

国後島から持ち帰られた木が始まり

根室市内にはチシマザクラの木が何カ所かで見られるが、特に有名なのが**清隆寺**。明治2（1869）年、当時は自由に往来できた**国後島**から持ち帰った若木を、寺の境内に移植したのが始まりとされている。

チシマザクラの木は、外見から普通の桜の木とはかなり違う。地表すぐの低い位置から何本もの枝が分かれ、そこにたくさんの花が咲く。高さは3〜5m程度にしかならない。北方の島の強風に耐えるための姿なのだろうか。

▲根室市内、清隆寺は30本あまりのチシマザクラが咲く名所として知られる（写真提供／北海道新聞社）

根室市内で標本木となるチシマザクラは**旧根室測候所**敷地内に立つ。測候所は2010年に無人化されたため、現在は根室市と根室市観光協会の職員が木を観察し、開花を宣言する。開花は例年5月18日頃、満開は24日頃で、日本列島を北上してきた桜前線の締めくくりとなる。

このほかチシマザクラの木は道東を中心とした各地で見られる。別海町野付小学校には国内最大といわれる木があり、幅15mあまりにも広がる枝振りが見事だ。

別海町野付小学校の校庭に咲くチシマザクラは幅が15mあまりで国内最大といわれる。明治39年に当時の小学生が移植したと伝えられ、樹齢は110年ほどと推測される（写真提供／別海町教育委員会）

日本一遅いといわれる根室の桜だが、山岳地帯は別格。大雪山系では旭岳の山麓、黒岳5合目にそれぞれチシマザクラがあり、標高が高いだけに開花は6月初〜中旬と、市街地よりさらに遅い。

特異な地形の半島と、名物ホッカイシマエビを獲る〝帆掛け舟〟

野付半島と打瀬舟

オホーツク海に延びる野付半島は、砂が堆積してできた細長い地形。尾岱沼と呼ばれる内海で獲れるホッカイシマエビが特産だ。打瀬舟と呼ばれる伝統的な帆船で行われる漁の光景は、この地の風物詩として知られている。

海流がつくった国内最大の砂嘴

知床半島と根室半島のほぼ中間、オホーツク海に突き出た**野付半島**の姿は独特だ。「半島」とはいっても砂が堆積してできた**砂嘴**《さし》であり、釣り針のように曲がった地形はか細く、危うげな印象すらある。実際、その長さは26㎞と砂嘴として国内最長だが、幅は最も細いところでわずか100mあまり。海面からの高さは3～4mほどに過ぎないのだ。

野付半島を形成する砂礫《されき》は半島の北側、標津町から知床半島の海岸に連なる海食崖や、その地域の川の上流域から流

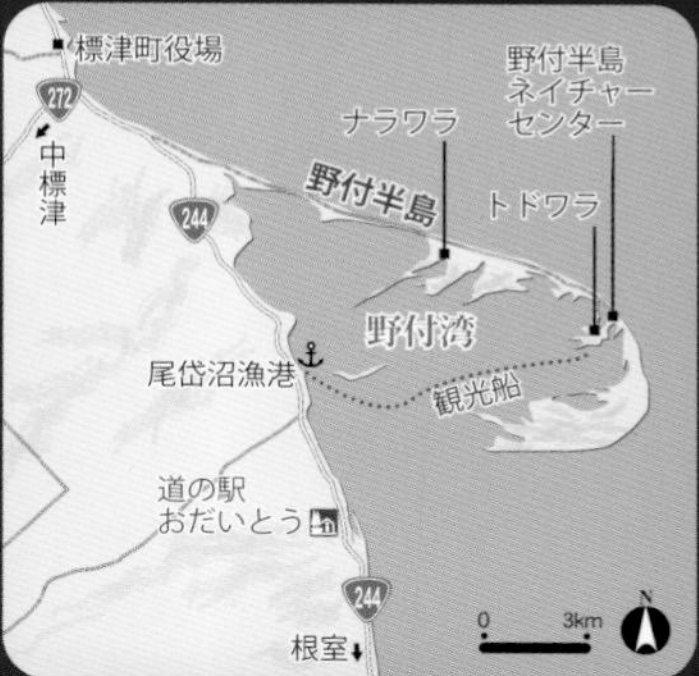

見どころ 半島の先端寄りにある〈野付半島ネイチャーセンター〉が、観光の拠点となる。トドワラへはここから遊歩道を歩いて行く。尾岱沼漁港からトドワラまでの観光船（5～10月運航）も人気がある。

されてきた石が、北から南に向かう強い沿岸流で運ばれ、堆積したものと考えられている。砂嘴上の石の多くが半島より北側の地域に多い安山岩質であること、海流で運ばれた痕跡である偏平な形をしていることが、その根拠だ。

特異な地形に育まれる多様な生物

さまざまな要因が重なって生まれた野付半島、その湾曲した陸地に囲まれた内海には**尾岱沼**《おだいとう》の名がある。湾の周辺には砂礫浜、砂丘、干潟、湿原……と変化に富んだ自然景観がつくられ、それらは多様な生物の住みかとなる。

エゾシカが群れで行動する姿は、年間を通してしばしば見られるほか、春から秋にかけては、半島内の草原で暮らすタンチョウを目にすることも多い。夏になると湾内の浅瀬で休むゴマフアザラシが観光船からも観察でき、秋から春にはハクチョウをはじめとする渡り鳥が、湾内に多数集まってくる。このように多くの生物を育む場所としての重要性から、野付半島は**ラムサール条約**登録湿地となっている。

野付湾の風物詩、打瀬舟によるホッカイシマエビ漁。漁は例年、初夏と秋の2回行われる（写真提供／北海道新聞社）

打瀬舟が帆を上げるのは漁場に着いてからで、港付近ではエンジンで走る。帆を上げた様子は高台から遠くに見えるほか、別海町観光船に乗って近くで見ることができる。

植物も豊かだ。初夏から盛夏にかけては半島の随所に**原生花園**が現れ、ハマナス、センダイハギ、エゾカンゾウなどの咲き誇る様子が見事。また半島中ほどにはミズナラ、ダケカンバなどの樹林があり、海上に延びた細い陸地とは思えないほど、濃い森の風景が見られる。

昔の森の名残、トドワラとナラワラ

半島の先端に近い**トドワラ**は、昔の森の名残をとどめる特異な場所だ。ここにはトドマツ、エゾマツの大木が立ち並ぶ森林があったが、江戸時代後期に始まった地盤沈下で海水が入り込んだことにより、木々は枯死。立ち枯れた木々が林立する荒涼とした風景は、昭和40年代の北海道観光ブームの頃に広く知られるようになった。現在では枯れた木の多くは風化し、倒れている。骨のように白化した木々が連なる様子は、立ち枯れとはまた違った風情を感じさせる。

代わってその手前にある**ナラワラ**が、枯れた森林の見られる場所として知られるようになった。ここではミズナラの木が中心で、未だ立ち枯れたままの木が多く、幻想的な景観を見ることができる。

▲上空から見た半島先端部。砂嘴が釣り針型に湾曲し、その内側にいくつもの砂州ができているのは、過去に起きた海流の変化と、それに伴う浸食作用による（写真提供／北海道新聞社）

▲半島の中ほどにあるナラワラ。立ち枯れた木が多く残っている。近付くことはできないので、車道から見る

エビ漁の打瀬舟が浮かぶ光景

細長く湾曲した野付半島の形はエビに似ているが、半島に囲まれた湾内が**ホッカイシマエビ**の好漁場となっているのはおもしろい偶然だ。湾内は水深1～3m程度と浅く、海底に**アマモ**が密生してシマエビの格好の住みかとなっている。

浅い海を走る漁船はスクリューでアマモを傷付けないよう、漁場に入ると帆を上げ、風の力だけで進む。**打瀬舟**《うたせぶね》と呼ばれる三角形の帆を立てた舟が早朝の静かな湾内に浮かぶ風景は、いかにも情緒的な眺めだ。漁の期間は例年6月中旬からの約1ヶ月と、10月中旬から11月上旬にかけての2回。事前に資源調査を行ったうえで漁の日程と漁獲量が決められる。

ホッカイシマエビは体長10㎝ほどのエビで通常、塩茹でにして食べられる。鮮やかな赤色が美しく、現地を訪れたらぜひ味わいたい一品だ。

▲名物のホッカイシマエビ。生きた状態では茶褐色だが、茹でると鮮やかな赤になる（写真提供／北海道新聞社）

幕末の頃から交通ルートだった半島

景観や動植物など、自然の豊かさが語られることの多い野付半島だが、人間の営みに関する歴史も意外なほどに古い。幕末の安政の頃には根室地方での和人の往来が多くなり、野付半島は交通のルートとして使われていた。地形が平坦で川を越える箇所もないことから、通りやすかったのだろうか。半島先端に「野付」の地名が付けられ、ここから現在の別海町沿岸や根室市、さらに国後島に至る海路があり、旅の中継地となる**止宿所**《ししゅくじょ》（通行屋）が設けられていた。

幕末の探検家・**松浦武四郎**もこの地方を訪れ、後年に著した『知床日誌』のなかに野付に関する記述を残している。現在では漁業者と、観光に訪れる旅行者以外に人影の乏しい半島先端部だが、かつては定住する人がおり、まとまった集落があったというのが興味深い。

▲半島上ではエゾシカの姿がよく見られる。近年その数が増え、食害など生態系への影響も懸念されている（写真提供／北海道新聞社）

◆野付半島ネイチャーセンター

☎0153-82-1270　9:00～17:00開館（10～3月は～16:00）無休

館内で野付半島の自然や歴史に関する展示が見られるほか、ガイド付のツアー（有料）を行っている。トドワラまでの徒歩往復、遊覧船と組み合わせたものなど、いくつかのコースがある（要予約）。トドワラへはここから個人で歩くことも可能で、片道30分程度。

尾岱沼漁港近くには野付漁協の直売所〈海紋〉がある。ホッカイシマエビは茹でて冷凍したものが一般的だが、それ以外に沖漬け（醤油漬け）もあり、酒肴に魅力的。

山間に連なるアーチ橋のある風景を訪ねて

旧国鉄士幌線 コンクリートアーチ橋梁群

1987年に廃線となった士幌線では多くのコンクリート製アーチ橋が今なお残り、周囲の山岳風景と相まって独特の景観をつくりだしている。古代遺跡のような姿を見せるタウシュベツ川橋梁は特に有名。

見どころ 国道273号沿いに多くのアーチ橋が残り、ドライブしながら見学できる。タウシュベツ川橋梁を近くで見るにはツアーで行くのが一般的。〈ひがし大雪自然ガイドセンター〉☎01564-4-2261

山間に造られた多数のアーチ橋

旧国鉄士幌線は帯広から北進し、**十勝三股《みつまた》**までの78㎞を結んでいた鉄道路線だ。全線開通は昭和14（1939）年。十勝平野を北上し、大雪山系のふところに分け入るこの鉄道は、沿線の豊かな森林から得られる木材や、十勝北部の農産物輸送に大事な役割を担っていた。

士幌線の上士幌以北の区間は、とりわけ険しい地形の上を急勾配で進む。終着の十勝三股駅は標高661・8m、北海道内の鉄道で最も高い場所に位置した。そこに至る線路は**音更川《おとふけがわ》**の谷筋に沿って敷かれ、本流・支流を越えるため多数の橋梁が必要となる。それらのほとんどが鉄橋ではなく、コンクリート製のアーチ橋だった。現地で得られる砂利や砂を建設資材として利用する方が、山深い場所まで鉄製の橋桁を運搬するよりも効率的だったというのが理由だ。

景観への配慮もあった。線路は指定されて間もない**大雪山国立公園**に近いことから、自然風景と調和する橋のデザイン

カヌーを漕いでタウシュベツ川橋梁に接近。冬のあいだ氷に閉じ込められるこの橋は、コンクリートの劣化が著しい。古代遺跡のようと評されるが、崩壊の懸念もある

が考えられたのだ。深い森に覆われた山間にアーチ橋が点在する独特の景観は、こうして生まれた。

一部区間は湖に水没、そして廃線

戦後、士幌線沿線で起きた大きな出来事が、音更川を堰き止める**糠平《ぬかびら》ダム**の建設工事だ。電源開発を目的としたこのダムにより、士幌線の清水谷～幌加は湖の底に沈むこととなる。この区間の線路は、西側に新たに敷設された別ルートの線路に切り替えられた。ダムが完成したのは昭和31（1956）年。水没した区間は線路の開通後、わずか17年間の短命に終わった。

その後、昭和40年代に入る頃には自動車交通の発達、林業の衰退、沿線人口の減少などの理由から路線全体の輸送量が減少の一途を辿る。昭和62（1987）年3月をもって士幌線の全線が廃止となった。

産業遺産としての価値が注目される

輸送路としての使命を終えた士幌線だが、やがて山間に残る多くのアーチ橋

糠平温泉（ぬかびら源泉郷）は大正8（1919）年に源泉が発見された、歴史ある温泉場。現在は9軒のホテル・旅館があり、源泉かけ流しのお湯が楽しめる。

❶三の沢橋梁。10m・15m・10mと3つのアーチから成る。橋の上には遊歩道が設けられ、歩いて渡れる。糠平湖の畔に下りることも可能。近くに広い駐車スペースがある。

❷2020年秋に補修工事を終えた第三音更川橋梁。橋の上にはレールも敷かれた。長さ32mの大きなアーチで泉翠峡と呼ばれた峡谷をひと跨ぎする（写真提供／北海道新聞社）

❸川を跨ぐアーチは23m、その北側に10mのアーチが6つ連なる第五音更川橋梁。全長109mの堂々たる姿。国道から見やすい場所にある。ホームが保存される旧幌加駅に近い

の、産業遺産としての価値が注目されることとなる。現在でも10数カ所の橋が残り、平行する国道２７３号から手軽に見られるものも多いことから、自然風景と調和したアーチ橋の人気が高まったのだ。

　これらのアーチ橋のなかで、とりわけ有名なのが長さ１３０ｍの**タウシュベツ川橋梁**。ダム湖に水没した区間で今も見られる唯一の橋だ。

　糠平湖の水位は季節ごとのダム放水量の変化によって大きく変動するため、それにともなってこの橋も水没、水面から再び出現、というサイクルを繰り返す。

　水位が高いのは冬に入る頃だが、その時期は湖が凍結するため、タウシュベツ川橋梁は全体が氷の下に閉じ込められる。１月に入る頃、湖の水位が下がり始めると橋は氷を突き破るようにして姿を現す。春に向けて水位はどんどん下がり、橋はその全容を現していく。完全に姿が見られるのは5月頃。その後、初夏にかけて湖の水位は再び上がっていく。秋になると橋は水中に姿を沈め、そのまま冬へと向かっていく。

　以上は一般的なパターンだが年による変動も少なくない。初夏に早ばやと完全水没した年もあれば、近年では２０２０年、秋になってもまだ橋の全容が見えている珍しい状態となった。

劣化が進むタウシュベツ川橋梁

　タウシュベツ川橋梁は国道から直線距離で約８００ｍ離れ、簡単には近付け

ない（国道近くの展望台から遠くに見ることは可能）。見える季節も限られることから〝幻の橋〟との印象が強い。

水没したのち凍結、というサイクルを毎年繰り返すことにより、タウシュベツ川橋梁のコンクリートは通常の環境よりもはるかに早く劣化が進む。表面から浸み込んだ水が凍結することで膨張し、橋を内部から破壊するためだ。

橋の表面はボロボロと荒れ、まるで古代遺跡のように見える。この特異な外観がタウシュベツ川橋梁の魅力ともいえるが、このまま劣化が進めば、やがて橋は崩壊の危機にさらされる。近年、その速度は高まっているとみられ、状況の推移が注目される。

▲湖が完全に結氷する期間には、スノーシューを履いてタウシュベツ川橋梁まで行くことが可能。五の沢橋梁付近の駐車場から片道約２㎞を歩く

アーチ橋を保存・活用する地元団体

旧士幌線のアーチ橋梁群が観光資源として注目されるようになったのは、地元団体の力によるところが大きい。ＮＰＯ法人**ひがし大雪アーチ橋友の会**は、鉄道史跡と自然環境とを一体とした活用に取り組んでいる。全国からの寄付金をもとにして、２０２０年秋には**第三音更川橋梁**（→右ページ写真❷）の大掛かりな補修工事を終えた。

もうひとつのＮＰＯ法人**ひがし大雪自然ガイドセンター**は、アーチ橋を見学するツアーを実施している。個人では行きにくいタウシュベツ川橋梁を間近に見ることができ、人気は高い。

◆上士幌町鉄道資料館
☎01564-4-2041　9:00～16:00　月曜休館（7・8月は無休）、11～3月は閉館。入館料100円

旧糠平駅の跡地に設けられた資料館。士幌線建設当時の写真、駅で使われた用具などの展示が興味深い。アーチ橋めぐりに役立つガイドマップ（有料）も手に入る。まずはここを訪れて情報収集を。

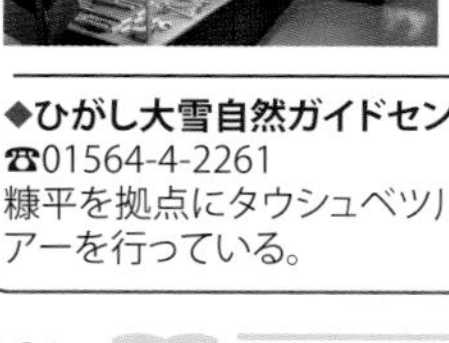

◆ひがし大雪自然ガイドセンター
☎01564-4-2261
糠平を拠点にタウシュベツ川橋梁へのツアーを行っている。

タウシュベツ川橋梁の近くまで行く林道は、ゲートが施錠されている。通行するには上士幌町市街地にある十勝西部森林管理署東大雪支署で通行許可を得て、鍵を借りる手続きが必要。

原因は不明ながら高さ3m、大きさ日本一を誇る足寄町の特産品

螺湾《らわん》ブキ

十勝の足寄町東部・螺湾地区では、道内で広く生育するアキタブキが通常の2倍ほどの大きさとなる。栄養も豊富で、地元ではさまざまな加工品を開発している。巨大なフキの下を歩く、この地ならではの体験も楽しみだ。

見どころ 大きく育った螺湾ブキを見るには、螺湾地区〈ラワンぶき観賞圃場〉で。見頃は6月下旬から7月中旬にかけて。加工品は市街地にある道の駅〈あしょろ銀河ホール21〉で買える。

高さ3m、ここだけに育つ巨大フキ

フキは北海道内の各地で、ごく普通に見られる植物だ。分類上の正式名称は**アキタブキ**といい、山野はもとより市街地周辺の空き地や道ばたにも生育する。雪解けの直後から芽が育ち始め、みるみる成長して初夏を迎える頃には、1m近い高さになるものも珍しくない。

このようにフキはもともと大型の植物だが、足寄町・**螺湾《らわん》川**沿いの限られた地域では、同じアキタブキが3mほどにまで生育する。茎の直径は10㎝近く、大人の腕の太さくらい。これが**螺湾ブキ**と呼ばれる、一般的なもののおよそ2倍の大きさをもつ〝日本一のフキ〟だ。

実のところ、この地でフキが巨大化する原因は、よくわかっていない。川の水質、生育地の土壌、気候などの環境が影響していると推測されるが、科学的には解明されていないという。螺湾川沿いで育てた株を他の地域に持ち出して育てても、普通のサイズに戻ってしまうというのも不思議だ（注・現在、苗や種を町外に持ち出すことは禁止されている）。

これでも開拓時代に比べると小さくなっているそうで、かつては高さ4mほどまで育ち、馬に乗った人の頭上にフキの葉が茂っていたという話も伝わる。

カレー、焼酎……加工品もいろいろ

地元ではこの大きなフキを、生育地の地名にちなんで**ラワンぶき**の名で商標登録し、特産品として活用を図っている。単に大きいだけではなく、一般のフキに比べてアクが少ないうえ食感が優れ、カルシウムやマグネシウムなどのミネラルや、食物繊維も豊富といった長所がある。

現在では川沿いに自生する天然ものの

出荷だけでなく、種子から株を育てる栽培も行われている。14戸の農家で計20ヘクタールあまりの作付け面積があるが、螺湾ブキとして出荷できる大きさになるには3年を要するという。

螺湾ブキの旬は6月下旬から3週間ほどのあいだ。採れたての生ブキが出荷されるほか、さまざまな加工品の原料にもなる。JAあしょろではシンプルな水煮のほかフキ入りカレー、漬物、煮付け（鰊・牛肉）、焼酎など多彩な食品を開発、販売している。また町内の道の駅〈あしょろ銀河ホール21〉の名物〈らわんぶきソフト〉は、ソフトクリームにフキのジャムをトッピングしたユニークな一品だ。

螺湾ブキは食べるだけでなく、見る楽しみもある。螺湾地区には観賞用に栽培した圃場《ほじょう》が設けられ、その大きさを実感することができる。頭上を覆うように茂るフキの葉の下を歩くのは、初夏のこの地ならではの非日常的な体験だ。

アイヌの伝説で語られるコロポックルは、フキの葉の下に住む小人。ここでは誰もがそんな気分に……（写真提供／北海道新聞社）

▶収穫作業は6～7月に行われる（写真提供／北海道新聞社）

足寄からオンネトー方面に向かう道道664号沿いのラワンぶき自生地は2016年の台風で被害を受け、現在は整備中で立ち入りできない。復旧にはまだしばらく年月が掛かりそうだ。

歴史ある馬産地で皇族・要人を迎えた2千本の桜

静内二十間道路の桜並木

道内屈指の桜名所として知られる並木は、およそ１００年前に周囲の山のヤマザクラを移植してつくられた。明治時代よりこの地を訪れる皇族や政府要人を迎えるため、７㎞の道を花で彩ったのが始まりだ。

見どころ 桜の開花は例年5月初旬。開花に合わせて〈しずない桜まつり〉が約1週間の日程で開催される。期間中には〈龍雲閣〉の一般公開も行われる。
新ひだか観光協会　☎0146-42-1000

市街地を離れた並木の壮観

一般に桜並木といえば市街地にあるものが連想される。公園内、神社の参道、お寺の境内……。しかし道内屈指の桜名所である**静内二十間道路**の並木は、少々意外な場所にある。市街中心部から７㎞ほど離れ、いかにもこの地方らしい競走馬の牧場が広がるなか、まっすぐに連なる淡いピンク色が壮観。牧場の緑、日高山脈の山並みをバックにした桜並木は、市街地で見るものとは明らかに違った清々しさだ。

日高といえば馬産地。この地方、この

桜が満開となる5月初旬、遠くに見える日高山脈の山々は未だ雪深い

場所に見事な桜並木があるのは、馬との長く深い関わりがあった。端緒は寛政11（1799）年にさかのぼる。幕府が東蝦夷地一円の管理に乗り出したのにともない各地に駅逓を設け、警備や交通を目的として官馬を備え付けたのが始まりだ。その一方でこの地方には野生の馬も多く、群れをなした〝野馬〟が開拓期の農家に被害を与えることもしばしばだったという。

要人を迎える二十間道路の完成

明治時代に入り、日高沿岸を視察した開拓使は、この地が馬の放牧に適していることを認める。比較的温暖で雪が少ないこと、馬の飼料となる野草が多いこと、そして濃霧に見舞われることが多いために畑作よりも畜産が有利であること、などが理由だった。

明治5（1872）年には静内・新冠《にいかっぷ》・沙流《さる》の3郡にまたがる広大な土地に**新冠牧場**を創設。日高地方の野生馬を多数集めて放牧し、改良を進めるとともに、農業への被害も防ぐ効果を上げた。明治10（1877）年からは開拓使の〝お雇い

静内の市街地から二十間道路の入口までは約7km、車で15分程度（渋滞時を除く）。公共交通機関はないが〈しずない桜まつり〉期間中は例年、旧静内駅〜まつり会場間に臨時バスが運行される。

▶二十間道路は昭和61年、〈日本の道百選〉にも選ばれた。それを記念する石碑が並木の西側入口に建つ

▶二十間道路から横に入る小径は〝桜のトンネル〟。桜まつり期間中はこの区間に出店が並ぶ

外国人〟**エドウィン・ダン**によって牧場内に新しい畜舎、官舎などが建てられ、西洋式牧場への整備が進む。その一方で飼育面積は縮小して管理しやすい規模に留め、馬がオオカミに襲われることを防いだ。

　その後、明治15（1882）年に開拓使が廃止されると牧場は農商務省、のちに宮内省の管轄となり、名前も**新冠御料牧場**と改称される。皇室行事などで用いられる馬車のための馬を育成するのがその主目的だったが、やがて日露戦争を迎えると、陸軍の求めに応じて軍馬の供出も行った。この施設は戦後〈新冠種畜牧場〉、現在は〈独立行政法人家畜改良センター新冠牧場〉となり、家畜の改良や飼料作物の生産などを行っている。

　このように地理的には中央から遠く離れた場所でありながら、静内の馬牧場は官、皇室との繋がりが深かった。皇族や政府要人の訪問も多かったことから明治36（1903）年、牧場に至る7kmの区間に立派な道路が整備された。古くは**行啓道路**、のちに中央道路とも呼ばれたが、やがて**二十間道路**の名が定着する。

「行啓道路」を彩るヤマザクラ

　ここでようやく桜並木の誕生が語られる。二十間道路はその名のとおり幅36m、自動車時代の現代にも十分な余裕をもつ、当時としては破格のスケールをもつ道路として造られた。この道に彩りを添えるために桜が植樹されるのは、大正5（1916）年から。周辺の山から集められたヤマザクラを道路両脇に移植する作業は、牧場職員の手により3年がかりで続けられた。

　100年の歴史をもつ桜並木とともに、この地の歴史を象徴する存在といえる建物がある。並木道の奥、かつての御料牧場入口に建つ**龍雲閣**（落成当初の名は〈凌雲閣〉）だ。牧場を訪れる皇族、高官を迎える貴賓舎として明治42（1909）年に建てられた。落成間もない同年8月には韓国皇太子と、その案内役として**伊藤博文**が訪れたのをはじめ、大正・昭和年間にはたびたび皇族の宿舎として利用された。

半世紀の歴史〈しずない桜まつり〉

道内でも屈指の桜名所として知られる二十間道路の桜並木では、毎年5月上旬の開花時期に合わせ、約1週間の**しずない桜まつり**が開催される。第1回の開催は昭和29（1954）年、すでに半世紀以上の歴史をもち、今では毎年20万人を集めるイベントだ。道幅の広い桜の並木道もこの日は人であふれ、大盛況となる。道路は渋滞気味となるので車は指定駐車場に置いて、ゆっくり歩いて花を愛でるのがおすすめだ。並木の中ほどにある1本の横道は、両脇に桜が咲き誇る**花のトンネル**となって美しい。

なお並木の周辺一帯にはデリケートなサラブレッドを育てる牧場が広がっているため、立ち入り禁止エリアを守る、ペットを連れて行かないなどの注意事項が定められている。

▲現在は約2200本の桜が並ぶ。エゾヤマザクラが大半を占めるが、カスミザクラ、ミヤマザクラ、チシマザクラなども混ざっている

◀龍雲閣は木造一部2階建ての御殿建築。桜まつりの期間中、館内が公開される

日高地方では静内のほか浦河町〈優駿さくらロード〉の桜並木も有名。約3kmの区間に1000本の桜が咲き誇る。開花はほぼ同時期なので、静内と併せて行くのもいい。

国内最大の恐竜化石〈むかわ竜〉の発見で一躍有名に

むかわ町穂別の古生物化石群

むかわ町穂別では1970年代に首長竜の全身化石が見つかったのをはじめ、古生物の化石が数多く発見されている。近年には「むかわ竜」と通称される大型恐竜の全身骨格が見つかり、恐竜を核とした町おこしに取り組む。

見どころ 古代生物の化石が展示されるのは〈むかわ町穂別博物館〉。
☎0145-45-3141　9:30～17:00、月曜、祝日の翌日は休館

穂別で相次ぐ古生物化石の発見

むかわ町穂別地区では、古くから古生物の化石が多数発見されてきた。昭和50（1975）年には、海に棲む大型爬虫類である**首長竜**《くびながりゅう》の、全身の大部分の骨の化石が見つかった。化石は**ホベツアラキリュウ**（愛称ホッピー）と呼ばれ〝古生物の町〟穂別のシンボル的存在となる。

現在の**むかわ町穂別博物館**——創立時は「穂別町立博物館」。2006年、鵡川町と穂別町の合併により「むかわ町」が発足し、現在の名に変わった——が開館したのは、この後の昭和57（1982）年。ホベツアラキリュウの大きな化石を恒久的に展示するとともに、専門知識を有する学芸員が常駐し、地元で見つかる古生物化石の研究拠点として機能している。

その穂別で恐竜の化石が発見された、とのニュースが報じられたのは2011年7月のことだ。実は、地元の化石愛好家によってこの化石が見つかったのは2003年だが、発見時には首長竜の骨の一部とみられていた。博物館では他にもクリーニング（岩石の中から化石の部分を取り出す作業）を待つ首長竜の化石があったため、このとき見つかった化石は当面、所蔵庫で保管されることとなる。

2010年、博物館を訪れた首長竜の専門家、東京学芸大学の**佐藤たまき**准教

授がこの化石を見て、恐竜である可能性を指摘。恐竜化石の専門家、北海道大学総合博物館の**小林快次**《よしつぐ》准教授（現在は教授）に鑑定を依頼し、恐竜であることが確認された。さらに発見の状況から同じ場所に全身の骨格が埋まっている可能性も出て、期待は一気に高まった。

　一般的に首長竜を含めた大型の古代生物は、まとめて〝恐竜〟のイメージで捉

▲むかわ町穂別博物館、入口のホールに展示される化石。中央に吊られているのが首長竜〈ホベツアラキリュウ〉（複製模型）。この発見が、博物館建設の契機となった。奥の壁面に飾られる模型は、近年に発見された〈カムイサウルス・ジャポニクス〉（通称「むかわ竜」）の骨格の一部を復元した模型。体長は約８ｍ

◀穂別博物館の〈むかわ竜〉の全身骨格（レプリカ）。展示スペースの都合上、現状では長い尻尾の部分が再現されていない。背景の絵は、むかわ竜の生態の想像図

穂別地区の古代生物のシンボルはホベツアラキリュウ、愛称ホッピー。市街中心部の通りは〈ホッピー通り商店街〉と名付けられ、街路灯に古代生物のオブジェが飾られている。

▲巨大なワニのような生き物はモササウルスの仲間。穂別で見つかった骨化石に合わせて展示されている。館内の化石の多くは地元穂別産で、化石探しの愛好家から寄贈されたものが大半を占める

えられることが多い。しかし学術的に両者は別物で、首長竜は恐竜の仲間に入らない。

首長竜はこれまで国内では穂別のホベツアラキリュウのほか福島県いわき市と、北海道の中川町と小平町で良好な状態の全身化石が見つかっている。これに対し恐竜は、戦前の日本領・樺太（サハリン）と福井県でそれぞれ比較的小型の恐竜の、全身の半分ほどに当たる化石が発見されたほかは、ごく一部の骨や歯の化石の発見にとどまっていた。

国内で希少な大型恐竜の全身骨格発見への期待が掛かるなか、重機を使った大掛かりな発掘作業が始まったのは2013年9月のことだった。

新種「カムイサウルス〜」の誕生

翌年にかけ2回にわたった発掘調査で掘り出された岩石は、実に6トン。そこから化石を取り出すクリーニング作業も多くの人手を掛け、5年にわたって行われた。その間の2016年にはこの恐竜に**むかわ竜**の通称が付けられた。この頃から科学雑誌や子ども向け図鑑などで紹介されるケースも増え、全国的な注目を集めるようになる。

2018年3月に完了したクリーニング作業の結果、得られた化石は長さ8mもの全身骨格のうち個数にして約6割、体積では約8割に及ぶ（全身の化石が揃ったこの年、9月6日には北海道胆振東部沖地震が発生、穂別では震度6強の揺れに見舞われたが幸い化石への被害はなかった）。

大型恐竜の全身の大部分の骨化石が見つかったことは、学術的にきわめて重要で、日本で初めての快挙となった。

その後2019年9月には、むかわ竜がハドロサウルス科の新属新種の恐竜であることが判明し、**カムイサウルス・ジャポニクス**という学名が与えられた。アイヌ語の「カムイ」（＝神）を取り入れ「日本の竜の神」を意味する名だ。

植物食であるこの恐竜は7200万年前、恐竜が繁栄のピークを迎えた白亜紀後期に暮らしていた。陸生であるにも関わらず海底だった地層から発見されたのは、津波や洪水などで海に流され、そのまま沖合まで漂ったのち水深80〜200mの海底に沈んだためと想像される。肉食恐竜に襲われたり、死体が食い荒らされたりしなかったことが、状態の良い全身骨格の発見に繋がった。

穂別博物館ではホベツアラキリュウ、むかわ竜と2つの大型骨格が目を引くが、それ以外にも古代生物の展示は幅広い。アンモナイトや貝類、ウミガメに海生爬虫類……。さまざまな化石たちが、1億年近い昔、この地が海だったことを語ってくれる。

広域にわたる遺産

植物由来の成分を含むなめらかなお湯が魅力

モール温泉

モール温泉とは一般的な火山性の温泉とは異なり、地中の植物成分に由来する温泉。澄んだ茶褐色のお湯はなめらかな肌触りが心地よい。モール温泉は道内に何カ所かあるが、早くからその名を使ってきた十勝川温泉が有名。

▲2016年、道の駅としてオープンした〈ガーデンスパ十勝川温泉〉。水着で入れるスパ、地元産品のマルシェ、足湯などを備えた施設。敷地内の一角には「いで湯の磐座（いわくら）」と名付けられ、温泉の守り神となる巨大な日高石が鎮座している

モールはドイツ語で「泥炭地」

北海道にはおよそ250もの温泉地がある。その多くが火山性のものであり、鉱物由来の成分を含む硫黄泉、ナトリウム泉、鉄泉などが各地の温泉の特徴として知られている。そんななかでモール温泉とは聞き慣れない名前だ。モールとはドイツ語で**泥炭地**の意味。

泥炭とは枯れた植物が腐らないまま堆積したものを指す。〝炭〟の字が付くが炭化したものではない（泥炭が地中に埋もれ、長い時間をかけて炭化すると石炭になる）。モール温泉は、この泥炭ないし褐炭（亜炭＝炭化が進んでいない石炭）の層から汲み上げた温泉の通称だ。植物に由来する**フミン質**（腐植質成分）を含むアルカリ性のお湯は透明な茶褐色で――琥珀色、ほうじ茶のよう、などと形容される――ところによってはかすかな芳香の感じられるお湯もある。なめらかな肌触りであることから、美肌効果が期待されるとの謳い文句も見られる。

国内で最初に「モール温泉」の名称を使ったのが帯広市近郊、音更町の**十勝川温泉**だ。この一帯はもともとヨシの茂る湿地帯で、そこに湧き出すお湯をアイヌの人々は「薬の湯」と呼んでいたといわれる。昭和初期に温泉宿ができ始め、「十勝川温泉」の名が生まれたのは昭和8（1933）年のことだ。

道東中心に、各地にあるモールの湯

お湯のなめらかさで知られるモール温泉だが、実は温泉に関する法律である「温泉法」にモールの文字は出てこない。法律自体が火山性・鉱物性の温泉を中心に制定されていることもあり、モール温泉の成分であるフミン質が、法律のもとでは温泉の条件を満たす物質として

認められていないためだ。

法的な位置付けは別にしても腐植質を含む温泉水は国内各地にあり、特に平野部に泥炭地の多い北海道では十勝地方から道東を中心に、いくつかの地域で湧出する。場所によって腐植質の性質が違うため、各地のお湯は色、肌触り、香りなどが異なるという。

帯広市内では、帯広駅周辺にあるいくつかのシティホテルの大浴場でモールのお湯を楽しめるほか、銭湯でもモール温泉を引くところがある。そのほか道内では幕別町、別海町、斜里町、白老町のホテル、札幌市内の温泉施設など、モール温泉のやわらかな肌触りを楽しめる場所は意外なほど多い。各地のお湯を比べてみるのも楽しい。

▲古くから「モール温泉」の名でPRを図ってきた十勝川温泉。浴場に差し込んだ陽の光で、独特の琥珀色のお湯が美しい輝きを見せる。道東一帯に同じモールのお湯があるなかでも成分が濃いとされる

モールの“本場”であるドイツでは、泥炭を直接、体にかける健康法が行われてきた。温泉保養地バーデンバーデンなどで、こうした利用法がよく知られている。

開拓時代の大事な働き手。競走馬としても活躍

北海道の馬文化

北海道では江戸時代から馬が用役に使われ、現在の「どさんこ馬」のルーツとなる。日高地方は競走馬の産地として有名で、多くの名馬を輩出してきた。開拓時代から続く「ばんえい競馬」も帯広で健在、根強い人気を誇る。

▲北海道の都市では昭和30年代までは馬が輸送手段として使われ、街なかでもこんな光景が普通に見られた。昭和37年11月、小樽市内堺町通りで
（写真提供／小樽市総務部広報広聴課）

開拓者のパートナー「どさんこ」

北海道において馬は開拓時代から、開墾や農作業を支える貴重な働き手だった。輸送手段としても重用され、馬車・馬橇《ばそり》を引いて人や貨物を運び、市街地はもとより山奥にある林業・鉱業の現場で働いた。函館と札幌に現存する路面電車（→Ｐ１７８）のルーツはともに馬車鉄道であるし、かつて各地に路線をめぐらせた簡易軌道（→Ｐ１８２）も、初期には馬が主要な動力だった。そうした馬の働きは動力農機具やトラクター、自動車が普及し始める昭和30年代まで続く。

北海道での〝働く馬〟の起源は江戸時代中頃にさかのぼる。蝦夷地に渡ってきた松前藩士が東北地方から連れてきた南部馬が野生化し、この地の気候風土に適応するようになったのが〈北海道和種馬〉。北海道に生まれ育った人「道産子」と同様、この種の馬も**どさんこ**と呼び親しまれている。

どさんこの体高はおよそ１３０㎝（サラブレッドは１６０～１７０㎝）、体重２５０～３５０㎏（同５００㎏）と小柄で、頭部が大きく、足は太く短く、ずんぐりした体型が特徴だ。性格はおとなしく従順で持久力があり、寒さにも強い。小柄な日本人に乗りやすい、蹄《ひづめ》が固いので蹄鉄が要らないといった点も好都合で、農林作業や輸送手段として広く使われた。

日高が競走馬産地となるまで

現在の北海道の馬といえば、競走馬の印象が強い。日本で生産されるサラブレッドの実に9割が北海道産であり、その8割を日高地方の牧場が占める。道内では雪が少ないことに加え、夏は霧の発生が多く、火山灰性の地質が広がる。このため古くから、普通農作物の生産より

新冠町で競走馬牧場が並ぶ、通称〈サラブレッド銀座〉の景色。
日高地方には馬のいる美しい景観があちこちで見られる

新冠の〈サラブレッド銀座〉(道道209号)沿いには**優駿メモリアルパーク**がある。敷地内の記念館では名馬オグリキャップゆかりの品を展示している。開館は6～11月上旬。☎0146-47-3666

▲従順な性質、体型が小さい〈どさんこ〉馬は、観光用にも向く。道内ではどさんこに乗るホーストレッキングを楽しめる場所がいくつかある

も畜産に適した土地柄とみられてきた。

　日高地方での馬の飼育は安政5（1858）年、幕府が元浦河に施設を開いたことに始まる。その後、明治5（1872）年には開拓使が**新冠牧場**（→P165）を設け、近代的な馬の生産事業に着手した。明治40（1907）年には、浦河に国立施設である〈日高種馬牧場〉が開設された。この牧場は軍馬と農耕馬生産に重点を置いていたが、サラブレッドの生産も行われるようになる。

　こうした下地があったとはいえ、戦前の日高はまだ現在のような一流馬産地にはほど遠い。当時は〈下総《しもうさ》御料牧場〉（千葉）と〈小岩井農場〉（岩手）がサラブレッド生産の2大巨頭であり、以下、全国に小規模な生産地が点在していた。日高もその1つに過ぎず、野菜や米の生産を行うかたわら、副業的に少数のサラブレッドを飼育する農家がほとんどだった。

　日高地方が一躍、競走馬生産の主役となるのは戦後のことだ。昭和29（1954）年に**日本中央競馬会**（ＪＲＡ）が設立され、数年後には競馬ブームが始まる。広大な土地をはじめとする環境に恵まれた日高は、競走馬生産の急拡大に対応することが可能だった。生産・育成だけでなく馬具、装蹄、馬輸送などの関連業種、支援組織の集積という点でも優位に立ち、本州の他の産地を引き離して圧倒的なシェアを得ることとなった。

　優駿のふるさとといわれる日高地方で中心となる地域は新冠、新ひだか町静内、浦河など。見学が可能な牧場もあり、特定の馬に会うことを目的にめぐり歩くファンも多い。

世界で唯一、橇を曳く競馬「ばんえい」

　騎手が乗った鉄製の橇を馬に曳かせ、障害（坂越え）を含む直線コースを競走する**ばんえい競馬**。開拓時代、地域のお祭りなどで農耕馬の力を競った娯楽がルーツとされる。公営ばんえい競馬は旭川、岩見沢、北見でも行われていたが、現在は帯広の**ばんえい十勝**のみ。これがすなわち世界で唯一のばん馬競技場となる。使われる「ばん馬」（ばんえい馬）は体重約1トンとサラブレッドの2倍ほどもあり、見るからに大きく力強い。

　サラブレッドが高速で疾走する一般の競馬と異なり、200ｍのコースを450kgの橇を曳いて進む競技はスローペース。特に2つ目の障害ではどの馬も苦闘を強いられ、観客の応援にもひときわ熱がこもる。それに似た光景は100年前から、北海道の各地で繰り広げられてきたものに違いない。

▶浦河町〈軽種馬育成調教センター〉（BTC）で訓練に励む研修生。JRAが運営する、競走馬の育成・調教技術者を養成する施設

▶ばんえい競馬で2つ目の障害に挑む、レースいちばんのヤマ場。コースには第1（高さ1m）、第2（高さ1・6m）と2つの障害がある

◆競走馬のふるさと日高案内所（新ひだか町静内）
☎01464-3-2121　見学できる馬や牧場の情報を提供している。牧場への直接問い合わせはしないこと。

◆うらかわ優駿ビレッジAERU（浦河町西舎）
☎01462-8-2111　JRA施設に近いリゾートホテル。引き馬や体験乗馬ができる。温泉の利用も可。

◆浦河町馬事資料館／郷土博物館（浦河町西幌別）
☎01462-8-1342　日高地方の馬の歴史などを展示する資料館。

◆馬の資料館（帯広市）
☎0155-34-7307　帯広競馬場内〈とかちむら〉内にある見学施設。開拓時代からの馬の歴史などを解説。

ばんえい十勝のレースは4月下旬から翌年3月下旬までの期間内、週末を中心に開催される（詳しくはウェブサイト参照）。競馬場敷地内には飲食店、ショップなどが集まる〈とかちむら〉がある。

函館と札幌の2都市で、ともに100年の歴史を刻む市民の足

路面電車

現在、北海道内で路面電車が運行するのは函館と札幌の2都市。どちらも明治後期に馬車鉄道として開業、大正時代に電車となった点で経歴が共通する。往年より利用客は減っても、大事な市民の足であることは変わらない。

▲札幌市電の「ササラ電車」。竹製のブラシを回転させて線路上の雪を跳ね飛ばす。同種の車両は函館市電でも使われている（写真提供／北海道新聞社）

函館

市電のルーツは明治30（1897）年に開業した**馬車鉄道**にさかのぼる。のちに電力会社〈函館水電〉が鉄道会社を買い取り、大正2（1913）年に東雲町〜湯川間を電化して電車運行を開始。これが北海道における市電の始まりで、東京より北では初めての開業となった。

戦時中に市営となった函館市電は戦後になっても路線を延伸し、営業距離が最長となったのは昭和34（1959）年。この時代には函館駅前から国道5号を北進、万代町〈ガス会社前〉から東に向かい〈五稜郭公園前〉に向かう路線もあり、市中心部での環状運転が行われた。

ピークとなった昭和39（1964）年には年間利用者が5000万人にも上った。しかしその後は自家用車の普及などにより利用者が減少していく。昭和53（1978）年から1993年にかけて路線の一部を廃止。以後は2系統10・9kmの営業となって現在に至る。

クラシック車両〈箱館ハイカラ號〉も

往時に比べ路線は減ったものの、市電は今も函館市民の足として馴染み深い存在だ。湯の川温泉、五稜郭公園、函館駅、函館西部地区、谷地頭温泉などへのアクセス手段となることから、旅行者の利用も多い。

近年では1992年の函館市制70年記念事業の一環としてレトロ調車両、**箱館ハイカラ號**を製作し、4月中旬〜10月下旬の期間に運行している。明治43（1910）年製の車両をベースに復元工事を行ったもので、外観のみならず内装も木の質感を生かしてクラシカルな風合い。通常の市電が運転手1人によるワンマン運転であるのに対し、箱館ハイカラ號に

▲十字街電停。背後に見える丸いドームは旧丸井今井百貨店、その右の尖塔はカトリック元町教会、ともに大正12年竣工

は車掌も乗務し、往年の〝チンチン電車〟の雰囲気を再現している。

港町の雰囲気漂う函館市街、とりわけ西部地区の街並みには市電の走る姿がよく似合う。〝ゴトゴトと音を響かせながら進む様子はどこかなつかしい。坂の上から港をバックに走る姿などはいかにも函館らしいシーンとしてカメラを向ける旅行者も多い。

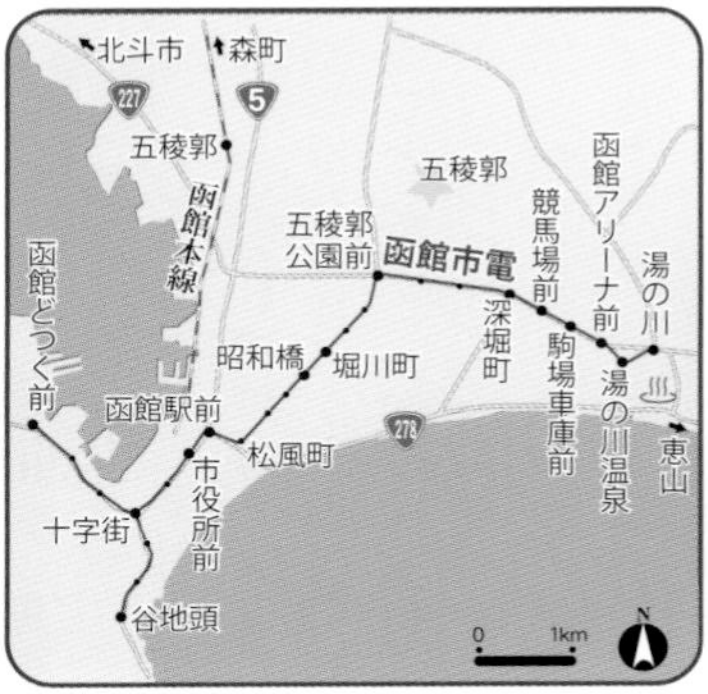

▲箱館ハイカラ號。運行時刻はHPで確認を

上の十字街電停の写真で、左端に見える円筒状の建造物は市電の「操車塔」。ここで分岐する2つの線路のポイントを切り替えるための施設。今は機能していないが、建物だけ移設・保存されている。

札幌

市電も函館と同様、**馬車鉄道**を前身とする。その主目的は建築用石材として需要が高まる**札幌軟石**（→P76）を、産地である石山地区から市街中心部まで運ぶことだった。開業は明治42（1909）年。当初の社名は〈札幌石材馬車鉄道〉だったが、やがて旅客の取り扱いも増えてきたため〈札幌市街鉄道〉（明治44年）、〈札幌市街軌道〉（明治45年）と短期間に名を改めている。

ピークには年間の乗客1億人も

馬鉄から市電への進化を遂げるのは大正7（1918）年。**北海道大博覧会**に合わせての電化開業で、社名は**札幌電気軌道**と変わった。昭和2（1927）年に電車事業は市営化され、路線延長や車両の増備が図られていく。

昭和30年代は市電の全盛期だ。路線は札幌駅から東西南北へと拡がった。昭和33（1958）年には全国唯一の**路面ディーゼルカー**が登場。北27条〜新琴似駅前は当初、非電化で開業し、建設費を抑えて路線を拡大する方策が採られた。

▶ホワイトイルミネーションがきらめく、すすきの交差点をゆくA1200型電車。3両連結で愛称は「ポラリス」。今後はこのような低床車両の増備が進められる見通しだ

乗客数は昭和39（１９６４）年に1日28万人、年間1億人を記録したが、以後は減少に転じる。自動車の普及が主な原因だ。昭和40年代に入ると地下鉄開業の影響もあって路線廃止が相次ぎ、市電全廃の方針が検討されたこともある。

注目されるループ化の効果

近年、札幌市電に関する大きなニュースといえば２０１５年12月の**ループ化開業**だ。〈すすきの〉、〈西4丁目〉両停留所間の札幌駅前通りに４１９ｍの線路を新設し、従来の路線を環状化。大通からすすきのに至る市街中心部が市電で結ばれたほか、大部分の列車が循環運転となり、利便性は大きく向上した。

近年、排ガスを抑制する環境対策の観点から、海外の都市でも**LRT**（Light Rail Transit＝軽量級の鉄道による都市交通）の活用が有望視されるなか、札幌市電の新線開業は注目を集めた。

ループ化1年後の市電1日の乗客数は前年からおよそ1割増の2万4千人。札幌中心部の人口増加もあって利用者が順調に伸びるなか、２０１８年には電車化からの開業百周年を祝った。

▲ループ化以後、電車は「内回り」と「外回り」の2方向で運行されている。２０２０年には運送事業を〈札幌市交通事業振興公社〉が行い、施設・車両の保有は従来どおり〈札幌市交通局〉という"上下分離"方式を導入、経営体制を刷新した

札幌市〈交通資料館〉が地下鉄南北線「自衛隊前」駅そばの高架下にあり、市電や地下鉄の車両などを展示。ただし2021年現在、高架橋補修工事のため閉館中で22年以降再開の予定。

大正末期〜昭和初期、道東・道北で開拓を支えた「殖民軌道」

北海道の簡易軌道

「簡易軌道」は戦前には「殖民軌道」と呼ばれ、その名のとおり交通の不便な僻地の入植者たちを支える足として、路線網を拡げた。原野に延びたそのレールは華奢でありながら、北海道の近代化に大きな役割を果たした。

殖民軌道斜里線を走った「馬力車」。国鉄釧網本線斜里駅から知布泊（ちぷとまり）までの17.8kmの路線。戦前の殖民軌道ではこうした馬力による運行が多かった。

入植者の暮らしを支えた軌道

明治時代後期から大正時代にかけて〝内地〟から北海道への移民は急増した。小作人となったり自然災害に遭ったことで困窮した農民の離村、〈北海道第一期拓殖計画〉という国策の後押し、大正12（1923）年の関東大震災など、背景にはさまざまな要因があった。

移民の増加にともない、入植先は道東・道北の僻地にも拡がっていく。こうした場所で農業の生産性、生活の利便性を高めるためには、公共交通網の整備が欠かせない。そこで大正時代末期、北海道庁が計画したのが**殖民軌道**の建設だ。

この時代、北海道内で主要都市を結ぶ鉄道網はおおむね完成していた。殖民軌道はそれらの鉄道の駅を起点として簡易規格のレールを敷き、入植者が営農する地域とを結ぼうというもの。

線路の建設と車両の配備は道庁の負担で行うが、運行は地元の利用者が組合を作って独自に行うこととされた。初期段階において動力車は用いられず、農家が自らの馬を線路上に持ち込んで貨車を牽かせる**〝馬車鉄道〟**だ。線路の幅は762㎜と狭い軽便規格として建設費を安く抑える分、路線網を拡げることに力を注いだ。

こうして造られる殖民軌道は法的に、一般的な鉄道の範疇には入っていなかった。北海道開拓を進める国策との繋がりで生まれた、北海道だけの特異な公共交通の形態だったといえる。

北海道内では同じ大正～昭和前期を中心に、各地で軽便規格の鉄道が敷かれている（本書で取り上げたなかでは登別温泉軌道〈Ｐ36〉、武利意森林鉄道〈Ｐ130〉がそれに該当する）。殖民軌道は762㎜の線路幅など鉄道の規格はほぼ同様でも、政策に基づく北海道庁の事業として造られたという点で背景を異にし、一般的な軽便鉄道とは別のものとして扱われる。

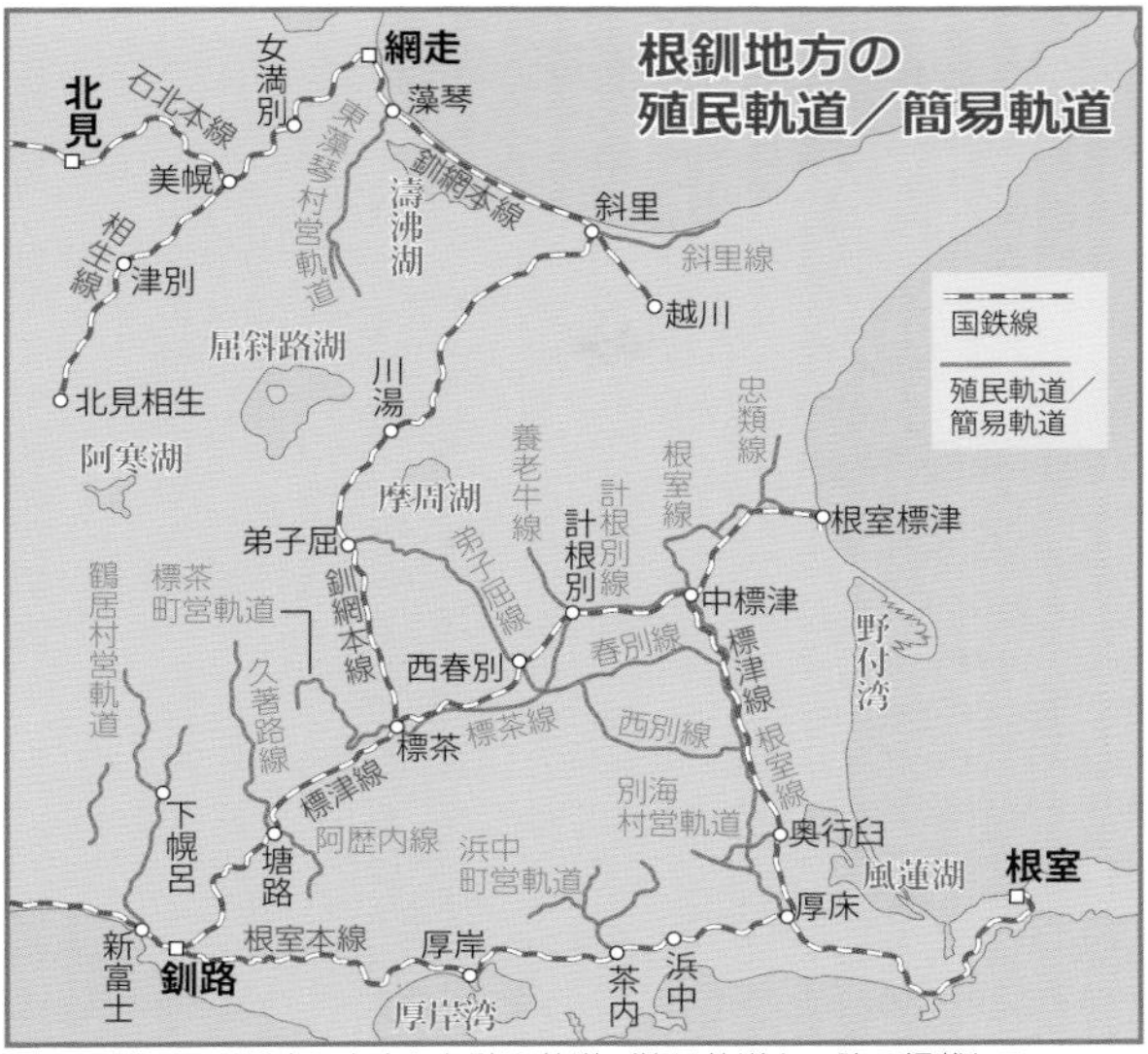

▲この地図には過去に存在した殖民軌道／簡易軌道を一覧で掲載している。すべての路線が同時期に営業していたわけではない

▼旧別海村営軌道風蓮線・奥行臼駅跡。大正14年開通の殖民軌道・根室線の跡を受け、昭和38年に開通した村営軌道の起点となったのがこの駅。転車台跡と自走式客車（ディーゼルカー）、ディーゼル機関車と、牛乳運搬用の貨車〈ミルクゴンドラ〉が保存されている

旧別海村営軌道・奥行臼駅跡の近くには、旧国鉄標津線の奥行臼駅、旧奥行臼駅逓所（国指定史跡）と、地域の交通にまつわる史跡が並び、興味深い見どころとなっている。

大正末期〜昭和初期に路線拡大

殖民軌道の計画に従って最初に建設されたのは根室本線厚床《あっとこ》駅から中標津に至る48・8㎞の〈根室線〉。大正13（１９２４）年12月に開業したこの路線により、軌道の有効性が実証された。その後の昭和２（１９２７）年からの〈北海道第二期拓殖計画〉には殖民軌道敷設の方針が盛り込まれ、道東・道北を中心に路線の建設が急速に進むこととなる。

根室線は標津まで延伸され、80㎞を超える長大路線となった。ガソリンエンジンを搭載した機関車も導入され、輸送力は大きく向上。さらなる進化として根室線の一部区間では既存の軌道とほぼ同じルートで、一般の鉄道規格に則った線路が敷かれた。

▶簡易軌道〈鶴居村営軌道・雪裡線〉を走ったディーゼル機関車（昭和34年製）は現在、〈丸瀬布いこいの森〉で動態保存されている

これが昭和13（１９３８）年に全線開通する**国有鉄道標津線**だ。これにともない殖民軌道の重複する区間は廃止されたが本格的な鉄道に格上げする〝発展的解消〟といえるものだった。

標津線の駅からは分岐する支線が多数敷かれ、根釧地方での軌道網が拡がった。中標津の街は軌道の分岐駅となったことで賑わいが生まれ、根室地方の中核都市としての現在の姿へと繋がっていく。このほか釧路湿原の西側では、国鉄根室本線の新富士駅から鶴居村・中雪裡に至る**雪裡《せつり》線**が昭和2年に全線開通した。

道北地方では幌沼線、枝幸線、仁宇布《にうぷ》線、歌登線などが距離の長い主要路線として挙げられる。殖民軌道の範疇に入る路線は全道で40近く（戦後の簡易軌道も含む）に及んだ。その大半が道東・道北にあり、後志の**真狩線**（狩太［現・ニセコ］〜真狩別）、日高の**貫気別《ぬきべつ》線**（荷負〜上貫気別）が数少ない例外となる。

簡易軌道の進化と終焉

戦後になって殖民軌道は**簡易軌道**と呼称が改められた。道路網の整備が始まったのにともなって廃止された路線がある一方で、利用度の高いところでは旧来の馬に替わってディーゼル機関車、ディーゼルカー――管轄する〈北海道開発局〉の用語では〈自走式客車〉といった――を導入するなど近代化が進む。運営母体も従来の組合から自治体に引き継がれ、「〜町営軌道」「〜村営軌道」と名称が変わった。

動力車の導入により旅客、貨物とも輸送効率は大きく向上し、特に酪農の盛ん

▲鶴居村〈ふるさと情報館〉前には鶴居村営軌道を最終期まで走ったディーゼル機関車と自走式客車（ディーゼルカー）が保存されている

な道東では、簡易軌道が牛乳輸送に果たした役割は大きい。各農家から出荷された集乳缶を積んだ列車が走る様子は、この地方ならではの光景だった。

簡易軌道が終焉を迎えるのは、昭和40年代に入ってから。道路事情の改善、モータリゼーションの進行が主な理由だが、法律に基づく補助金が打ち切られたことが何より大きかった。最後まで残ったのは**浜中町営軌道**の2路線。茶内線、若松線が昭和47年5月1日をもって廃止され、それをもって道内すべての簡易軌道が姿を消した。

◆　◆　◆

簡易軌道の時代の施設や車両で、現在に残るものは多くないが、以下のような見どころが挙げられる。

◆**奥行臼駅跡**　別海村営軌道風蓮線の駅跡に3両の車両が保存され、転車台の跡も残る（→P183写真）。

◆**鶴居村〈ふるさと情報館〉**　市街中心部に建つ複合文化施設の外側に、鶴居村営軌道を走った車両が保存されている。館内には郷土史に関する展示室があり、村営軌道に関するコーナーもある。

◆**鶴居村営軌道跡**　釧路湿原の西端を通っていた軌道跡の一部は、釧路湿原を探索する遊歩道として利用されている。歩けるのは〈釧路市湿原展望台〉付近から〈温根内ビジターセンター〉までの4㎞あまりの区間。

◆**浜中町営軌道の車両**　根室本線茶内駅近くの〈ふるさと公園〉にディーゼル機関車1両が保存されている。

◆**丸瀬布いこいの森**　森林鉄道の蒸気機関車〈雨宮21号〉（→P130）が有名だが鶴居村営軌道で使われたディーゼル機関車が動態保存され、線路の点検などの目的で日常的に使われている点が貴重だ。

▼昭和2年に開通した殖民軌道雪裡線（のちの鶴居村営軌道）の線路は、釧路湿原の西端を通っていた。湿原に盛り土をした跡が残り、現在は遊歩道となっている。小さなディーゼルカーの車窓から間近に望む湿原の風景はステキだったに違いない。写真は温根内ビジターセンター付近で

道央圏の簡易軌道としては昭和24（1949）年に開業した**当別町営軌道**（石狩当別〜大袋）が特異な存在。豪雨や台風の影響を受けて運休が多く、昭和30年頃には事実上運行停止と短命だった。

開拓期に活躍、農民兼業の兵士たちの足跡

屯田兵村と兵屋

明治初頭に生まれた屯田兵制度は北海道での開拓や、対ロシア防衛などの目的を合わせもつものとして設けられた。明治８（１８７５）年、最初の屯田兵が入植した琴似をはじめ、道内各地に屯田兵ゆかりの地がある。

山野にできあがった208戸の〝街〟

札幌市西区、ＪＲ**琴似**駅から旧国道５号（北5条手稲通）方面に延びる琴似本通りは、市内有数の繁華街だ。その中ほど、表通りから少し離れた場所に、柾葺き屋根、木造の古色漂う建物がある。明治７（１８７４）年に建てられた**屯田兵屋**第１３３号を復元したものだ。

これとまったく同じ造りの兵屋が計２０８戸、整然と並んでいた。そこに形作られた**兵村**が、現在の琴似の街の原形となっている。未だ人家のまばらだった山野に、にわかにできあがった街。それを生んだのが屯田兵制度だ。

制度発足後、最初の兵村は琴似に

明治時代を迎え、新たに発足した政府は北海道の近代化に力を入れる。農業をはじめとする産業の振興が急務となるが、その一方で北海道は、南下の機会を伺うロシアに対する防衛の最前線でもあった。開拓と軍備。この2つの目的を果たすべく置かれたのが、屯田兵だ。

開拓使からの提案に基づいて**屯田兵条例**が設けられたのは明治7年。この制度のもと、明治30年代までに北海道内各地に計37もの屯田兵村がつくられるが、その第1号となったのが、ここ琴似の兵村だった。

琴似が入植地として選ばれた理由はいくつか考えられるが、開拓使本府が置か

▲初めての屯田兵村となった琴似には208戸の兵屋が整然と並んだ。明治8年から翌年にかけて東北の旧士族などが、家族を伴って入植した（写真／北海道大学附属図書館）

▶琴似の街なかに復元された「兵屋第133号」。この建物がもとあったのと同じ場所に建つ。年間を通して、建物内部も見学できる

▲琴似兵屋133号の室内。当時の生活用具、農機具などを展示。建物の裏手では、畑で作物を耕作していた様子も再現している

▲西区役所に隣接する一角を〈屯田の森〉と名付け、琴似地区に建っていた屯田兵にまつわる5つの記念碑を、この1ヶ所に集めている

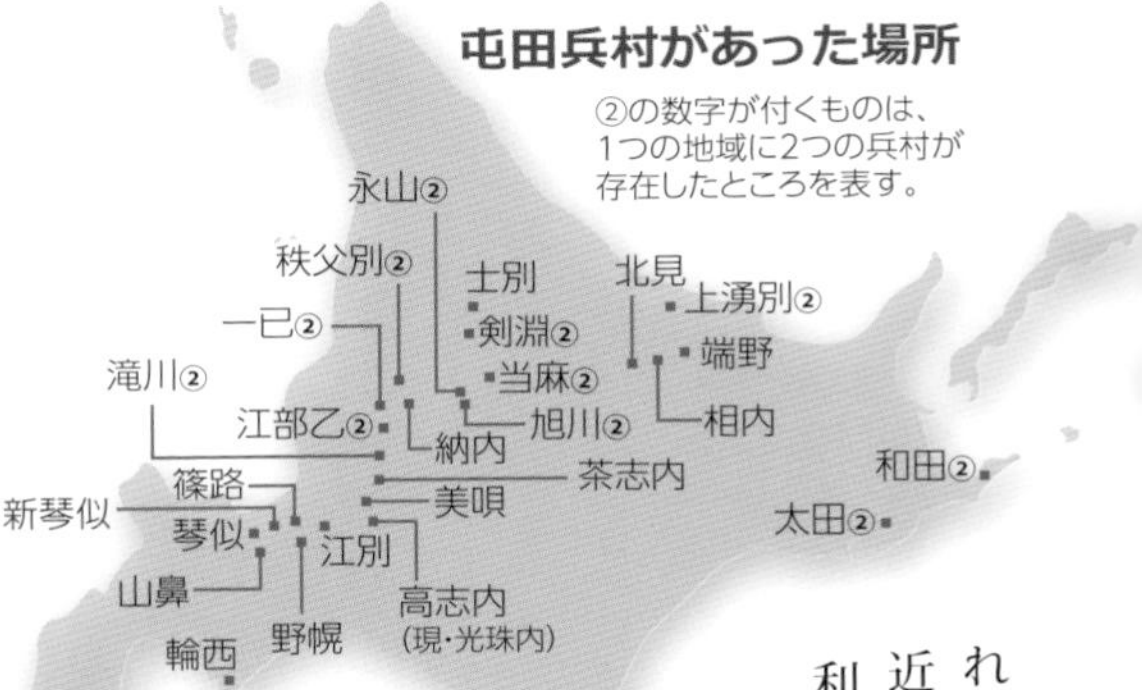

れた札幌や、港のある小樽に近いこと、琴似発寒川の水利に恵まれ、開拓の素地のある土地であったこと、などが挙げられる。

琴似に残る2つの兵屋

琴似の街並みに復元された屯田兵屋133号の内部には当時の生活道具や農具などが展示され、屯田兵の暮らしぶりをうかがうこと

琴似神社の向かい(「屯田の森」の隣)にある〈札幌市西区琴似二十四軒まちづくりセンター〉内には琴似屯田に関する資料室が設けられている。☎011-614-8245

ができる。

このほか同じ琴似地区では**琴似神社**境内に、もう1棟の兵屋が保存されている。こちらは現在地から北東約400mの場所にあった建物を、昭和39（1964）年に移築したもの。北海道指定有形文化財となっているが全体に傷みが目立ち、現在は内部の見学ができない。

北海道における最初の屯田兵として琴似に来たのは幕末、新政府軍を相手に戦い、敗れた東北の旧藩士だった。最初の屯田兵募集は宮城、青森、山形の三県が対象となり、これに応じた斗南（旧会津）、庄内、仙台亘理の士族が北海道へと渡った。応募の条件は18～35歳の身体強壮の者、入植後は家族とともに暮らす家屋、食器、寝具、農具が支給され、軍装品、武器は貸与、最初の3カ年は給助米を支給することなどが定められていた。

▲〈旭川兵村記念館〉の展示。中央の彫刻は東川町の彫刻家・松田与一の、屯田兵をモチーフにした作品『汗』

兵屋は間口5間、奥行3間半、建坪17・5坪の一戸建て。簡素な造りで冬を過ごすには厳しいものだったが、それでも当時の北海道への入植者の住まいとしては恵まれた方だったという。

西南戦争に出征した屯田兵

明治8（1875）年、琴似に第一陣が到着した翌年以降、屯田兵は発寒、山鼻、江別、篠津と札幌近郊を中心に入植が進んだ。その間、明治10（1877）年にはついに、屯田兵に出征の機会が訪れる。鹿児島の旧士族の反乱による**西南戦争**だ。ロシアへの防衛が本来の目的であった屯田兵にとって、最初の実戦が国内の内戦とは意外な展開となった。

明治15（1882）年、開拓使の廃止後、屯田兵は陸軍の所管となるが、道内各地に配備を進める方針は引き継がれた。入植先は当初の札幌周辺から根室、上川、空知などへと拡がった。

明治27（1894）年7月に勃発した**日清戦争**では、開戦翌年の3月、屯田兵に出動命令が下った。一行は東京まで移動したが、そこで停戦への動きがあり、戦地に赴くことなく解散となった。

屯田兵制度の廃止は明治37（1904）年。民間人による開拓が進行したこと、北海道内の人口が増え、徴兵制によって兵士を集められるようになったことが主な理由だった。

道内各地に残る屯田兵にまつわる史跡

屯田兵ゆかりの史跡は道内各地に点在する。そのひとつ、旭川市街の北東に位置する永山地区は、明治24（1891）年に入植の始まった屯田兵によって築かれた街。永山の地名も開拓使で屯田兵行政を進めた**永山武四郎**の名から付けられたものだ。屯田兵時代に地域の行政機関として設けられた〈永山戸長役場〉の建物は近年に復元、公開されている（永山市民交流センター敷地内）。

旭川市内ではほかに、永山兵村から1

▲旭川兵村記念館は、館内に兵屋の様子を再現

年遅れて入植の始まった旭川兵村にほど近い、旭川神社境内に**旭川兵村記念館**がある。館内に兵屋を再現した、規模の大きな展示は見応え十分だ。そのほか剣淵町、江別市野幌、湧別町、厚岸町などに兵屋や、関連資料の展示施設がある。

札幌市北区「屯田」、北見市「とん田」、滝川市「屯田町西」、旭川市「東旭川町上（下）兵村」、湧別町「南（北）兵村」など、道内各地に屯田兵村に由来する地名は少なくない。そうしたことからも、町の成り立ちに屯田兵村が深く関わってきたことをうかがい知ることができる。

◆琴似屯田兵村兵屋跡
札幌市西区琴似2条5丁目　☎011-621-1988
9:00～16:00、無休

◆旭川兵村記念館
旭川市東旭川南一条6丁目　☎0166-36-2323
9:30～16:30、火曜休館、11～4月中旬は閉館

◆湧別町 ふるさと館JRY（ジェリー）
湧別町北兵村一区588　☎01586-2-3000
9:00～16:00、月曜休館（祝日の場合は開館）

〈北海道開拓の村〉（札幌市厚別区）には、深川市納内（おさむない）にあった屯田兵屋が移築・保存されている。また園内の食堂では当時の食事をイメージした「屯田兵定食」が味わえる。

明治前期に設けられた囚人収容施設。開拓の裏にはその強制労働があった

北海道の集治監

明治時代、北海道内の計5ヶ所に集治監および分監が設けられ、政治犯や重罪犯を収容した。囚人は土地の開墾、道路建設、鉱山での採掘など過酷な作業に使役された。北海道近代化の裏側にあった史実は今に語り継がれる。

政治犯らを収監する集治監の誕生

明治初期、国策に基づいて北海道内3ヶ所に**集治監**《しゅうちかん》と呼ばれる囚人の収容施設が設けられた。内務卿・伊藤博文の提言に基づくその設立方針は政治犯・思想犯――特に西南戦争などの内乱に関わった反乱旧士族たち――を収監して治安維持を計るとともに、囚人の安い労働力を利用して開拓の進展を目指すもの。また刑期を終え更生した囚人を北海道に定住させれば人口増に繋がるとの目論見もあった。

まずは明治14（1881）年、**樺戸集治監**が誕生する。内務省官吏だった**月形**《つきがた》**潔**《きよし》は道内での入念な調査を踏まえてこの地に集治監設置を決め、自らがその**典獄**（＝刑務所長）に任命された。開庁に先立ち、一帯の地名が〈月形村〉（現在は月形町）に改名されている。これに続いて**空知**（明治15年、現・三笠市内）、**釧路**（明治18年、現・標茶町内）と2つが開設された。

これら3ヶ所の集治監はいずれも僻地に設けられたが、やがてそれぞれが千人規模の囚人を収容するようになると、職員や各種関連業者の出入りも増え、それが街の発展を促すことに繋がっていく。

このほか、やや年を置いて「分監」が設けられた。のちに〝番外地〟シリーズの映画で有名になる網走刑務所の前身にあたる**釧路監獄署網走囚徒外役所**（明治23年、現・網走市内）と、**北海道集治監十勝分監**（明治28年、現・帯広市内）の2つだ。

過酷をきわめた囚人労働

樺戸は広大な石狩平野の開拓、空知は幌内炭鉱での石炭採掘、釧路は硫黄山

(アトサヌプリ)での硫黄採掘――。各集治監で囚人に与える労役は具体的に決まっていて、もとより各集治監の立地は、その目的に沿ったものだった。

明治20年頃の幌内炭鉱には1000人前後の囚人が送り込まれ、全労働者の8割程度を占めたが、その賃金は一般労働者の4分の1という安さだった。

釧路の受刑者が採掘に携わった硫黄は火薬の原料として重用され、特にマッチ製造のために多くが使われた(明治半ばから大正時代にかけて、マッチは日本が海外に輸出する主要品目のひとつだった)。しかし噴気を上げる火山での硫黄掘りは高温や有毒ガスに晒されて困難をきわめ、わずか1年ほどで中止される。

◆月形樺戸博物館
樺戸集治監の庁舎に本館建物を連結した博物館
☎0126-53-2399　9:30～17:00、開館は3月20日～11月30日(期間内は無休)

◆標茶町博物館(ニタイ・ト)
釧路集治監の庁舎を、博物館の隣接地に移築している　☎015-487-2332　9:30～16:30、月曜休館(祝日の場合は翌日)。7・8月は無休

◆博物館 網走監獄
集治監ではないが、旧網走刑務所の主要建築群を移築・復元した、規模の大きい野外博物館
☎0152-45-2411　8:00～17:00(11～3月は9:00～16:00)、無休

明治20年代、各集治監の囚人は道路建設に多く使役されるが、そこでの労働もまた苛烈だった。特に網走・上川間〈中央道路〉の工事では、死亡した多数の囚人が鎖を付けられたまま埋められたという、凄惨な歴史も伝えられる。

北海道近代化の裏面史というべき、こうした囚人の扱いは明治27年頃に終わる。しかしその後は民間業者によって集められた労働者が〝タコ〟と呼ばれ、過酷な環境で強制的に働かされる状況が、昭和の終戦直後まで続いた。

▼塘路湖畔近くに保存される旧釧路集治監庁舎は明治19年築の美しい洋館。元は標茶町市街地にあったものを昭和44年、現在地に移築・復元した

▼月形樺戸博物館、正面部分は明治19年に建てられた集治監本庁舎。町役場として使われていた時期もある

空知集治監(三笠市)では典獄(=所長)官舎のレンガ製煙突だけが残っている。**十勝監獄**があったのは現在の帯広市・緑ヶ丘公園内で、監獄で使われたレンガ積みの石油庫が史跡として保存されている。

江戸時代後期、蝦夷地の3ヶ所に、幕府が直々に設けた寺

蝦夷三官寺

文化元（1804）年、江戸幕府は蝦夷地の3ヶ所に、自らが管理・運営する〝官寺〟を設けた。和人の葬儀・祈祷を行う一方、ロシアの南下が懸念されるなか、キリスト教の広がりに対し先手を打つねらいもあったとされる。

◆有珠 善光寺
伊達市有珠町124 ☎0142-38-2007
◆様似 等澍院
様似町潮見台 ☎0146-36-2263
◆厚岸 国泰寺
厚岸町湾月 ☎0153-52-3064

外国に備え、蝦夷地は幕府直轄に

蝦夷地の沿岸に、ロシアと思われる外国の船が接近し始めるのは、18世紀中頃のことだ。千島列島周辺ではロシア人が、良質な毛皮を得られるラッコの猟を行ったり、交易の目的でアイヌ民族との接触を図ったりしているらしい——。

蝦夷地を治める**松前藩**はそうした状況を知りつつも、あえて幕府への報告をしない。藩が外国に対して無力であることが知られれば、幕府が自ら蝦夷地の統治に乗り出し、松前藩は蝦夷地での権益を失う恐れがあったためだ。

しかしロシア接近の情報は結局、幕府の知るところとなる。やがて幕府は蝦夷地を幕府直轄の地として、経営に乗り出す方針を立てた。蝦夷地において幕府が直営する3つの寺、**蝦夷三官寺**が設立された背景には、こうしたロシアに対する強い危機感があった。

目的は和人の葬儀、キリスト教排除

江戸幕府は古く1600年代から宗教の統制を進め、新たに寺を建立することを禁じていた。その禁制を自ら曲げて文化元（1804）年、蝦夷地に設けられたのが有珠・**善光寺**、様似・**等澍院**《とうじゅいん》、厚岸・**国泰寺**《こくたいじ》の3寺だ。

各寺には定住する住職が置かれたが、未だ辺境であったこれらの地に、多くの檀家があるはずもない。寺の運営に必要な現金、年間100俵の米は幕府から支給された。

この時代の蝦夷地には役人や漁場での労働者など、定住する和人が徐々に増えていた。そのために**葬儀や祈祷**を行う僧侶の必要が生じたことが、三官寺設立の主な目的として挙げられる。

キリスト教の広まりを防ぐことも役割

の一つだった。三官寺ができる以前の時代、北千島ではロシアによって島在住のアイヌ民族にキリスト教が伝えられていたことから、蝦夷地では異教を排除し、仏教を根付かせることが考えられた。

もっとも官寺がアイヌに対して信仰を強要することはなかったようだ。寺は埋葬などの風習にも関与せず、仏教への教化は緩やかなものだったとみられる。

▲どっしりとした茅葺き屋根が風格を感じさせる有珠・善光寺。左側が本堂。寺のすぐ前は漁港、本堂の背後の傾斜地は広い自然公園となっている

太平洋岸に置かれた3つの寺

◆善光寺［伊達市有珠町・浄土宗］ 寺の開基は、官寺となるずっと以前の天長3（826）年、比叡山の僧侶が小さな堂に阿弥陀如来を祀ったことにさかのぼるとされる。北海道ではとりわけ希少な茅葺《かやぶ》き屋根の本堂、客殿がどっしりとした風格を漂わせるたたずまい。境内には桜、ツツジ、アジサイなどが咲き〝花の寺〟として参拝者を楽しませる。

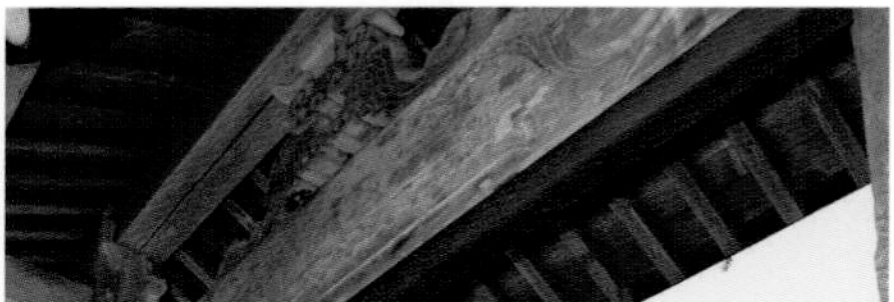

▲厚岸・国泰寺。門扉に掲げられた葵の紋が、寺の由緒を物語る。境内の庭園が美しい

◆等澍院［様似町・天台宗］ もとは市街中心に近い様似川沿いに建っていたが、相次ぐ川の氾濫やヒグマの襲来にあって移転。明治時代に入って幕府の援護を失ってからは寺が荒廃した時期もあった。現在の建物は2006年建立と新しい。

◆国泰寺［厚岸町・臨済宗］ 境内は、厚岸湾に面したバラサン岬の高台に位置する。本堂をはじめとする建物は明治以後の建築。門扉に掲げられた徳川家の「葵の紋」が〝官寺〟の証しだ。境内は桜の名所としても知られる。

◀様似町の市街地に建つ等澍院。建物は3つの寺のなかで際だって新しい

明治初期に日本を旅したイギリス人女性イザベラ・バードは有珠善光寺を訪問し「私が日本で見たなかで最も美しい絵のような景色」と自身の著書『日本奥地紀行』で讃えている。

「北海道」の命名に関わった探検家の足跡は、道内各地に今も

松浦武四郎による蝦夷地踏査の足跡

松浦武四郎（文化15［1818］～明治21［1888］年）は江戸時代の末期から6回にわたって蝦夷地のすみずみに分け入り、未知だった北の大地の姿を明らかにした探検家。その足跡は道内各地に残り、像や記念碑も数多い。

▲現存が確認される武四郎の肖像写真はこの1点のみ。大きな首飾りは古代のヒスイの勾玉、メノウ、水晶など243個を繋いだ、武四郎自慢の一品として知られる。武四郎は骨董品の熱心なコレクターでもあった。この写真は武四郎64歳のときに撮られたものとされる。お気に入りの品を身に付けて、穏やかな表情を見せている。

少年期から「旅」への思いが強く

2018年は**北海道**の命名から150年目の特別な年だった。それまでの**蝦夷地**に代わる名称として、北海道の名が正式に決まった明治2（1869）年8月から数えての記念の年だ。

その北海道の命名に深く関わったのが**松浦武四郎**。江戸時代の末期、6回にわたって蝦夷地を旅した探検家であり、命名150年を機に、あらためてその功績が注目されることとなった。

武四郎の生まれは文化15年（1818）年、伊勢国。生家は街道に近く、当時ブームであったお伊勢参りの人々の往来が盛んな場所だった。諸国から訪れる多くの旅人の姿を幼少時から見てきたことが、のちに武四郎を旅に駆り立てる動機に繋がったともいわれる。

16歳のとき、家出同然で江戸への一人旅を敢行したのを皮切りに、四国八十八カ所巡り、中国地方、九州と旅を重ねていく。そうして見聞を広めるうち蝦夷地に外国船の接近が相次いでいる状況を知り、この地へ自ら赴くことを決意する。

初めて蝦夷地に足を踏み入れたのは弘化2（1845）年、28歳のときのことだった。それ以後も武四郎は蝦夷地調査を繰り返し、安政5（1858）年まで6回の旅で、北海道のほぼすべての海岸線はもとより内陸の各地、さらに国後・択捉島や樺太にまで足跡を残している。

武四郎の案をもとに「北海道」の命名

武四郎は蝦夷地で見聞した事物を仔細に書き留めた。地形、地名や動植物など、その内容は幅広い。また旅では地元のアイヌの人々との交流を深め、彼らの暮らしぶりについても記録した。それらの内容をもとに武四郎は蝦夷地を紹介する書

物を多数出版し、その数はおよそ150点にものぼる。武四郎によって記された蝦夷地の情報はのちのちまで伝えられ、特にアイヌ語地名に関して、重要な基礎資料として価値を発揮している。

自身5回目となる旅で武四郎は、**天塩川**を上流部までさかのぼる調査を行った（→P114）。そこでアイヌの古老から"カイ"という言葉が「この地に生まれた者」を意味することを聞く。のちに明治の新時代を迎え「蝦夷地」に代わる新たな呼称を定める際、開拓判官の役職に就いていた武四郎は、天塩川での体験で知った"カイ"を用いた**北加伊道**の名を提案する。これをもとにして開拓使は「北海道」を新たな名に決めた。

蝦夷地探査に関する功績のほか、武四郎の人となりを伝える逸話は数多い。彼は旅先で接したアイヌの人々に対して敬愛の念をもっていた。一方で彼らが松前藩士やそこに繋がる商人たちから不当な扱いを受けていることを知り、その処遇の向上を訴えてもいた。しかし判官として取り上げられた開拓使内部でその意見が聞き入れられることはなく、失望した武四郎はあっさりと職を辞してしまう。

その後〈馬角斎《ばかくさい》〉と、人を食ったような雅号を名乗っては、骨董品の収集を楽しむ暮らしを送る。自宅にわずか一畳敷の書斎を建てて寝起きしたのも、この頃のことだ。晩年になっても健脚に衰えはなく、大台ヶ原（三重・奈良県境）の登山道整備に取り組む一方、死去の前年、70歳にして富士山にも登っている。まさに旅と趣味に生きた生涯だった。

松浦武四郎、生涯6回の蝦夷地調査

◆第1回　弘化2（1845）年
函館に入り、太平洋岸を歩く。釧路、厚岸と進み、知床半島先端にまで到達。帰路も太平洋側を通って函館に帰着。

◆第2回　弘化3（1846）年
江差から日本海側を歩き、宗谷を経て樺太に渡る。その後オホーツク沿岸を通って知床半島へ。2回目の旅にして、早くも蝦夷地の海岸線をほぼすべて踏破した。

◆第3回　嘉永2（1849）年
函館から船に乗り、国後・択捉の両島を調査する。行程の多くが海路による。

◆第4回　安政3（1856）年
幕府の調査隊の一員としての旅。函館から日本海側を通って宗谷に至り、樺太南部をめぐったのちオホーツク海、太平洋側を通って北海道一周となる大旅行。旅の終盤で武四郎は、死を覚悟するほどの重病を患った。

◆第5回　安政4（1857）年
石狩川と天塩川を河口から上流までさかのぼる調査を敢行。

◆第6回　安政5（1858）年
蝦夷地の海岸線をほぼ一周するとともに日高、十勝、釧路地方で内陸にも足を踏み入れる詳細な調査を行った。

▼釧路市内、幣舞（ぬさまい）公園に建つ武四郎像。各地でアイヌの人々の案内を得ながら踏査行を続けた様子を表現している

▼音威子府村筬島には〈北海道命名之地〉碑が建つ。武四郎が天塩川の旅の途中で得た知見が、のちに開拓使による「北海道」の命名に繋がったことにちなむもの。しかしここで北海道の名が生まれたわけではなく、「命名の地」と言い切るのはかなりの拡大解釈だ（写真提供／北海道新聞社）

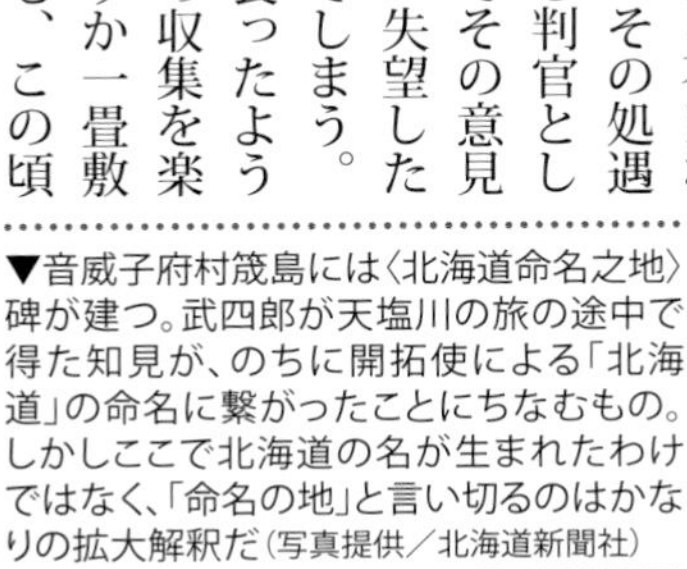

松浦武四郎は蝦夷地のすみずみを旅しただけに、その足跡を示す像や記念碑は道内で50ヶ所以上。像は釧路市のほか天塩町鏡沼海浜公園、小平町にしん文化歴史公園の計3ヶ所にある。

先住民から受け継がれる、土地の姿を表す呼称の数かず

アイヌ語地名

北海道内の地名の多くはアイヌ民族の言葉に由来する。地形の特徴や、そこで見られる動植物などを表したものが多く、地名を読み解くことはその土地の古くからの姿を知り、アイヌ文化を理解することにも繋がる。

道道142号〈北太平洋シーサイドライン〉沿い「十町瀬」(トマチセ)は現地に立つ看板では「エゾエンゴサクが多く咲くところ」が語源であるとしている。

エキゾチックに響く地名の数かず

北海道内にある地名の多くはアイヌ語に由来する。道内最大都市である札幌もその例に漏れない。国内有数の大都市として、その名は一般常識の範囲で難なく読まれるが、思えば「さっ」という促音も「ぽろ」という半濁音も、日本の地名としては異質でエキゾチックな響きだ。

その名の由来に関しては「サッ・ポロ・ペッ」すなわち「乾いた大きな川」ほか、いくつかの解釈がある。現在使われるアイヌ語地名のなかにはその意味が1つに定まらない、あるいは由来が不明、といったものも少なくない。

アイヌ民族の言葉を日本語の地名として取り込むにあたっては、元の発音に近い読みの漢字を当てはめることが行われた。これにより本来のアイヌ語の発音とは違う〝日本語的〟響きの地名になり、意味が伝わりにくくなった面もある。

たとえば道内にいくつかある「稲穂」という地名は一見、いかにも大和言葉だが、アイヌ語の「イナウ」(祭礼に用いた「木幣」)を語源とし、祭礼や祈祷に関わりのある土地であることが多い。

アイヌ語地名のなかには漢字が当てられず片仮名のまま表記されるものもあるが、それらはおもに山や川など、現在の人間の営みに関わりの薄いものだ。

〝難読地名〟も数多い

漢字で表記されるアイヌ語地名のなかには、一般に馴染みのない漢字や特殊な読み方を用いたものも多く、そこから〝難読地名〟が多数生まれている。

釧路市の東側、太平洋の海岸沿いは難解な地名の宝庫だ。なぜこんな地名が一地域に集まったのか、理由は定かでない(更科源蔵著『北海道の旅』のなかにこの海

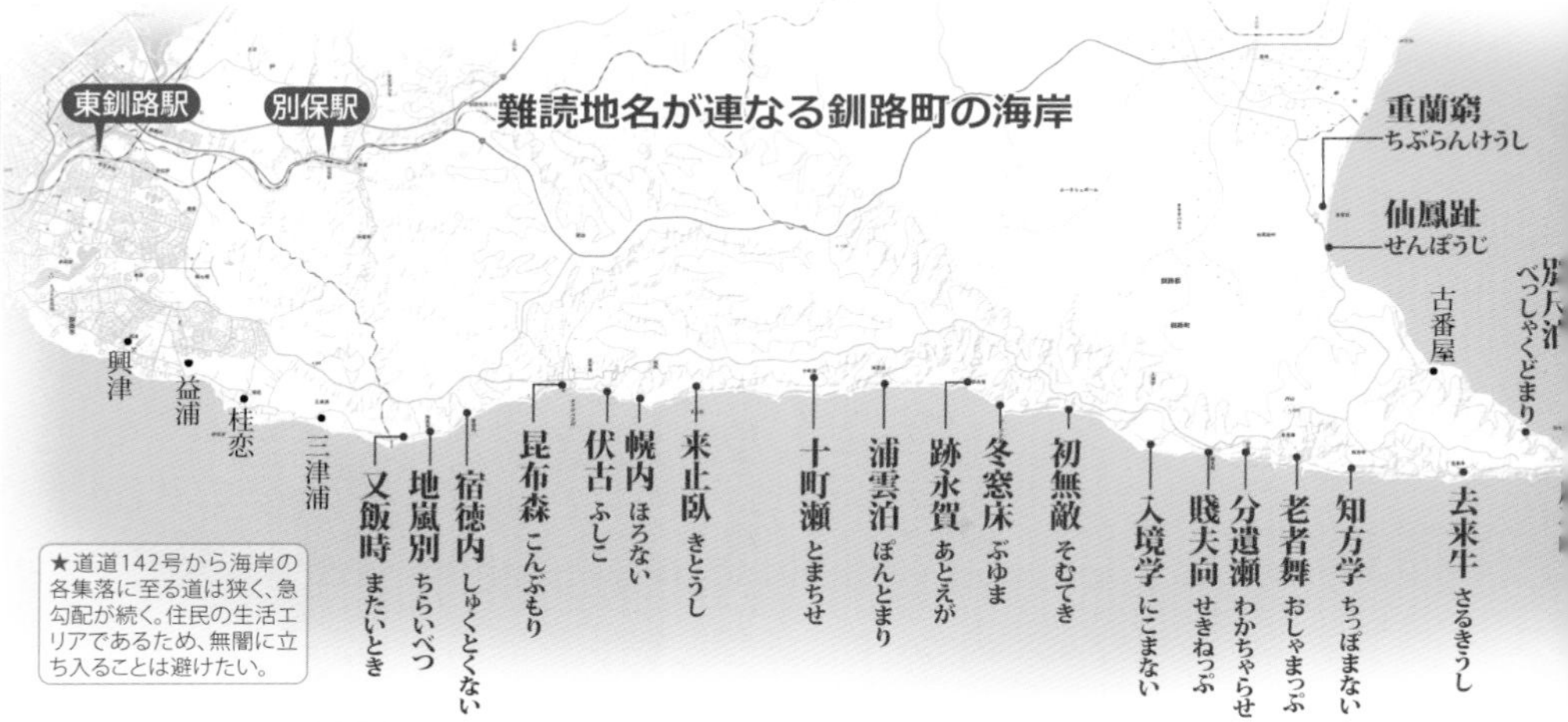

★道道142号から海岸の各集落に至る道は狭く、急勾配が続く。住民の生活エリアであるため、無闇に立ち入ることは避けたい。

岸を題材にした『崖下の人々』という一編がある。それによれば「明治のはじめ釧路漁場の帳場がアイヌ語にあて字をした」とのこと）。

一般にはその地の役人や僧侶など学識のある人が、地名に漢字を当てる役を担うことが多かったとされる。この地では命名者が自らの博識ぶりを、ここぞとばかりに発揮したのだろうか。

地名の研究に尽力した人々

アイヌ民族はもともと自然界での狩猟・採取によって生活の糧を得ていたため、彼らが付けた地名には土地の地形的特徴や、そこに生育する動植物などを表したものが多い。そのため地名はアイヌ文化を読み解く手掛かりにも繋がる。

アイヌ語地名をめぐっては古くから研究者が地名の解釈を試みている。幕末に蝦夷地を探検した**松浦武四郎**（↓P194）は、旅先の各地でアイヌ語地名やその意味を聞き取り、記録してアイヌ語研究の道を開いた先駆者だ。

その後では明治時代の教育者でありアイヌ語研究に力を注ぎ『北海道蝦夷語地名解』を著した**永田方正**、国文学者・**金田一京助**、アイヌ民族の視点でアイヌ語を研究した**知里真志保**、そして官僚出身、会社経営のかたわら実地調査も精力的に行った**山田秀三**などが、アイヌ語地名研究の基礎を築いた人々として知られている。

▲釧路町の海岸線に平行する道道142号、通称〈北太平洋シーサイドライン〉。道路は高台を通るため、名称のイメージとは異なり海の見える箇所は少ない。この看板では「知方学」の読みが「ちほまない」となっているが、本来は「ちっぽまない」だった

札幌の近郊では石狩市に難読や変わった地名がいくつかある。花畔（ばんなぐろ）、生振（おやふる）、聚富（しっぷ）、望来（もうらい）、濃昼（ごきびる）、安瀬（やそすけ）、嶺泊（みねとまり）、無煙（むえん）など。

「語り」で受け継がれる先住民族の文化

アイヌ口承文芸

アイヌ民族は人から人へ、語りによって多様な文化を受け継いできた。「物語」もそのひとつ。壮大な英雄叙事詩から、語り手が感情を吐露する哀愁歌、子守歌まで多種多様だ。現在では、若手の語り手がその継承に取り組んでいる。

▲ウポポイの敷地内、伝統的コタン（村）に並ぶチセ（家）。このうちのひとつでアイヌ語口承文芸実演〈ネウサㇻアン ロ〉が行われる。
ウポポイ（民族共生象徴空間）
白老町若草町2-3 ☎0144-82-3914
開館日・時間、実演の開催スケジュールなど、詳細はウェブサイト参照。

語り継がれるさまざまな物語

アイヌ民族は、古くから口承によって文化を語り継いできた。「物語」もそのひとつだ。その語り方にはいくつかの形態があるが、大きくは以下の3つのジャンルに分けられる。

①英雄叙事詩　アイヌ語の物語の名として「ユーカラ」という単語はよく知られている。原音に近い表記では**ユカㇻ**となり、これが英雄の活躍する物語のことだ（「ユカㇻ」は北海道南西部の言葉。北海道東部では「サコㇿペ」、樺太では「ハウキ」と呼び方が異なる）。

ユカㇻは空を飛んだり、地中を潜ったりという超人的能力をもつ少年（ときには少女）の主人公が、自身の生い立ち、冒険や戦い、恋愛などの経験を自ら語る内容だ。戦いのくだりでは血を流し、骨を砕きながら激しく争う様子が、生々しく語られるものもある。

語り手は**レㇷ゚ニ**（拍子木）を叩いてリズムを取りながら、メロディーに乗せて物語を進める。聞き手は要所要所で**ヘッチェ**（合いの手）を入れ、共に物語の世界に入り込んだ。ユカㇻには長大な物語が多く数時間、なかには2～3日をかけて語られる大作もある。

②神謡　ユカㇻの主人公が英雄であるのに対し「カムイ」を主人公とするのがこのジャンルで**カムイユカㇻ**、あるいは**オイナ**と呼ばれる。女性が語ることが多いためマッユカㇻ、メノコユカㇻ（ともに「女性のユカㇻ」の意）の呼称もある。

アイヌ語の「カムイ」は一般に「神」と訳されるが、他の宗教の唯一絶対の信仰対象である「神」とは意味合いがやや異なる。自分たちの生活に欠かせない存在（自然、動植物、日常的に使う道具など）や人間の力の及ばないもの（自然現象や病気など）が、カムイとして敬われた。

カムイユカㇻの語りの合間には**サケヘ**と呼ばれる折り返しの言葉が入る。主人公がアオバトなら「ワオリ」、シマフクロウであれば「フムフㇺカト」など動物の鳴き声を聞きなした言葉が多く、それによって聞き手は主人公が何のカムイであるかを推測できる。

③散文説話　ウエペケㇾ（道南地方での呼称）と呼ばれるもので、日常会話に近い口調で昔話や言い伝えなどさまざまな内容が語られる。特にアイヌが主人公となる物語には、社会で生きていくうえでの心掛けを伝えるものも多い。

〈ウポポイ〉で実演を体験

民族共生象徴空間**ウポポイ**（白老町）では〈口承文芸実演　**ネウサㇻアン　ロ**〉というプログラムが行われている。**チセ**（家）内の囲炉裏端で、かつてアイヌの人々が行ったように、語り手の話を聞くのは貴重な体験だ。

口承文芸という呼称からは「朗読」のようなものが想像されるかもしれない。しかし実演を間近に聞き、そうした印象は大きく変わる。レㇷ゚ニを叩くリズム、抑揚のあるメロディに乗せた語りは、限りなく「歌」に近いと感じられた。

アイヌ民族は囲炉裏を囲んでこうした語りを聞き、楽しむことで人から人へ物語を伝えてきた。そうした環境が少なくなった現代において、若い世代の伝承者は録音された音源をくり返し聞くなどして物語を覚え、自分たちの文化を次世代へ伝えていきたいという。

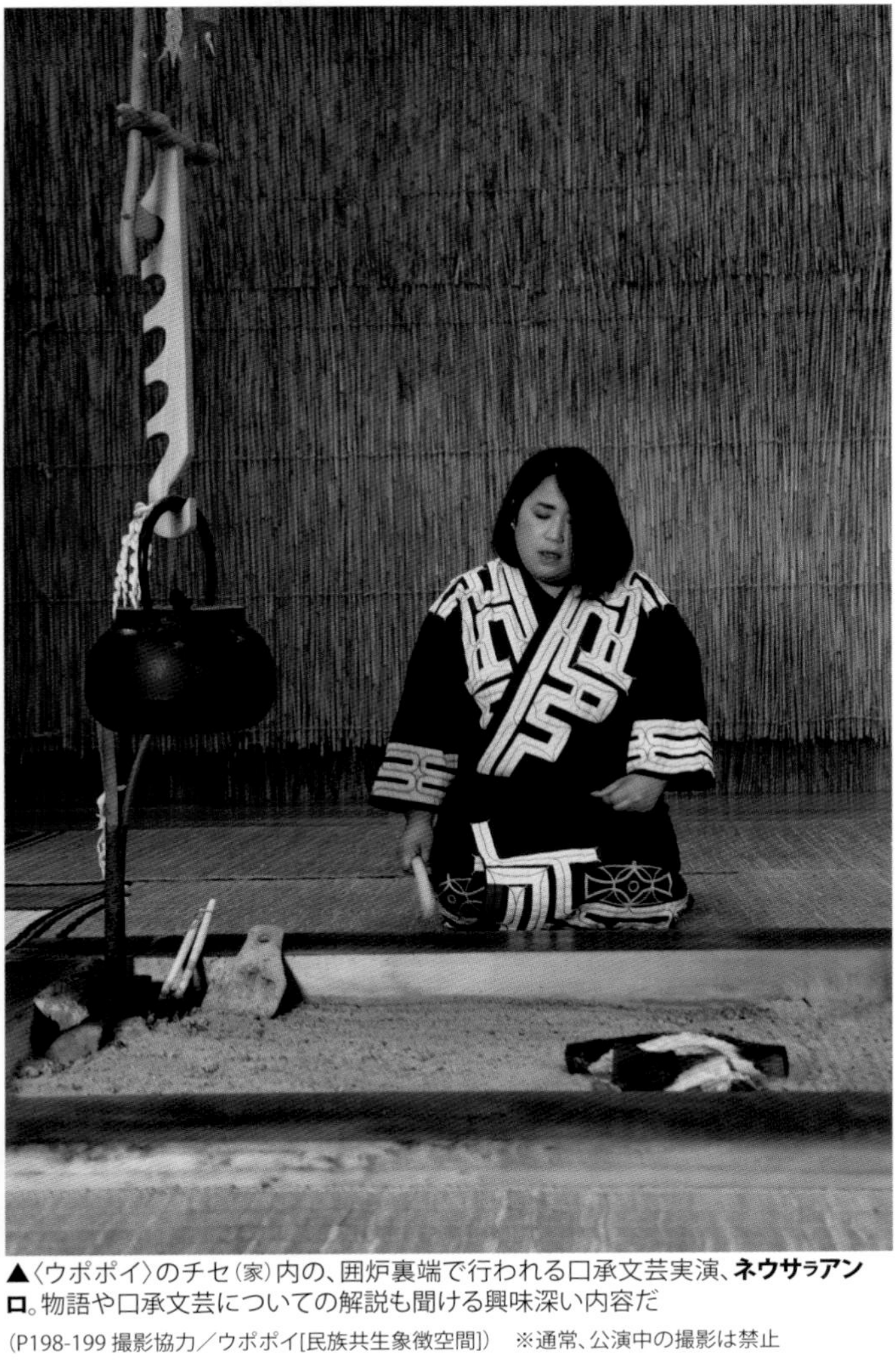

▲〈ウポポイ〉のチセ（家）内の、囲炉裏端で行われる口承文芸実演、**ネウサㇻアン ロ**。物語や口承文芸についての解説も聞ける興味深い内容だ

（P198-199 撮影協力／ウポポイ[民族共生象徴空間]）　※通常、公演中の撮影は禁止

ウポポイ（民族共生象徴空間）敷地内の**国立アイヌ民族博物館**では展示のひとつとして、アイヌ口承文芸を画面上でのディスプレイで視聴するコーナーが設けられている。

裁縫で、彫刻で作られた、民族伝統のアート

アイヌ文様

アイヌ民族は、身の回りの品々に独特の文様を施した。女性たちは衣類に刺繍を、男性たちは生活用品に彫刻を――。それらの美しい文様に、先住民族が受け継いできた優れた芸術性と、制作技術を見ることができる。

衣類に文様を施すのは女性の仕事

アイヌ文様の美しさは、民族伝統の衣服においてとりわけ印象的だ。女性たちは細やかな針仕事により、さまざまな文様をつくり出した。

描かれるのは抽象的な文様で、着物の中心線をはさんで左右対称に配置されるものが多い。文様を描く技法のひとつが**切伏**《きりぶせ》。生地の上に木綿布を縫い付け、その上に刺繍を施して文様を描いていく。こうした針仕事は女性に欠かせない、たしなみだった。

アイヌ民族のあいだで、木綿の衣服は広く用いられた。木綿布は和人との交易によって得られる貴重なものだ。古着として得られることが多かったが、作り手は布を無駄なく活かすことはもちろん、ほどいた糸も大事に使った。

アイヌ民族伝統の織物としては、オヒョウなどの木の内皮繊維を糸にして織ったものがある。この生地から作られるのが**アットゥシ**と呼ばれる樹皮衣で、美しい文様が施されるものが多い。

刺繍の文様のなかで代表的なものとして、渦巻き型の**モレウ**がある。組み合わせて配置されると唐草模様に似る。もうひとつは**アイウシ**と呼ばれる棘のある文様で、形は〝中括弧〟（{）にそっくりだ。

こうした文様は女性たちのあいだで受け継がれ、地域によってもさまざまな特徴が見られる。幕末に蝦夷地を探査した**松浦武四郎**（→P194）が著した紀行には、少女たちが砂浜に文様を描く練習をする様子が記されていて興味深い。

アイヌ文様に関しては、個別の文様が意味をもっていたとの見解もある。たしかに個々の作り手が、作品に何らかの思いを込めたことは知られているが、ひとつの文様に共通する普遍的な意味――た

▲ウポポイにある工房では刺繍や木彫などの制作実演解説が行われるほか、制作体験のプログラムもある。
ウポポイ（民族共生象徴空間）
白老町若草町2-3 ☎0144-82-3914
開館日・時間、体験プログラムのスケジュールなど、詳細はウェブサイト参照。

とえば棘の文様が魔除けになる、など――が存在したかは定かでない。

男性は生活道具に繊細な彫刻を

女性たちが針仕事で衣類などに文様を描いたのに対し、男性たちが取り組んだのは彫刻だ。**マキリ**と呼ばれる小刀を使い、生活道具などに伝統の文様を彫り込んだ。

彫ったのは祭礼に用いられるヘラ状の道具**イクパスイ**や、**イタ**と呼ばれる盆など。彫刻の道具として使われるマキリの柄や鞘にも、繊細な彫刻が施された。

彫刻では衣類に用いられる文様のモレウ、アイウㇱに加え、**ラムラムノカ**と呼ばれるウロコ状のパターンも多用される。イタにおいては、これらを組み合わせた文様が衣服と同様、左右対称に展開するものが多い。

こうした文様を描く技術は現在に伝承されている。民工芸品として販売されるものもあり、アイヌ民族の高い芸術性を今に伝える機会のひとつとなっている。

▲マキリ(左)とイクパスイ(右2つ)。マキリは男性の狩猟や採取、女性では料理や裁縫と、広く使われた。右のイクパスイにはクマの模様が彫られている。アイヌ彫刻で、こうした具象的な絵柄が彫られるものは少ない

▶ウポポイの工房で見られる、アイヌ文様刺繍の実演

▶イタには波線やウロコなどの模様が刻まれる

(P200-201 撮影協力／ウポポイ[民族共生象徴空間])

アイヌ文様を活かしたさまざまな商品が各地のアイヌ文化関連施設で販売されている。ウポポイ敷地内の〈国立アイヌ民族博物館〉ミュージアムショップにもオリジナルグッズがいろいろ。

サケの文化

1万年前からの大事な食材、今もさまざまな料理に

鮭を食用とする歴史は縄文時代にまでさかのぼるとされ、北海道に暮らす人との関わりはつとに深い。江戸時代には蝦夷地の鮭が将軍に献上された。料理法は多様で、古くから道内各地で郷土料理として親しまれてきた。

▲道内各地で水揚げされる鮭。沿岸の定置網で捕獲される

数百年前から続く鮭食用の歴史

北海道を代表する魚といえば鮭だ。全国の鮭水揚げのうち実に8割を北海道が占める。北海道でアイヌ文化の前に起こった**擦文時代**（7〜13世紀）にはすでに人々が河口付近に集落を構え、鮭を食用にしていた痕跡が見られるという。

アイヌ民族にとっても鮭は**カムイチェプ**（カムイの魚）であり、「シペ」（本当の食べ物）とも呼ぶ重要な食べ物だった。乾燥や燻製による保存食を長期間にわたって食べたほか、皮からは履き物を作るなど、余すところなく利用した。

和人との関わりも古い。天明6（1786）年、幕府が蝦夷地の調査を行った頃から**西別川**の鮭は江戸にまで知られ、寛政12（1800）年からは毎年、**献上鮭**として届けられるようになった。製造は注連縄《しめなわ》を掛けた専用の小屋で行われ、麻の上下に身を包んだ作業者が慎重に塩漬けにした鮭を箱詰め・封印し、遠い都への船を見送ったという。

日本初の鮭缶は石狩から

現在の西別川河口が位置する別海町から標津、羅臼など道東地方は、道内屈指の鮭産地として知られる。一方、日本海側では**石狩川**河口を中心とする一帯が好漁場だ。現在の鮭漁はもっぱら海上の定置網によるが、江戸時代から昭和中頃までは**地引き網**が主流で、その漁の光景は秋の風物詩でもあった。

明治時代に入ると開拓使は北海道での産業振興の一環として、石狩川河口に官営の缶詰工場を開業。明治10（1877）年に、日本で初めての鮭缶詰がこの地で作られたという興味深い史実もある。工場はその後、民営となって製品を欧米に輸出し、明治末期まで営業を続けた。

▲別海町では塩漬けした後に数日間、寒風干ししてつくる加工品を〈献上西別鮭〉の名で販売する。かつて江戸幕府に献上した歴史を踏まえた命名だ

さまざまな部位を使った食の楽しみ

現代の鮭もさまざまな部位が活用される。身や魚卵（イクラ・筋子）はいうまでもないが、**白子**は煮付けや天ぷらに、**氷《ひ》頭《ず》**と呼ばれる頭部の軟骨は酢の物に。背わた（腎臓）を塩辛にした**めふん**は酒肴として喜ばれる珍味だ。塩蔵の鮭を野菜とともに煮る**三平汁**は、松浦武四郎が幕末に著した『西蝦夷日誌』にも描かれている。**石狩鍋**は生鮭をブツ切りにして白味噌仕立てにしたもの。古くから各漁師町で食べられていたが、石狩川河口では昭和30年前後から毎年秋に地引き網漁を見学するツアーが盛んに行われ、そこで提供された鍋料理にいつしか「石狩鍋」の名が付いたらしい。

このように古くから北海道に馴染みの深い鮭だが、近年では道内全体で水揚げ量の大幅な落ち込みが続いている。長らく水揚げ量日本一を誇ってきた標津町はじめ、道東各地でも減少は著しい。原因はよくわかっていないが、海水温の上昇が影響しているとの見方もある。

道内ではスルメイカ、サンマと、これまで季節が来ればごく普通に出回っていた魚の不漁が伝えられるなか、鮭漁の動向は大いに気になるところだ。

▶千歳川で毎年秋に設置される〈インディアン水車〉。道の駅〈サーモンパーク千歳〉〈サケのふるさと千歳水族館〉裏手にある。川の水の流れによって回転し、鮭を捕獲する人工ふ化のための施設だ。千歳川で初めての水車は明治時代中期、アメリカで使われていたものに倣って造られた。名前に「インディアン」と付くが、アメリカ先住民が使っていたわけではない
（P202〜203の写真3点は北海道新聞社提供）

道内の鮭に関する主な見学施設　**◆札幌市豊平川さけ科学館**…真駒内公園内　**◆サケのふるさと千歳水族館**…川の中を直接見ることができる　**◆標津サーモン科学館**…サケ科魚類展示数No.1。

各都市で独自に進化した、自慢の一杯を

北海道のラーメン

古い歴史をもつ札幌ラーメンは、全国に数ある〝ご当地ラーメン〟のなかでも高い人気・知名度を誇る。道内では札幌以外でも旭川、函館、釧路の計4都市に、それぞれの地域性を映した独自のラーメンが根付いている。

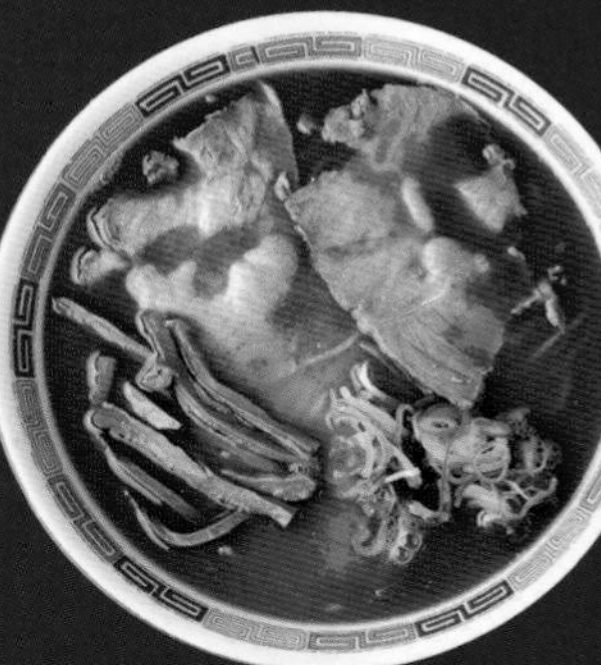

▲旭川ラーメンを代表する老舗のひとつ〈蜂屋〉のしょうゆラーメン。スープは豚骨と魚介をそれぞれ別に煮出したのちに合わせる「ダブルスープ」と呼ばれるもの。旭川ラーメンの基本形だが、この店独特の個性が加わり、地元でもファンが多い

ラーメン発祥の歴史に関わる札幌

全国各地の地名が付く〝ご当地ラーメン〟が数あるなかで**札幌ラーメン**は人気、知名度とも間違いなく上位にランクされるだろう。

〝日本風中国料理〟であるラーメンの起源はさまざまに語られる。明治の終わり頃、横浜あるいは東京・浅草で、中国の麺料理をアレンジしたものが広まったというストーリーが〝定説〟だが、その延長に必ず登場するのが、札幌の北大前にあった**中華料理店・竹家**だ。

開業は大正11（1922）年と首都圏よりは遅れる。しかし店でラーメンを提供し始めた頃の様子、とりわけ店が独自に「ラーメン」の名を付けた経緯が、親族の回想から明らかにされていることは貴重だ。

それによればこの麺料理は、竹家の厨房を切り盛りする中国人の料理人が作っていたもの。好評ではあったが、中国語の料理名が日本人には馴染まない。そこで店が独自に「ラーメン」という名称を考案したのだという。このことは日本の〝ラーメン史〟における大事なできごととして注目される。

札幌で生まれた「味噌ラーメン」

札幌のラーメンは戦時中の物資不足のなかで一度は姿を消すが、戦後になると屋台や小さな構えの店が次々に登場する。そのひとつであり、現在もファンの多い店・**味の三平**は昭和29年頃、つゆに味噌を使うことを独自に考案。これがやがて当地独特のメニューとして広がって「札幌ラーメン」という位置付けを獲得し、味噌ラーメンはその主流となる。

同じ頃、雑誌〈暮しの手帖〉の編集者・**花森安治**は同誌に、札幌のラーメンを紹介する記事を書いている。「戦後引揚げ

てきた人たちが、生きるためにはじめた…（中略）…おぼつかない素人の包丁の筈でありながら、これくらいうまいラーメンはよそにはない」と辛口を交えて称賛する内容に真実味があったのか、札幌ラーメンの注目度を大きく高める結果となった。そして昭和40年頃に始まる北海道の観光ブームで、その人気は不動のものとなる。東京などにも「札幌ラーメン」の看板を掲げる店が多数現れた。

道内各地にある〝ご当地ラーメン〟

道内のご当地ラーメンは札幌だけでない。**旭川**は醤油味をメインとするが、その特徴はスープにある。豚骨と魚介を別々に煮出したのち、2種類を合わせる「ダブルスープ」と呼ばれる手法を用いる店が多い。

函館も独自のラーメンが根付く街だ。横浜同様に古くからの港町として外国との繋がりが深かったことから、日本のラーメン発祥に関わるとの説もある。

ここでの主流は塩ラーメンだ。透明感のあるあっさりしたスープで、だしの旨味を味わえるのが、函館ラーメンの魅力といえる。

そして**釧路**。こちらは醤油味がメインで、鰹節など魚介を煮出したあっさりめのスープを基本とする。それと相性がいいのは細目の縮れ麺だ。

以上のように4都市にはそれぞれの風土を背景として育まれたラーメンがあり、それをして**北海道四大ラーメン**との呼称がある。ただし各都市におけるラーメンのスタイルや調理法が統一されているわけでは無論なく、店による個性も豊かだ。

近年ではJR札幌駅直結の〈札幌ら～めん共和国〉、新千歳空港ターミナルビル内〈北海道ラーメン道場〉など〝ラーメンのテーマパーク〟が誕生。各地のラーメンの食べ比べができるのが楽しい。

▶釧路ではスープの素材に魚介を用いる店が多いとされる。そのなかでもここ〈魚一ら－めん工房〉は工夫を凝らしたメニュー展開で人気が高い

札幌のラーメン発祥の店の歴史については『〈竹家食堂ものがたり〉』（角川書店）という1冊がある。「ラーメン」の名の起こりも書かれ、たいへん興味深い内容だ。

〝道民食〟として広まった〝羊肉をめぐる物語〟

ジンギスカン

北海道ではさまざまな場面でジンギスカンが楽しまれる。家庭内はもとより花見の宴で、アウトドアで……。道民食ともいえるこの羊肉料理が、どのように広まったかには、いくつかの興味深いストーリーがある。

▲北海道のジンギスカン発祥に関わる〈ツキサップじんぎすかんクラブ〉の鍋。スリット（隙間）が開いた鉄板で余分な脂を落としながら、炭火で焼くのがこの店のスタイルだ。札幌市豊平区月寒東３条11丁目　八紘学園農場内　☎011-851-3341

戦前、羊肉料理は普及しなかった

思えばモンゴルの伝説的英雄の名が、北海道の大衆料理として広まったのは不思議だ。理由はまったく不明だが、北海道民のあいだにこの野外料理が広く深く浸透していることは疑いのない事実。花見の宴、海水浴、キャンプとさまざまな場で仲間の輪の中心にあるのは、ジュウジュウと上がる香ばしい煙だ。

日本における発祥は昭和初期、東京に専門店が生まれ、「成吉思汗」「ジンギスカン」の名称が用いられるようになったとの説が有力だ。

北海道とヒツジとの接点は大正7（1918）年、滝川と札幌・月寒に綿羊を飼育する種羊場が開設されたことに始まる。国策のもとで軍服の製造に必要な羊毛を取るための施設だ。併せて食肉としての利用も図られたが、普及には至らなかった。

野外料理の始まり

道内で羊肉料理が広がるのは戦後になってから。羊毛を得るために

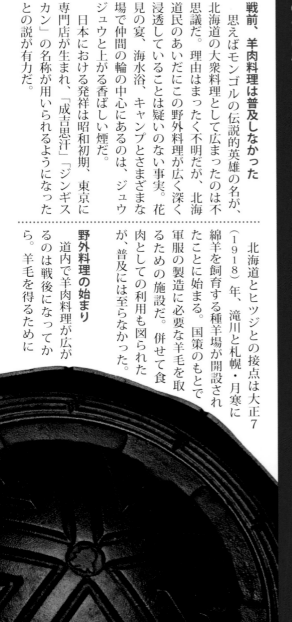

綿羊を育てる農家が増え、老いたヒツジが食用に供されるようになる。そうした肉がもつ独特の臭みを消すため、しょうゆをベースに玉ねぎ、りんご、生姜などをすり下ろして加えたタレに漬け込む方法が考案された。

　こうした食べ方は内陸の空知地方などに多く、その代表格である**松尾ジンギスカン**が滝川で創業したのは昭和31（1956）年のことだ。

　その少し前、昭和28（1953）年には農業の専門学校である**月寒学院**（現・八紘学園）敷地内に**成吉思汗クラブ**なる団体が発足している。種羊場に近い学院では昭和初期から羊肉料理を手掛けていたがこの年、学院理事長の栗林元二郎氏が政財界の大物を集め、野外で肉を焼く宴を催したのだった。今も北海道民には根強い「外で食べてこそジンギスカン」というスタイルの原点がここにある。

　この団体の流れを受け継ぐのが八紘学園敷地内にある店、**ツキサップじんぎすかんクラブ**。初夏から秋には広い草地に面したテーブルで肉を焼く、野外料理の醍醐味を堪能できる。

ユニークな〝ジン鍋〟の博物館も誕生

　その後、一般家庭にもジンギスカンが普及するのは昭和30年代から。その後の40年代にかけて北海道観光のブームもあり、ジンギスカンはラーメンと並ぶ北海道の名物料理のひとつとして知られるようになる。北海道の大陸的イメージが、ジンギスカンという異国的名称や、煙をあげながらヒツジの肉を焼くワイルドな食べ方と、うまく重なったのだろうか。

　ジンギスカンの歴史を、道具に着目して振り返ろうと試みるのは元北星学園短大教授の溝口雅明さん。2016年、実家である岩見沢市万字地区の空き店舗を利用して私設博物館をオープンさせた。名付けて**ジン鍋アートミュージアム**。所蔵する〝ジン鍋〟は年を追って増え、今では約450点（2021年5月）。鉄板の隙間から脂を落としながらジュウジュウと「焼く」もの、タレをかけて「煮る」に近いものなど、地域による料理の〝流儀〟の違いが鍋の形状に現れるのもおもしろい。

　博物館では時どき愛好者が集まっては実際に鍋を使ってジンギスカンを楽しむ催しを行い、北海道の食文化を「楽しく・おいしく」伝えていく。

▲〈ジン鍋アートミュージアム〉所蔵の1枚。これにはスリットがない。肉を焼く中央の〝山〟の周囲の平たい「脂溜まり」が大きめで、野菜に脂を吸わせて食べるスタイルに適している。この「ジンギス印」は昭和32年、鉄板中央の蒙古兵シルエットと共に意匠登録されている。名義料を払うことで同種の鍋を作ることができたので、各地でコピー鍋が作られたという

▲ミュージアムに並ぶ鍋の数かず。機能的でありながら意匠を凝らした鍋の数かずは、まさにアートだ。寄贈されたものもあるが、裏を返せば家庭でジンギスカンをやらなくなったとも考えられ、その点は複雑……

ジン鍋アートミュージアムは4～10月の週末を中心に不定期開館。開館日はFacebookで告知するので確認を。場所は旧国鉄万字線・万字駅跡の近く。

【協力】（順不同）
函館国際観光コンベンション協会
函館市教育委員会
函館市縄文文化交流センター
鹿部温泉観光協会
上ノ国町観光協会
江差町追分観光課
松前町教育委員会
石狩観光協会
登別観光協会
昭和新山国際雪合戦大会実行委員会
黒松内町ブナセンター
京極町企画振興課
倶知安町総合政策課
小樽開発建設部小樽港湾事務所
小樽市総合博物館
積丹観光協会
ニッカウヰスキー株式会社
札幌市市民文化局文化部
サッポロビール株式会社
雪印メグミルク株式会社
北海道旅客鉄道株式会社
福山醸造株式会社
北海道大学総務企画部
札幌村郷土記念館
辻石材工業株式会社
米澤煉瓦株式会社
そらち炭鉱の記憶マネジメントセンター
北海土地改良区
雨竜町観光協会
土の博物館「土の館」
旭川市経済観光部
旭川家具工業協同組合
公益財団法人三浦綾子記念文化財団
増毛町教育委員会
留萌市教育委員会
NPO法人増毛山道の会
小平町経済課
天塩町商工観光課
稚内市教育委員会
利尻富士町教育委員会
紋別観光協会
ところ遺跡の館
遠軽町丸瀬布支所
網走市立郷土博物館
NPO法人ピアソン会
北見市常呂総合支所産業課
北見市教育委員会
小清水町観光協会
オホーツク・ガリンコタワー
北海道立オホーツク流氷科学センター
浜中町商工観光課
霧多布湿原センター
摩周湖観光協会
中標津町経済振興課
別海町教育委員会
野付半島ネイチャーセンター
上士幌町観光協会
NPO法人ひがし大雪アーチ橋友の会
足寄町林業商工観光室
新ひだか観光協会
音更町十勝川温泉観光協会
函館市企業局交通部
札幌市交通局事業管理部
月形町商工観光係
公益財団法人アイヌ民族文化財団
ジン鍋アートミュージアム

著者略歴

佐藤圭樹（さとう・よしき）

1960年東京都生まれ。早稲田大学卒業後、出版社にて海外旅行書籍などの編集に携わる。1992年、北海道に移住、99年、編集制作会社〈有限会社ウィルダネス〉を設立。北海道に関わる多数の出版物制作を手掛けている。個人としての主な著作に『新・北海道移住』、『写真で辿る小樽〜明治・大正・昭和』、『北海道遺産読本』（以上、北海道新聞社刊）、『小樽散歩案内』（ウィルダネス刊）などがある。小樽市在住。

本書に掲載の写真は筆者撮影（特記あるものおよび、資料的な古写真を除く）。

◆**ブックデザイン・DTP**

有限会社ウィルダネス

◆**協力**

NPO法人 北海道遺産協議会

◆**編集**

五十嵐裕揮（北海道新聞社）

北海道遺産完全ガイド

2021年7月20日　初版第1刷発行

著者　佐藤圭樹
発行者　菅原　淳
発行所　北海道新聞社
〒060-8711 札幌市中央区大通西3丁目6
出版センター　（編集）☎011-210-5742
（営業）☎011-210-5744

印刷・製本　株式会社アイワード
ISBN　978-4-86721-031-4